SG ビジネス双書

人事よ、ススメ！

先進的な企業の「学び」を描く「ラーニングイノベーション論」の12講

〔編著〕
中原　淳

〔著〕
松尾　睦　　難波　克己
守島　基博　　久保田　美紀
アキレス美知子　　金井　壽宏
妹尾　大　　高尾　隆
曽山　哲人　　長岡　健

[発行所] 碩学舎　[販売元] 中央経済社

はじめに

本書『人事よ、ススメ！』は、慶應丸の内シティキャンパスで実施している半年間の授業「ラーニングイノベーション論」の講義の様子を収録した本です。

ラーニングイノベーション論は、僕が主任講師を務める「人材開発の専門知識・スキル」を学ぶ講座です。企業の人事・人材開発担当者の方々が、半年13回のセッションを通して「人材開発の基礎理論・知識・事例」を学び、それらを活かしつつ、自社の「人材開発のあり方」を改善する提案を最後に行う、いわゆるアクションラーニング型の授業になっています。

毎回のセッションは、それぞれの領域のトップランナーの研究者の方々、実務家の方々を招き、最先端の講義や実習をしていただくことになっています（僕自身が講義を行うセッションもあります）。すべての講師の方々が、第一線の研究者・実務家です。お忙しい中、このセッションに貴重な時間を頂いていることを、心より感謝いたします。

僕の役割は、多くの場合、ご提供いただいた講義を、実務や人材開発の観点から解説したり、クラスディスカッションをファシリテーションしたり、ラップアップと称したミニレクチャーをしたりすることです。毎回約3時間―4時間の講義は、あっという間に終わります。本当にあっという間なので、受講生の方々に寝る暇はありません。

＊

「ラーニングイノベーション論」がこの世に生まれたのは2009年、そして、この講座の立ち上げを企画していたのは、2008年のことだったと思います。

2008年の冬、慶應丸の内シティキャンパスの城取一成さん、保谷範子さん、そして現在は慶應義塾大学にお勤めの井草真喜子さんらが、東京大学の僕の研究室を訪れたことから、その歴史は、はじまりました。ラーニングイノベーション論のコンセプト、そして、その講義名すらも、彼らとのディスカッションの果てに生まれたものです。

ラーニングイノベーション論を企画するにあたり、僕たちは、以下のような思いを、この講座に込めました。

まず、私たちはラーニング（学ぶこと）を「自分自身が行動やものの見方を変え、さらには、他を変えること」と定義しました。一般に俗世間では「学ぶこと」といえば、「有能な人や知識を持つ人からありがたい知識やスキルを伝達してもらい、脳の中に記憶すること」と考えられがちです。

確かに、人生のある局面では、先達のつくった知識やスキルを継承し、記憶していくことが求められます。しかし、企業の人材育成・人材開発が、働きかけの対象にするような「成人の学び」の場合はどうでしょうか。成人は、すでに義務教育、中等教育、高等教育機関をへて、すでに様々な知識を身につけ、様々な業務経験をもっています。そうした人々の背中を押すときに求められるのは、知識・スキルを獲得することに加えて、具体的な行動や視座の変革をなすこと。そして、そのことを通して受講生自身が、周囲にある物事・事業・職場・組織を変えていくことです。

ラーニングイノベーション論は、そうした「成人の学び」を生み出すために、人事・人材開発担当者にどのような知識・スキルが必要かを考え、編み出されました。ラーニングイノベーション論の受講生自らが「自分自身が行動やものの見方を変え、さらには、他を変えること」に挑めるようにカリキュラムをつくりました。

次に配慮したのは、人材開発にまつわる「理論的知識と実務的知識のバランス」や「経営にまつわる知と学習にまつわる知のバランス」をとることです。

「人材開発」という営みを仕事として達成していくときに必要な理論・知識・事例・スキルは、実に多岐にわたります。その仕事を効果的に為すためには、まずは、理論的知識と実務的知識をバランス良く所持し、それらを関連づけることが求められます。リフレクション研究で名高いフレッド・コルトハーヘンは、理論的知識を「大文字の理論（Theory）」、実務的知識を「小文字の理論（theory）」と名づけ、学びを生み出す側には、この二つの「Theory」と「theory」の融合を果たすことが重要であることを主張しています。

また「経営にまつわる知と学習にまつわる知のバランス」も、大切なことです。人材開発とは、単に「大人の学びを促せばよい」というだけでもありません。人材開発を効果的になすためには、「経営のためだけに存在している」というわけではありません。また、「経営にまつわる知と学習にまつわる知のバランス」を適度にとって、その知を習熟していくことが求められます。

ラーニングイノベーション論のカリキュラムをつくる際には、こうした点に配慮がなされました。登壇する講師の方々を選定する際には、実務家、理論家、組織に強い人、学習に強い人、それぞれの領域からバランス良く、しかも、各領域の第一線を走っておられる方を選ぶことにしました。

最後に配慮したのは「ラーニングイノベーション論」の授業進行やファシリテーション、カリキュラムの構築の仕方、事務局のあり方が、学習者の方々に「見て、そのまま真似して、学んで頂けるようにすること（観察学習といいます）」でした。

「人材開発のあり方」や「成人の学習」に関して講義を行うものは、その学習者からも常に見られていること、さらには、受講生である彼らから「問いかけられていること」を覚悟しなくてはなりません。

あなたは、学びを変革しろという。
あなたは、インタラクティブに授業をしろという。
あなたは、グループワークを工夫しろという。

そういうあなたはどうなんだ?

あなたは、自分の授業を「変革」しているのか?
あなたは、インタラクティブに授業をしているのか?
あなたは、グループワークを放置していないのか?

哀しいかな、我が国の人材開発や成人学習を語る言説の多くは、この問いに対して「沈黙を守る」か、ないしは、この問い自体を「なかったこと」にしてきました。

「人材開発の理論」や「成人学習の世界的権威の言葉」や「省庁や国際機関の動向」には「饒舌」だけど、自らの「実践」には沈黙を守る。「人々の学習」には「雄弁」だけれども、「自分の授業」は覆い隠す。場合によっては「実践や技法を語ること」を「ハウツー的だ」として揶揄して、実践知の価値を貶める。すべてとは言いませんが、今なお、わたしたちはその呪縛の中にあります。

「ラーニングイノベーション論」を生み出す私たちは、既存の言説を相対化します。「ラーニングイノベーション論」にかかわる全員が、実践者として「見られる存在」「問いかけられる存在」であることに、腹をくくることにしました。

もちろん、どんなに頑張っても、わたしたちには「不足」はあるし、「至らぬ点」もあります。「改善点」も多々あるでしょう。しかし、そうしたものを最大限減らす努力をする。「不足」「至らぬ点」「改善点」には、真正面から向き合う。常に「ラーニングイノベーション論」自体のあり方をリフレクションし、改善を図っていく。

受講生に向き合い、場から逃げない。

ラーニングイノベーション論が6年たち、ラーニングファシリテータが保谷範子さんから調恵介さん・石井雄輝さんに替わっても、このことだけには、6年間こだわりつづけてきたつもりです。

僕らは学習者に向き合う、そして場から逃げない。

＊

このたび、碩学舎様より「ラーニングイノベーション論」を書籍にする機会をいただいたことには心より感謝しています。この書籍のご担当をいただいた松井剛先生（一橋大学）、水越康介先生（首都大学東京）、そしてすべての講座に立ち会い、原稿をつくってくださった森旭彦さんには、心より感謝いたします。

個人的には、この書籍化企画を前に進めたかったのは、東京以外の地域に住む人々にも「ラーニングイノベーション論」の知をお届けし、それぞれの地域で、それぞれの風土に根ざした人材開発施策を生み出して頂きたかったこともあります。

ラーニングイノベーション論を始めるようになって以降、僕のもとには、地方にお住まいの方から、時折、メールなどをいただきました。

曰く、

「ラーニングイノベーション論に出たいけれど、東京までは行けない。地方に、これに似たコースはないだろうか。もしあったら教えて欲しい」

こうしたメールに対する僕の答えは、誠に心苦しいものでした。まず、人材開発の世界、業界はかなり都市に偏在している現状があります。また、哀しいかな、我が国の高等教育機関には「企業・組織における人材育成」や「人材開発のあり方に関する研究」を行っていく研究者は非常に少ないのが現状です。今後、僕自身は、こうした問題に、生涯をかけて取り組んでいこうと思っていますが、このことにずっと心を傷めていました。

俗に、よく「地方分権」とか「地方の時代」と言われます。しかし、地方が主体的にかつ自主性をもって動いていくことのできる時代というのは、「動く地方」と「動かぬ地方」のあいだの格差が拡大してしまう可能性のある時代であることも意味します。地方と都市をめぐる知識格差の問題は、何とか解消しなければならぬ問題でしょう。こと「人材開発」に関する問題は、都市であろうと、地方であろうと「みんなの課題」なのですから。

慶應丸の内シティキャンパスで開催されている「ラーニングイノベーション論」は、「東京・丸の内」のど真ん中という、非常に特殊な空間で展開されているものです。ここで展開されている「知のエッセンス」を、本書を通じて、より多くの人々にお届けできることができたとしたら幸いです。もし可能であるならば、自分の住んでいる場所を愛し、その場に生きたいと思う方々が、本書を片手に孤独に学ぶのではなく、信頼できる仲間とともに、この本を題材に勉強会や読書会を開いてくださると、なおよいと思います。「一人では変えられないこと」でも、「あなたと一緒にあれば変えることができる」。このようなことが、世の中には多いものです。

もちろん、本書だけで人材開発の知識・スキルを獲得することは難しいでしょう。しかし、本書は、「人材開発の奥深い世界の入口に立とうとする人々」に、その面白さと広がりを伝える役割は果たしうるのではないかと思っています。本書では講義のエッセンスそのままに伝えるため、実際の「ラーニングイノベーション論」と同様の構成になっています。つまり、私の「ＩＮＴＲＯＤＵＣＩＴＯＮ」に始まり、各講師の方々の「ＬＥＣＴＵＲＥ」、そして時には「ＷＯＲＫ」を通して知識を体得し、最後は「ＷＲＡＰ ＵＰ」でまとめをするという流れです。

２００９年にはじまった「ラーニングイノベーション論」は、過去6年間、約１８０名の卒業生（アラムナイ）を世に送り出してきました。

卒業生の中には、人事・人材開発の領域で活躍なさっている方、経営層になられた方、人にまつわることに興味関心はもちつつも今は事業部で活躍なさっている方など、様々な方々がいます。アラムナイのメーリングリストは、ときに活発に動き出し、卒業生の誰かがラーニングイベントや読書会、勉強会を開催しています。ラーニングイノベータは、今日も変わり、そして、動いています。

この本を、

自ら変わり
他を変えていく
志ある人々の手に

自らが動き
周囲を動かす
熱意ある人々のあいだに

本書はあなたに問いかけます。
さぁ、仲間になろうよ、と。

Come on and join us!

２０１４年11月７日　秋、昼下がりの本郷キャンパス

中原　淳

目次

SESSION1 経験学習とOJT研究の現在
■育て上手のマネジャーの指導法……1
北海道大学大学院 経済学研究科 教授 松尾 睦

SESSION2 「非日常のアドベンチャー」を通し、「できる自分」に出会う……43
玉川大学 学術研究所・心の教育実践センター 准教授 難波克己

SESSION3 日本型戦略人的資源論とはなにか……71
一橋大学大学院 商学研究科 教授 守島基博

SESSION4 やる気をひきだすマネジメント
■社員自ら創り育てるわたしたちの働く場 …… 99
スターバックス コーヒー ジャパン 株式会社人事本部人材開発部部長 久保田美紀

SESSION5 ネットワーカーとしての人材開発部門のあり方 …… 137
SAPジャパン株式会社 常務執行役員人事本部長 ほか アキレス美知子

SESSION6 提供価値《デリバラブル》と支援を手がかりに人材開発部門のあり方を考える …… 173
神戸大学大学院 経営学研究科 教授 金井壽宏

SESSION7 「職場の学び」を科学する …… 205
東京大学大学総合教育研究センター准教授 中原 淳

目　次

SESSION8　知識創造理論の現在
■知識創造をめざす「場」のデザインとは……241
東京工業大学大学院 社会理工学研究科 准教授　妹尾　大

SESSION9　創造的なコラボレーションを生む
■インプロビゼーション（即興演劇）の展開……297
東京学芸大学芸術・スポーツ科学系音楽・演劇講座演劇分野准教授　高尾　隆

SESSION10　研修のデザイン～教えることを科学する……329
東京大学 大学総合教育研究センター准教授　中原　淳

SESSION11　〝成長するしかけ〟を創る……361
株式会社サイバーエージェント 執行役員・人事本部長　曽山哲人

SESSION12 特別対談 ラーニングの現在
■企業に「実験室」はあるのか……397
法政大学経営学部教授 長岡 健
×
東京大学 大学総合教育研究センター准教授 中原 淳

SESSION 1

経験学習とOJT研究の現在
■育て上手のマネジャーの指導法

北海道大学大学院
経済学研究科教授
松尾　睦

●講師プロフィール

1964年東京都町田市生まれ。

1988年小樽商科大学商学部卒業。

2004年英国ランカスター大学経営大学院・博士課程修了（Ph.D. in Management Learning）。

小樽商科大学商学研究科、神戸大学大学院経営学研究科を経て、2012年北海道大学大学院経済学研究科教授。

マーケティングと組織論の境界領域を、「学習」という切り口で研究している。具体的には、営業やサービスに携わるプロフェショナルや組織を、「組織学習」や「経験学習」の観点から分析することに関心がある。

INTRODUCTION

反転授業という方法

こんにちは、東京大学の中原です。今日の講義は「経験からいかに学ぶか」です。北海道大学の松尾睦先生に、「経験と学習」の関係をご講義いただきましょう。

不確実、不安定、そして矛盾に満ちたビジネスの世界では、机上の学びだけではなく、**現場での オン・ザ・ジョブ・ラーニングを通した経験知の獲得**が、大きな効果を発揮します。個々が他者との関わりや経験から学び、成長するためには何が必要なのか。経験からの学習メカニズムとともに、学習を促すＯＪＴのあり方を考察していきます。

さて、本来、ラーニングイノベーション論のイントロダクションでは、僕が、当日の講義のあらましの説明を行うことになっているのですが、今回は松尾先生ご自身によって〝**反転授業(Flipped Classroom)**〟というメソッドでそれを代用していただきました。ですから僕は、ここでは「反転授業」とは何かについてお話しします。

最近、反転授業が注目されている社会的背景には、現代社会の特徴である「メディアによってつくりだされた間接経験の肥大化」と「直接経験の価値の重要さ」があります。情報生態学者のエドワード・リードの議論によりますと、**「情報メディアが発達する社会では、間接経験が肥大化する」**と言われています。みなさんが直接体験をせずに、インターネットを通して日々いろんな情報を得ていることが、それに類しますね。都内のカフェにいながら、ニューヨークのウォール・ストリートで働くビジネスパーソンのブログを読むことや、スターバックスでラテを飲みながら、何万光年も離れた宇宙の彼方の星々の映像を見て、思いを馳せることも、今や何も珍しくありませんよね？

一方、高度な情報化によって**間接経験が肥大化した社会では、逆に「直接経験の価値が高くなる」という現象が生まれます。**つまり、自分自身で体験したり、誰かと直接コミュニケーションしたりして生まれ、体得されるものが、より付加価値の高い経験になりつつあるのです。

――では、学習は？

そう、学習も、同じです。

情報化社会ではバーチャルな間接経験を通して、人々は多くの事を学ぶことができます。しかし、そうした時代にあっては、直接経験の価値が相対的に高まっているともいえます。反転授業は、そのような社会背景をもとに生まれました。反転授業においては、**一斉講義などメディアを通した間接経験で足りるものはインターネットでの学習にまかせてしまおうと考えます。**一方、学習者同士が出会ったり、直接学習者と講師がやりとりをするような直接経験の機会を大切に、かつ、よりよいものにしようとします。

従来はメインのコンテンツであった一斉講義などの情報伝達を「反転」させ、あくまで直接経験やインタラクティビティの高い学びを補助するものとして用いるというところが、その特徴です。

反転授業は数年前からいろんな業界で注目されるようになってきています。これは知識やマインドセットのインプットは教室の座学講義ではなく、事前の動画等のデジタルコンテンツの視聴によって行い、実際にみなが集まる授業はワークショップやディベートに使うというメソッドです。つまり、〝事前学習〟を前提とした授業方法ですね。

デジタルメディアを用いて、講義を「メインコンテンツ」から「事前の宿題」に反転させるわけです。こうした事前学習を行うことで、教室等で対面する学びの場においては、より学習を深化させるプロセスに進むことができます。

「ちょっと予習して来るだけか」と思ってしまいますが、今や動画を作成し、それをネットにアップロードするのも、視聴するのも無料です。そして生徒それぞれが視聴環境を当たり前のように持っているという情報インフラが整うことで、教室の学習そのものが変わったのですから、これはちょっとすごいことです。

座学と同じ効果が得られ、さらに教室での学習が向上するのであれば、デジタルで済む学習はデジタルで済ませればいいのです。

アメリカの大学では現在、私立大学のハーバードやMITになると年間500万円もの学費がかかってしまうという学費高騰問題も起こっていることから、教養系はどんどんデジタル受講に回していくという現象も起きています。

というわけで、企業におけるOJT研修でも勉強会でも、事前学習やフォローアップとしてこの反転授業を取り入れてみると効果的でしょう。

しかしここで大切なことは、「出来る範囲で行う」ということです。ついつい身構えてしまって、無理をしてしっかり作り込み過ぎると、長続きしませんし、何より大変ですよね。

なので、〝バイトサイズ〟つまり、10分くらいで軽く見られるものをつくるというのがいいのです。僕が反転授業をする場合ですと、基本的にはパワーポイントを読み上げているだけの10分程度のムービーをつくっています。僕自身は動画には登場しません。見ている人には、パワーポイントが見え，僕の声だけが聴こえています。

作り方は非常に簡単です。まずパワーポイントに伝えるべきポイントをまとめていきます。いつものプレゼンテーションの準備をすればいいのです。細かい部分は話して補います。10分なので，5～6枚程度でしょうか。字は少し大きめに，36ポイントくらいでつくりましょう。

そして，動画の作り方ですが，デスクトップを動画でキャプチャーできるソフトを使います。これはそんなに珍しいものではありませんし，フリーのものもあります。Ｍａｃであれば，基本ソフトのQuickTimeを使ってみるのもいいでしょう(1)。

キャプチャーしながら，パワーポイントを読んでいきます。プレゼンテーションと同じ要領です。多少のミスは気にしません。少し終わったら保存して，Dropbox等のクラウドにアップロードして，リンクをメール等でメンバーに共有すれば終わりです。簡単ですね。ここまでで30分くらいでしょうか。

出来る範囲で，簡単に。それを最優先にしましょう。

さて，ではさっそく松尾睦先生の講義に入っていきましょう。まずは反転授業から，どうぞ。

■注

(1)　動画キャプチャーできるソフトなど　Mac：Snapz Pro, Win：AmarecCo

WORK

こんにちは、北海道大学の松尾です。今日の僕のセッションは、デジタルメディアでの講義（反転授業）からはじまり、それを事前に視聴していただいていることを前提に、教室では質疑応答やエクササイズをまじえたセッションを行いましょう。

さて、さっそくですが今日の講義は「経験学習とＯＪＴ研究の現在」というテーマです。そのゴールは「経験から学ぶ力とは一体何かを理解すること」です。

私は「経験学習」の研究をしています。人は常日頃いろいろな経験をしているわけですが、その中でも主に「仕事の経験の中でどのように学んでいるか」に関心があります。

この反転授業では、実際の講義の理解を助ける、いわば「道具」となる知識を、実際に手を動かして行うワーク形式も取り入れながらお伝えできればと思います。

図表1－1　経験学習のモデル

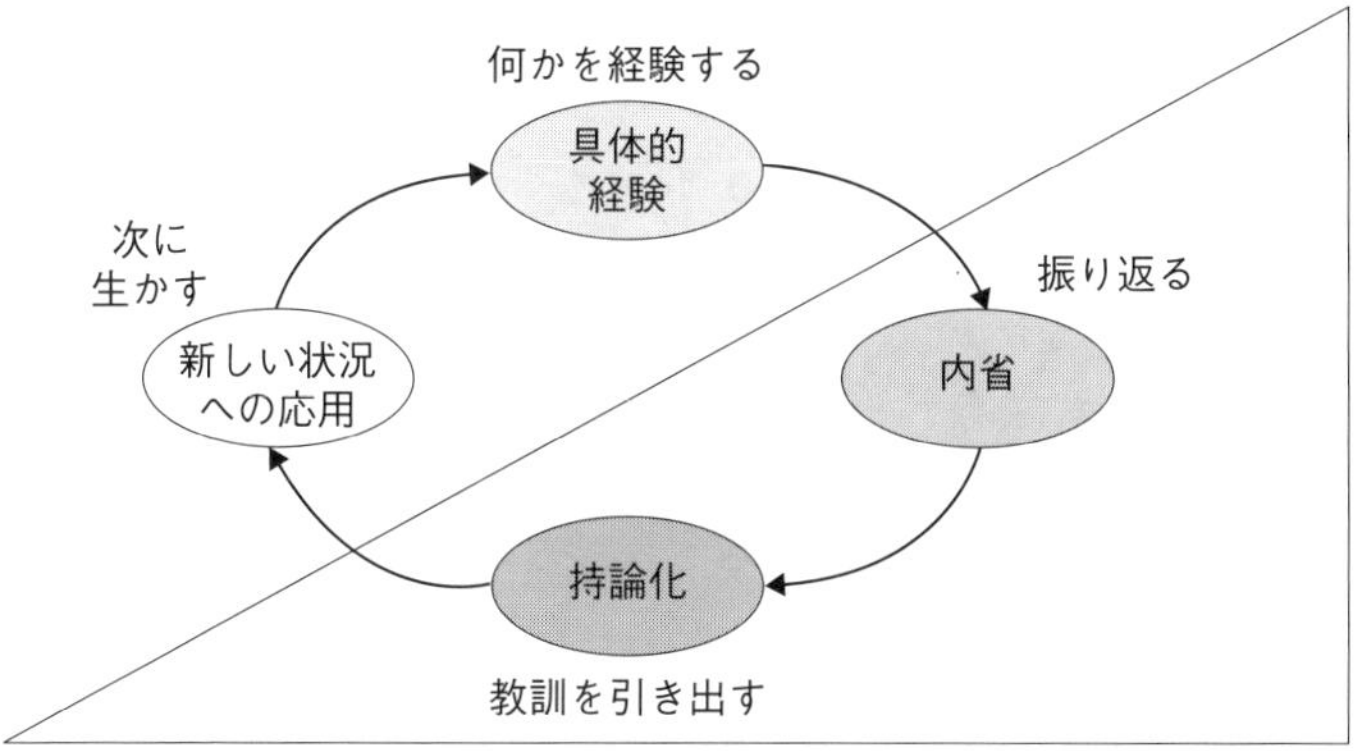

注：Kolb, *Experiential Learning : Experience as the Source of Learning and Development*（1983）FT Pressの一部

「70（仕事）：20（他者）：10（研修・書籍）」の法則

まず、この法則は調査に基づいて明らかにされたもので、マネジャーの成長に影響を与える要因の比率を示しています。マネジャーが成長していく中で、何が効果的かということですね。

成長の70％が仕事の経験から説明できます。20％は上司などのアドバイスや観察、そして10％が研修や〝本〟です。現在、皆さんは研修から学ぼうとしているわけですが、どうかガッカリしないでください（笑）。この法則は、**マネジャーの成長が仕事経験に支えられているということを示しています**が、他者、研修、本からの学びを、仕事経験にリンクさせることができれば成長につながるのです。

コルブの経験学習モデル

マネジャーの成長の大半は経験によって決まります。では、人はどのように経験から学んでいるのでしょうか？　それを表しているのがコルブの経験学習モデル（図表1－1）です。

具体的な経験をし、振り返る（内省）ことで、我々は経験から教訓を引き出すことができます（持論化）。その教訓を新しい状況へ応用し、再び経験するというサイクルを回すことで人の学びが活性化します。

忘れがちなのは内省と持論化です。同じ経験をしていても、内省と持論化をしないままに経験だけをしている人は、成長のスピードが遅くなります。たとえ10年間仕事をしたとしても、同じことを10年繰り返しているだけという状況に陥ってしまいます。

一方で、振り返って教訓を引き出して持論化し、次に生かしていくサイクルを回せる人は、**毎年違うことを身につけて、常に成長してゆくことができる**。このコルブの経験学習モデルはそんなことを示しています。

図表1－2　マネジャーとして成長するための8つの経験

人事異動の経験	17.5%	直接経験
初期の仕事経験	12.3%	直接経験
海外勤務経験	12.3%	直接経験
管理職になる経験	11.6%	直接経験
プロジェクト型の経験	9.9%	直接経験
修羅場の経験（建て直し等）	6.1%	直接経験
上司から学ぶ経験	2.6%	
その他	18.9%	

出所：谷口智彦『「見どころのある部下」支援法』（2009）プレジデント社

マネジャーとして成長する人の共通項は「新しいこと」への挑戦

図表1-2は日米企業のマネジャーへインタビューを行い、マネジャーとして大きく成長するきっかけとなった経験について調べたものです。ぜひご自身の経験に照らし合わせて見ていただければと思います。人事異動、海外勤務、プロジェクトなど、いろいろな経験が並んでいますが、**共通項は「新しいこと」への挑戦**です。

やりなれたことばかりをやっていても成長しないことを立証している調査だと考えられます。

昔のヒーローという成長限界

図表1-3のグラフを見てみてください。これは成長を強く感じている人の割合をグラフで表したものです。入社したばかりの20代の成長実感は高いのに対し、30代になると成長が停滞してしまいます。一体どうしてでしょう?

会社で働き出して10年くらいすると仕事のやり方が決まってくるものです。どうすれば、どれくらいの結果が出るかが大体分かってきます。そうすると新しい仕事のやり方を探求しなくなり、成長が止まりがちになります。時折、営業担当に見受けられる「昔はすごく売っていたけど、最近は鳴かず飛ばず」といった〝昔のヒーロー〟がその典型例です。時代も客も変わっ

図表1-3　成長実感の変化

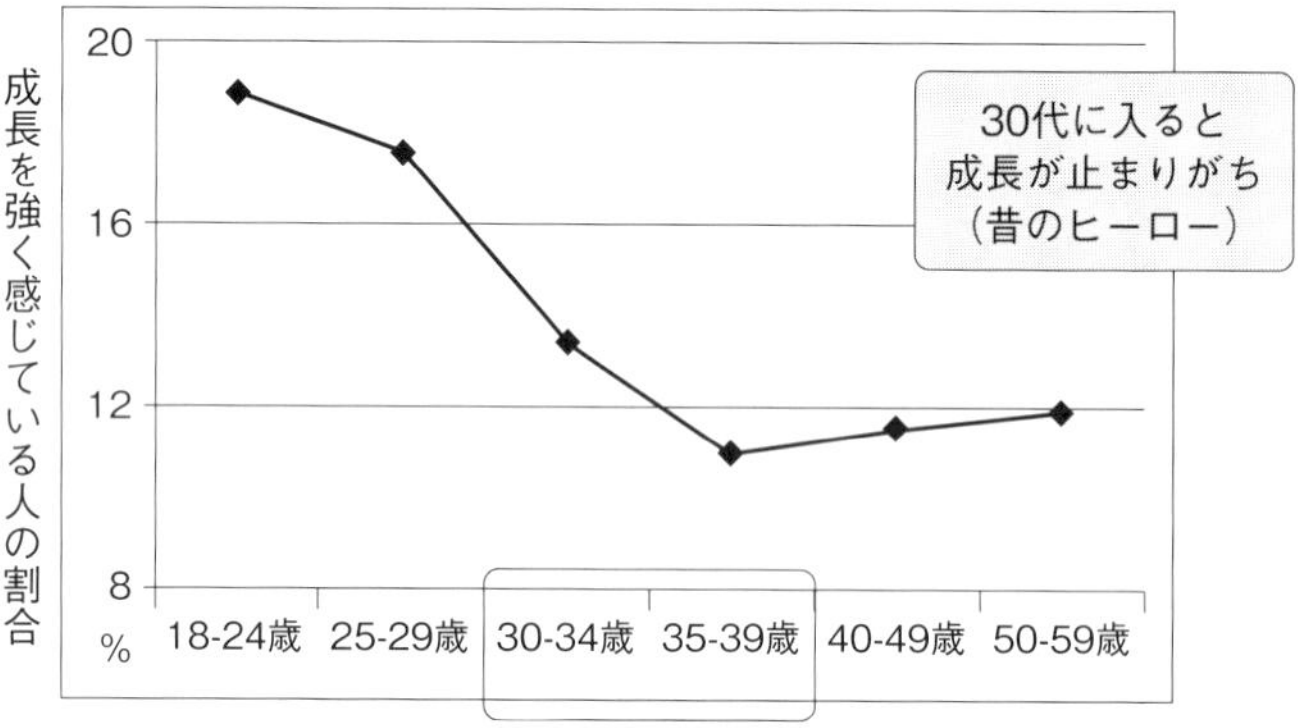

データ出所：ワークス研究所「2008年ワーキングパーソン調査」を基に作成

ているのに、その人のノウハウがずっと変わっていない、成長していない社員です。

みなさんはどうでしょう？　今の自分の成長は止まってませんか？

経験から学ぶ力

同じ経験をしても成長する人としない人がいます。なぜこのようなことが起こるのでしょうか？　それは「経験から学ぶ力」の違いです。

以下では、さきほどのコルブの学習モデルから発展させて、経験から学ぶ力について考えたいと思います。成長の停滞から抜け出すためには常に、適度に難しい課題に挑戦し、それを振り返り、楽しさに結びつけ、また挑戦する。このサイクルを回すことが質の高い経験学習につながります（図表1－4）。

まず目の前のことから、チャレンジングな課題を見出し、実際に挑戦することが**ストレッチ**です。自分の守備範囲で行う挑戦ではなく、できるかどうか分からない挑戦、背伸びすれば、またはジャンプしたら届きそうなことが好ましいと言われています。

そうして試行錯誤するうち、「もっと良いやり方がないだろうか」「こういったやり方はどうだろう?」と振り返るのが**リフレクション**です。そして困難を克服し、仕事にやりがいを見いだすことが**エンジョイメント**につながります。これら、ストレッチ、リフレクション、エンジョイメントが有機的にリンクすることが重要です。

さらに、3つの力を支える原動力が「**思い**」です。そして、励ましてくれる人、がんばろうと思うきっかけを与えてくれる人との「**つながり**」が**思い**を支えます。

こうした要素をしっかりと押さえながら仕事をしている人は、経験から多くを学ぶことができます。

図表1-4　経験から学ぶ力のモデル

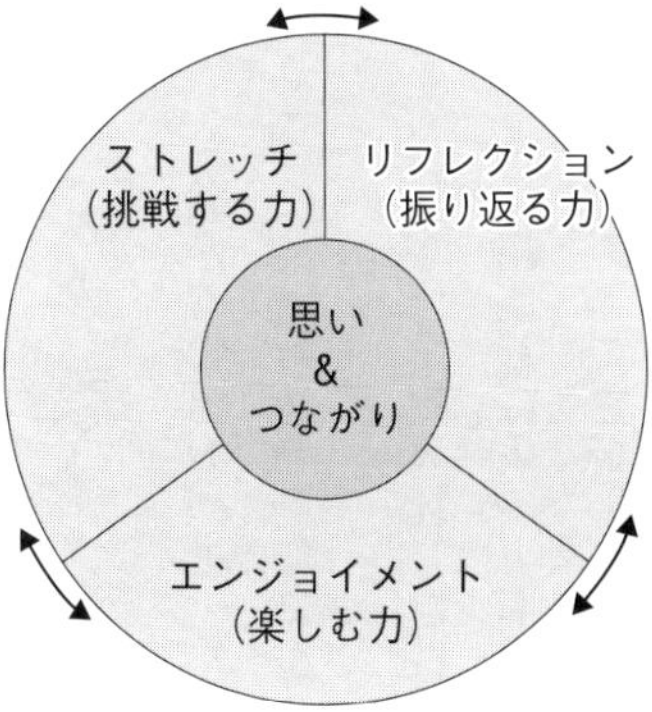

小さな工夫が「ストレッチ」のチャンスを生む

では、経験から学ぶ力のモデルを詳しくみていきましょう。まずは、**ストレッチ力**の具体例です。これは某出版社で実際にあった出来事です。

25、6才で中途入社した社員が、書籍の売り上げを集計するデータ入力作業を与えられました。出版社に入って面白い仕事できるかなと思っていたら、案外単調な仕事で最初はがっかりだったといいます。

でも彼はめげずに仕事をこなしていきました。すると半年後、彼は「売れている本には○○という傾向があります。入力のフォーマットを○○のように変えると、マーケットの傾向がよりわかりますよ」と言い出しました。自分で工夫して市場分析の方法を考えたわけです。

その成果に驚いた部長や局長は「マーケティング戦略を提案してみろ」「宣伝計画とコストの関係性について分析してくれ」というチャレンジングな仕事を彼に依頼するようになりました。

よくある中堅社員の不満として「ルーチンの仕事ばかりで、ストレッチ経験が与えられない」という意見があります。ストレッチ経験をしたくても、そもそもチャンスが与えられないというのです。

大切なことはこの出版社の事例のような、**土台の構築**です。ただの打ち込み作業でも、自分なりに工夫をすることで、周囲に認めさせるための足場になる。そうしてはじめて、挑戦するチャンスを与えられるのです。

会社内ではストレッチ経験は無償で与えられるわけではありません。目の前の仕事でしっかり成果を出して、自分で呼び込まなければならないのです。

スランプの時こそ「リフレクション」を

リフレクションの具体例として、日本将棋連盟の元会長であり、五十歳で「名人」を獲得するという最年長記録を持つ米長邦雄氏のエピソード(2)を紹介します。

米長邦雄氏は、四十代半ばになるとスランプに陥り、二十代の若い棋士に勝てなくなってしまいました。

■注

(2) 米長邦雄『不運のすすめ』角川書店

米長氏は、ある時、若い棋士から「先生と指すのは非常に楽です。先生は、この局面になったら、絶対逃さないという得意技〝十八番〟をいくつも持っています」と指摘され、「自分の得意技を捨てることです」とアドバイスを受けます。

これに対して怒りを覚えることなく、米長氏は若手を「先生」と呼び、弟子入りし、再び王将に返り咲くことができました。

これは「**アンラーニング**」とも呼ばれるプロセスです。自分を若い棋士の言葉から**リフレクション**し、通用しなくなった戦法を捨て、新しい戦法を採り入れることに成功したのです。**リフレクションは自分がスランプに陥ったり、ルーティンに陥っている時に効果的なヒントを与えてくれる**のです。

一見つまらない仕事の中に意味を見つける「エンジョイメント」

試行錯誤の中で困難を克服したり、仕事にやりがいを感じるとき、人は**エンジョイメント（喜び）**を獲得することができます。実際の仕事の中では、面白さの兆候を見逃さず、そこを深掘りして工夫をすることが**エンジョイメント**をもたらのです。とある財団法人職員のケースを紹介しましょう。

図表1-5　経験から学ぶ力のチェック（前半）

経験から学ぶ力		チェック ✔	合計スコア
ストレッチ	挑戦のための土台づくりをしている		
	周囲の信頼を得てストレッチ経験を呼び込んでいる		
	できることをテコに挑戦を広げている		
リフレクション	行為をしながら振り返っている		
	他者からフィードバックを求めている		
	批判的な意見にオープンになり未来につなげている		
エンジョイメント	仕事の面白さの兆候を見逃さないようにしている		
	仕事の背景を考えて、意味を見いだしている		
	即効的楽しさを追わず、後から来る喜びを待っている		

注：✔一つにつき１点で換算し合計スコアを記入する。
２点以上であればOK.１点以下だと力が不十分。

彼女は上司から封書の宛名書きの仕事を命じられました。「なぜ私がこんな事をしなければならないのか」とがっかりしながらも、仕事を進めていきます。

しかし、よくよく考えてみると、宛名書きにより、「自分の組織がどのような団体と関連しているか」「取引先のキーパーソンは誰か」を把握できることに気づきます。

すると、宛名書きという単調な作業が大変意味のある仕事と思えてきて、この作業を通して、自分の組織がどのような位置づけにあるかを考えるようになりました。単調で退屈な仕事が楽しく感じられるようになったのです。

楽しくない仕事であっても、その中に**自分なりの**

楽しみを見つけるということ。その面白さの兆候を見逃さずに深掘りすると、意外な一面を発見することができるのです。これが**エンジョイメント**です。

ストレッチ、リフレクション、エンジョイメント、あなたの仕事の日常にはどれくらいあるでしょうか？ **図表1-5**のチェックシートを使ってセルフチェックしてみましょう。

プロフェッショナルと学習志向を繋ぐ「思い」

仕事における強い**思い**はプロフェッショナリズムと関係しています。プロフェッショナルとはどのような人を指すのでしょう？

「優れた知識・スキル・技術」を持つと同時に、「他者や社会に奉仕する心」を持つことが、プロフェッショナルとしての理想像とされています。自己と他者のバランスがとれたときに本当のプロフェッショナルになれるのです。

そして、他者に評価されたいという**業績志向**と、自分の能力を高めたいと思う**学習志向**の2つ、特に後者が個人の成長を促します。もし、業績志向だけが強く、学習志向が弱い場合は、他人の言うことを素直に聞くことができません。批判的なフィードバックを得ても、それを学びに繋げることができないのです。

他者のことを考えながら、自分の能力を高めようとする「思い」が成長の原動力となります。

自己と他者のいい関係性を保つ「つながり」

そして、もう一つの原動力が、他者との「つながり」です。

自分と違う価値観を持つ他者と誠実に付き合い、率直な意見に心を開き、自分とともに高め合う関係性を築くこと。**人とのつながりを大切にすることは、個人の成長には欠かせません。**

今回はあえて、本書のコーディネーターでもある中原淳先生にインタビューしてみました。先生はどんなつながりを大切にしているのでしょうか？

中原：僕は「安心屋」と「緊張屋」と名付けた人々とのお付きあいを特に大切にしています。安心屋とは、「中原君もがんばっているね」とほめたり励ましたりしてくれる人です。さらに頑張るためには「褒められること」が必要です。「緊張屋」とは、「中原さん、このままではダメになるよ」とダメ出ししてくれる人です。

中原：緊張屋ばかりだとツライので数はそんなに多くありませんけど、自分には2人の緊張屋の方がいます。その方々は、自分と似た分野を追いかけていて、それでいて、僕とは違うアプローチや専門性をお持ちの方です。自分とは違う方と敢えてつきあい、ダメ出しされること、違和感をもつことを大切にしています。

図表1-6　経験から学ぶ力のチェック（後半）

経験から学ぶ力		チェック☑	合計スコア
思い	自分のことだけでなく他者のことを考えて働いている		
	業績や成果だけでなく、能力の向上を目標としている		
つながり	職場外から率直な意見を聞いている		
	人を選び、誠実につきあっている		
	自ら発信し、相手の意見を受け入れている		

注：☑一つにつき１点で換算し合計スコアを記入する。
　　２点以上であればOK.１点以下だと力が不十分。

肯定と否定の両方のつながりを大切にしているのが見て取れます。批判的なフィードバックをただ否定的に捉えるだけではプロフェッショナルとしての成長が期待できません。それをいかに学びに繋げることができるか。それには開かれた心と、人とのつながりを大切にする気持ちが何よりも大切です。

さて、みなさんの思いとつながりはどうでしょう？　**図表1-6**のチェックシートで振り返ってみましょう。

経験から学ぶ力とは？

これまで経験から学ぶ力のモデルを説明してきました。**適切な「思い（自己と他者への関心）」と「つながり（他者との関係）」を大切にし、「挑戦し、振り返り、楽しみながら」仕事をするとき、経験から多くのことを学ぶことができます。**同じ経験をしても、学び取れる人とそうでない人がいますが、両者の違いを生み出しているのはこれらの姿勢です。ＯＪＴや研修を行う際の参考にしてみてください。

最後にちょっとしたクエスチョンです。実際のレクチャーではこのクエスチョンの答をもとにお話を進めます。ぜひそのまま本書に答を書き込んでみてください。

Q　経験と学びをふりかえる

これまであなたが受けた上司、先輩からの指導を思い出し、もっとも自分を成長させてくれたのは、どんな人の、どのような指導方法だったでしょうか？　担当者時代、管理職時代に分けて、「経験と学び」（どのような経験をして、そこから、どのような教訓や学びがあったか）も交えて考えてみてください。

参考図書：『経験からの学習：プロフェッショナルへの成長プロセス』（同文舘出版）、『学習する病院組織：患者志向の構造化とリーダーシップ』（同文舘出版）、『職場が生きる、人が育つ「経験学習入門」』（ダイヤモンド社）ともに松尾睦著。

LECTURE

企業成長の鍵を握る「育て上手のマネジャー」の指導法――松尾睦

「育て上手のマネジャー」が企業を牽引する

さて、引きつづき講義をつづけましょう。

「ＷＯＲＫ」での反転授業では「経験から学ぶ力」について考えましたが、この力は、人材育成においても、非常に重要な要素となります。

私はドラッカーのファンというわけではありませんが（笑）、彼は人材育成に関して良いことを言っています。少し引用しましょう。

〝他人の育成を手がけないかぎり、自分の能力を向上させることはできない〟

（Drucker, 1973, 訳書p.129）

企業では、担当者を育成するのもマネジャーの仕事です。ドラッカーのこの言葉に照らし合わせてみると、**育て上手のマネジャーこそが、マネジャーとしても成長できる**ということになります。そうしたマネジャーは、部下や後輩の成長を支援し、結果的に企業力そのものを向上させる、ということになるでしょう。

しかし、これは本当でしょうか？

私が中堅・大企業12社の課長・部長524名を対象に「マネジャーが成長するために必要な経験」に関する調査を行ったところ、外部企業や他部署との「部門を超えた連携の経験」、制度や風土改革などの「変革に参加した経験」、そして「部下を育成した経験」がマネジャーの成長を促していました。やはりドラッカーの言ったことは本当だったのです（笑）。

では、育て上手のマネジャーは部下をどのように育てているのでしょうか？　今日はそんなテーマでお話をしたいと思います。

図表1-7　人材成長のステップ

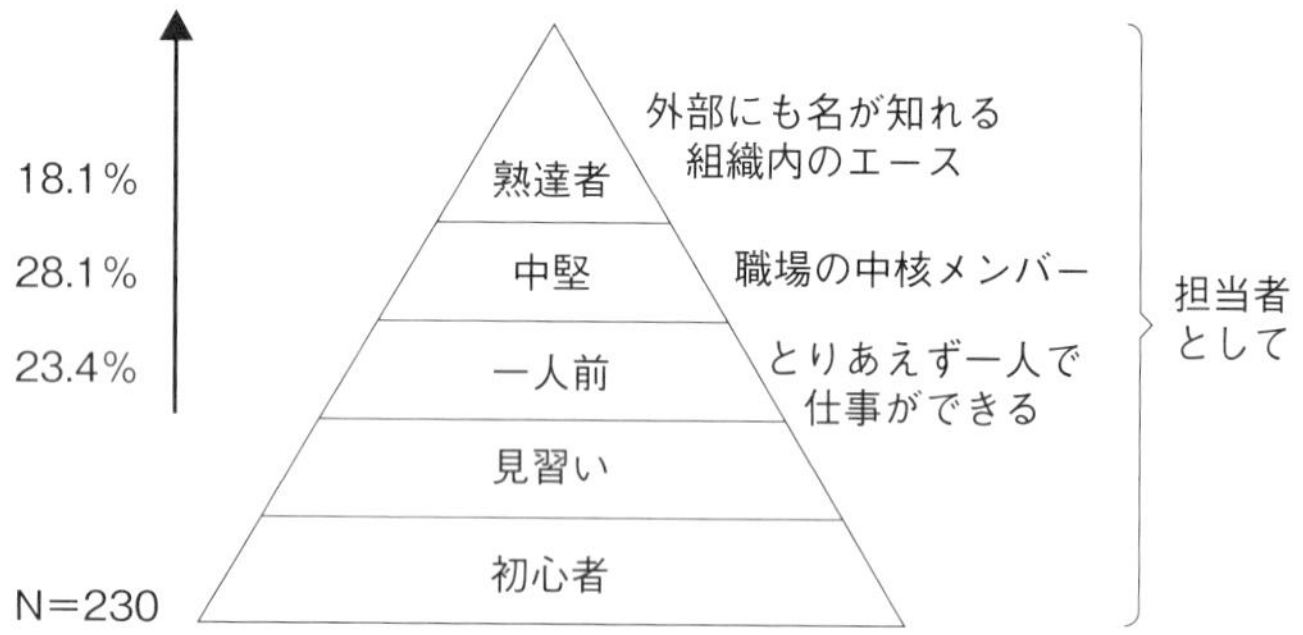

出　所：Dreyfus "How expert managers tend to let the gut lead the brain." *Management Review*, Sep.,56-61. (1983) と松尾『経験学習入門』(2010) ダイヤモンド社を基に作成

「人材強化」は日本企業のアキレス腱

さて、まず最初に、日本企業が今どんな課題に直面しているか、少し確認しておきましょう。

ある調査によると、「収益性向上」や「売り上げ・シェア拡大」は常に3本の指に入る経営課題です。これは疑いのないことでしょう。そして、それと同じくらい重要視されているのが「人材強化」なのです[3]。

さらに、人材開発上の課題においては「管理職が力不足」がトップクラスの課題として挙げられています[4]。

では、当の中間管理職の悩みはというと、「後継者の育成が不調」が最も多かったのです[5]。意外にも「業務量の過大」よりも上位なんですね。つまり、**日本企業は、慢性的に有能な人材が不足し、その原因は管理職の力不足にあり、そもそも管理職自身もそのことが悩みの種で**あるという、悪い循環に陥っていると言えるでしょう。

まさに人材強化は、日本企業にとって最も重要であると同時に、急所でもあるわけです。

厚い中堅担当者層が、企業の大黒柱になる

さらに細かく見ていきましょう。**図表1-7**は、ドレイファスという研究者のモデルと調査データを基に、人材のレベルと社内における割合を示したものです

私が実施した質問紙調査によれば、とりあえず一人で仕事ができる「一人前」は社内に23・4%くらいいて、職場の中核メンバーである中堅は28・1%、外部にも名が知られるエース級人材である熟達者は、18・1%でした。このうち、「頼りになる人材」である中堅と熟達者の比率を合わせると、40~50%くらいになるわけです。つまり、職場の担当者のうち、半分以上の人材は未熟な人材であることがわかります。

熟達者を大幅に増やすことは難しいですから、**現実的な話をすれば、見習いを早く一人前にして、中堅レベルの担当者を増やすことが企業に求められる人材開発**の課題だと言えるでしょう。

■注

(3) 出典　日本能率協会「日本企業の経営課題」2006~2011
(4) 出典　日本経営協会「人材白書」2007、2009、2011
(5) 出典　日本経営協会「日本の管理職白書」2009、2011

図表1-8　職場のOJT強化で「見習いを一人前に」「一人前を中堅社員」に引き上げる

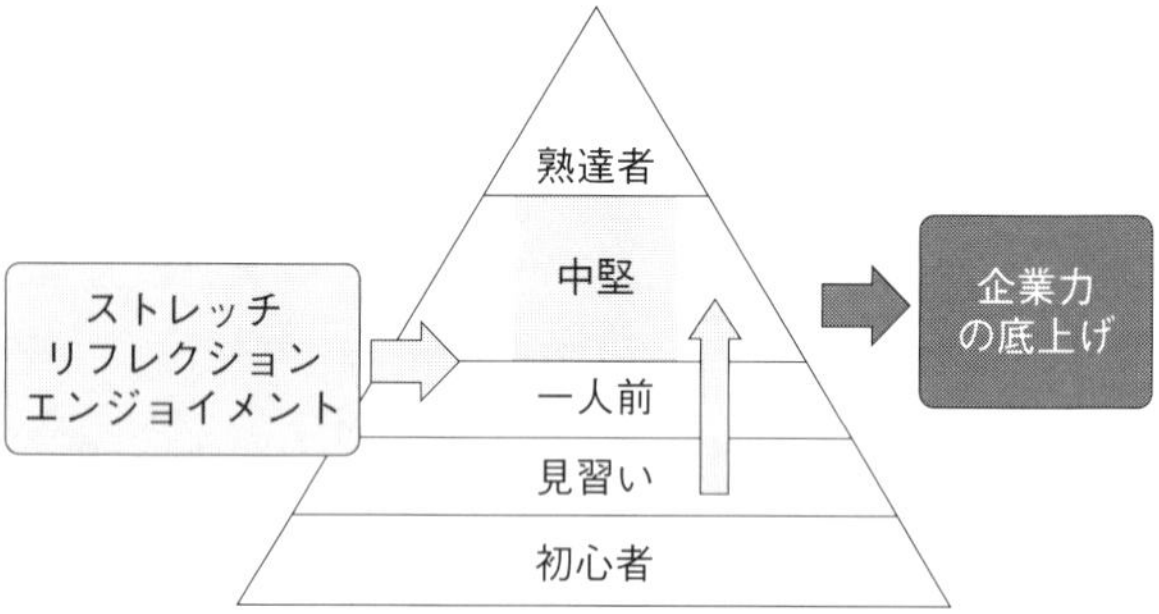

そして、その時大切になるのが「ＯＪＴ」なのです。育て上手のマネジャーこそが、部下や後輩の成長を促し、企業力そのものを向上させる土台になります（図表1-8）。

育て上手に学ぶＯＪＴ

まず、ＯＪＴの基本について考えましょう。ＯＪＴには、以下のような４原則というものがあります。

(1)　**やって見せる（show）**
(2)　**説明する（tell）**
(3)　**やらせる（do）**
(4)　**チェックする（check）**

これは第一次世界大戦時における造船現場の人材育成方法です。職工が不足していたので、短期間に職工をつくる必要があったために、開発されました。

海軍大将であった山本五十六氏の「やってみせ　言って

聞かせて させてみて ほめてやらねば 人は動かじ」という有名な言葉は、上記の4原則と見事に対応しています。

日本のＯＪＴも、概ねこの4原則によって実施されているわけですが、それだけでは十分ではありません。

変化の激しい時代でもある今、**予測不能なこと、つまり、上司も経験したことがないようなことが次々と起こります。よって、経験からいかに学ぶ力を身につけていくかが大切なことではないか**、と私は考えています。

図表1-9　経験から学ぶ力のモデル

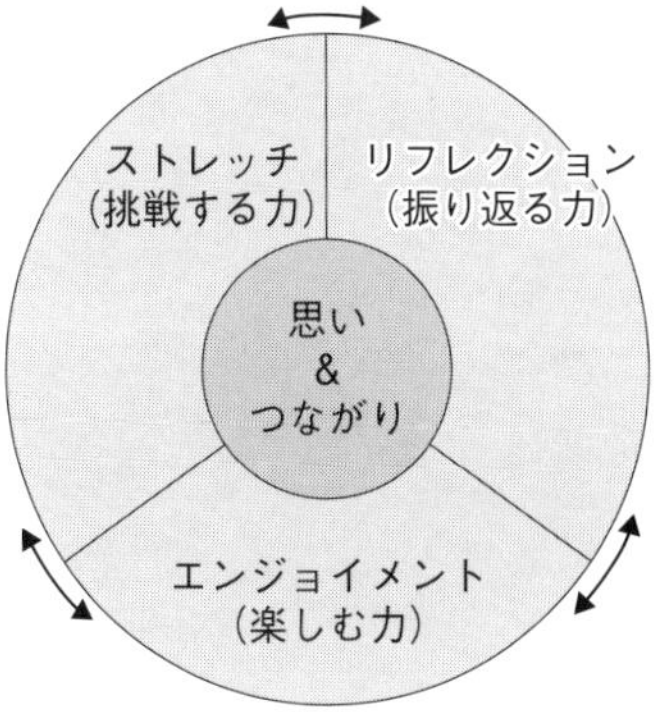

反転授業で説明したように、**「思い（自己と他者への関心）」と「つながり（他者との関係）」を大切にし、「挑戦し、振り返り、楽しみながら」仕事をするように指導することが、人の成長を促すのです**（図表1-9）。

また私が、育て上手なＯＪＴ担当者はどんな教え方をしているかを調査したところ、彼らの指導方法は「経験から学ぶ力のモデル」と対応していることがわかりました（図表1-10）。

図表1-10　教え上手の指導法と「経験から学ぶ力のモデル」の対応

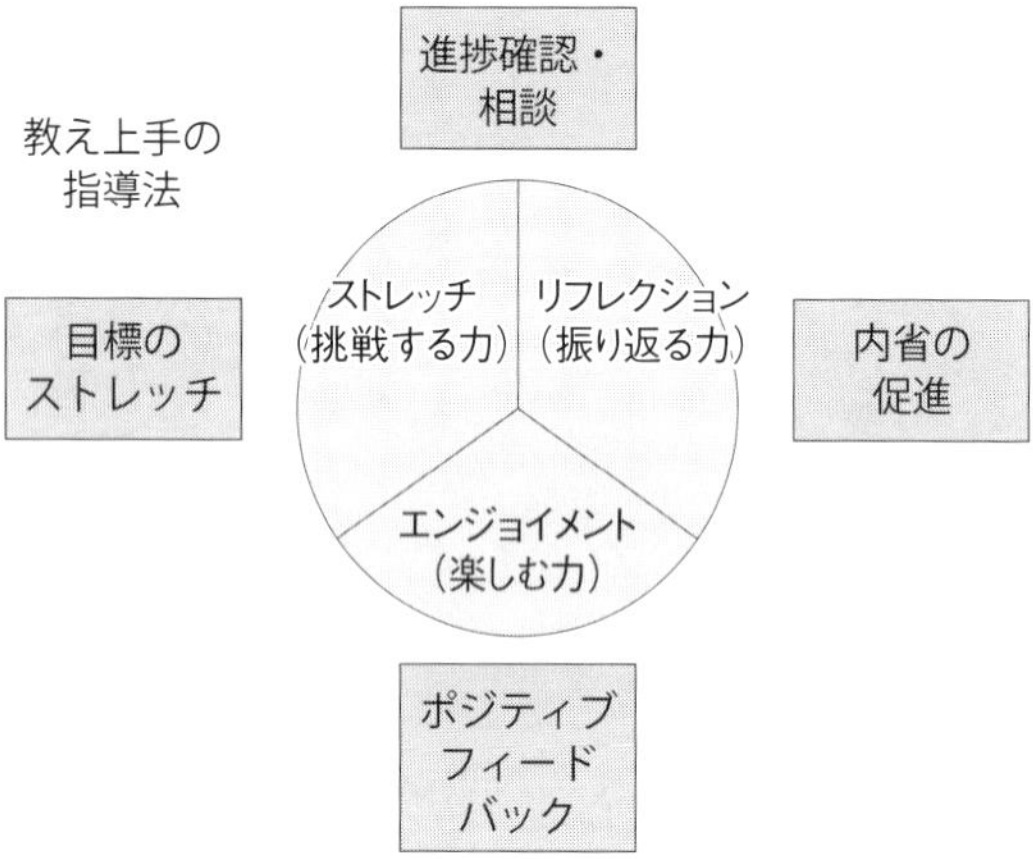

まず、教え上手のOJT担当者マネジャーは、後輩や**部下の目標をうまくストレッチしています**。本人の目標よりも、やや高めの課題を与えたり、それに挑戦させるために期待を伝えるという指導です。

そして、一味違った進捗確認・相談を通じて、後輩や部下の内省、つまり振り返りを促進していました。これによって、自分で実践したことの中で、「なぜうまくいったか、うまくいかなかったか」「より合理的な方法はないか」を考えるようになるのです。

また、後輩や部下に対する**フィードバックもポジティブなもの**でした。叱る時も、最終的にポジティブになれるような、そんな配慮をしています。これによって、楽しみながら経験し、学んでいくことができるわけです。

ストレッチ、リフレクション、そしてエンジョイメントのサイクルを回していくこと。つまり、**教え**

図表 1 -11　OJT力の簡易チェック

目標の ストレッチ （　　）点	□目標がストレッチされていない場合にはストレッチする □本人の能力よりも少し高い目標を立てさせる □この仕事を通して成長してほしいという期待を伝える
進捗確認 （　　）点	□報告があがってこない場合には、こちらから声をかける □こまめに進捗を報告できる時間をとり、取り組みが見えるような環境をつくる □進捗状況を把握できるように、定期的な個別ミーティングを行う
内省の促進 （　　）点	□成功パターンと失敗パターンを認識させ、意識づけて定着させる □成功、失敗にかかわらず、「なぜうまくいったのか、うまくいかなかったのか」を考えてもらう □成功しても、より合理的な方法がなかったか、自ら検証させる
ポジティブ フィードバック （　　）点	□結果が悪くてもプロセスの中でよかった点を見つけてほめる □失敗成功にかかわらず、まずは労をねぎらう言葉をかける □普段の仕事で、成長したと感じた部分を見つけたらすぐに伝える

出所：松尾『経験学習入門』（2010）ダイヤモンド社

上手のＯＪＴ担当者マネジャーによる指導法は、きわめて経験学習的なメソッドであるわけです。

さて、この調査から得たものを簡易チェックシートにしてみました。こちらでセルフチェックをしていただき、ディスカッションなどをしてみるのはいかがでしょうか？

ちなみに、私の行う研修などでチェックをしてもらうと、一番スコアが低いのは常に「内省の促進」です。「忙しい」「時間がない」という理由が多いですね。逆にいえば、内省の促進ができるようになると指導力は上がると考えられます（図表1―11）。

また、「潰《つぶ》し屋」などと呼ばれている問題のある指導者、つまり過去に部下を辞めさせていたりする、問題のある人の特徴を見てみました。彼らは、1年目は目標のストレッチとポジティブ・フィードバックが不足傾向にある、いわゆる「放置型」です。一方、2～5年目には、目標のストレッチが過剰な「スパルタ型」になってしまう（笑）。

つまり、**放置から突然スパルタに変わるような指導をすると人が潰れていく**わけです。でも、これが全くよくないというわけでもありません。そもそもこのモデル、どこかで聞いたことがありませんか？

それは**「職人型ＯＪＴ」**です。日本の職人気質の職場では、もっぱらこれです。先輩職人を見て学ばせ、手ほどきはせず、見よう見まねでやらせ、叱りながら育てていく。これは、超少数の有能人材を育てるには好適な方法と言えるでしょう。しかし、やる気のある人や精神的に強い人以外にこれを行うと、潰れてしまうことが多いのです。

「困った若手社員」は「期待」で変える。

次に、マネジャーや人事担当にとっての悩みの種である、「困った若手社員」の対処方法について見ていきましょう。

組織によって異なりますが、「困った若手社員」の上位に挙げられるのは「自分の頭で考えようとしない」「成長意欲がない」若手社員です。ここでは、育て上手のマネジャーによる指導事例を見ながら、有効な対処法を考えてみましょう。

【自分で考えない若手〈IT企業の場合〉】

当初の状況：IT企業の入社2、3年目の若手社員。この時期の若手は仕事に慣れてくるので「会社がこうしてくれない」「上司がこうしてくれない」などの甘えが出やすい。そして、考えもせずにすぐ「どうすればいいいんですか？」と聞いてくる。

対処1：自分で考えるクセをつけさせる

問題の若手に対して、「自分ではどうしたらいいと思う？」と聞く。はじめは戸惑うが、「○○さんのところに行くと、いつも聞かれる」という状態になるので、自分の考えを持つようになる。本人には「自分の考えがないとつまらないでしょ？」と伝え、自分で考えることの喜びを理解してもらっている。

対処2：目的のズレを少しずつ修正する

初めのうちはズレた考えをもってくる。そのときは「なんでそう考えたの？」と問題分析をさせる。たいていは仕事の目的の認識がズレているので「なんのためにこの仕事をやっていると思う？」と聞く。そこが修正されるとズレなくなる。また、問題が生じそうなときには「こういうことが起こるよ」「どうしたらいいと思う？」と聞く。本人が対処できない問題はこちらでフォローしてあげる。

【自分で考えない若手〈外資系製薬会社の場合〉】

当初の状況：外資系製薬会社の若手社員。自主的に行動を起こすことがなく、受け身の姿勢が見られる。やる気がないというわけではない。仕事の面白さに気づいておらず、どうすればいいか分からない状態。

対処1：ヒントを与えて、考えさせる

「自分で考えなさい」といっても、そのやり方がわからないのだから意味がない。「こんなやり方があるよ」とどんどんヒントを与えたり、「仕事にはこんな意味があるよ」と仕事の背景に気づかせて、「アイデアを形にしてもってきて」などの行動を促した。ただし、手は出さないようにすることが大事。「何のために仕事をしているか分かる？」などの問いかけによって考え方を身につけさせるようにした。

対処2：フィードバックを与え励ます

当初は問いかけに対してもプアな回答しか返ってこない。しかし、繰り返すうちに徐々に考えることができるようになる。課題を出して考えさせた後、その仕事の内容について「これはすごいね。僕にはできないよ」「ここはもう少し掘り下げたほうがいいね」などのフィードバックをした。これを繰り返すことで、自分で考えることや仕事の面白さに徐々に気づいていった。

【成長意欲のない若手〈生命保険会社の場合〉】

当初の状況：就業経験がない21歳の女子新入社員。金髪で面接を受け、敬語の使い方もわからない状態だった。当初は言われたことしかできず、給与さえもらえればいいという考え方で、指導担当社員ともコミュニケーションをとりたくないという状況だった。

対処1：頑張り方を教える

指導担当社員と話し、「この子は頑張りたいけれど、頑張る方法がわからないのだろう」と考え、「まずは成功体験を積ませる」という方針で指導することにした。保険の営業は、3～4回訪問して契約に至るので、はじめの3ヶ月間は、3回目、4回目の訪問に同行して「こうやって契約をとるんだよ」という方法を見せるようにした。その社員が営業活動するうちの半分くらいは指導担当社員と自分（営業部長）が同行した。

対処2：徐々に任せ、成功体験を積ませる

最初は、商談を上司がやってみせ、本人は見ている状態だったが、徐々に本人に任せた。3ヶ月目に入ると彼女はやる気を見せはじめ、成功体験を積むにしたがって指導担当社員や私に相談するようになった。営業社員はいくつかの資格が設定されているが、1年半後には、上から2番目の資格をとるまでに成長した。

さあ、上記の指導事例には、どのような共通点が見出せるでしょうか？

根底にあるのは、これらの若手を**指導したマネジャーからの「成長期待」**なのではないでしょうか？

考えさせる、任せる、フィードバックする、そして励ます…これらの根底には、その人に対する期待感があります。たとえば学校で、先生が子どもに期待したら、出来なかった子どもも、できる子どもになっていくという研究結果が報告されています。会社における指導もこれと同じなんです。成長期待というのは、部下に一番よく伝わるメッセージといえるでしょう。

とはいえ、個人の努力だけで何とかするのはなかなか難しいものです。そんなときには、**適宜ワークショップを行い、その内容をマニュアル化しておくと効果的**です。指導的立場にいるマネジャーに集まってもらい、困った若手の症状をテーマに挙げ、どうやって指導するかをディス

カッションするわけです。

その成果を整理して、マニュアルや事例集にしておけば、自分たちで考えて形にしたものなので、現場で活用されますし、社風にも合ったオリジナルのものができます。そして何より、一体感が出ます。ぜひやってみてください。

では、最後のまとめになりますが、**職場のＯＪＴ強化で「見習いを一人前に」「一人前を中堅社員」に引き上げることが、企業力の底上げに繋がります。**

そしてそのためには、「ストレッチ、リフレクション、エンジョイメント」のサイクルを常に回すことが必要です。ＯＪＴ力を上げていくことで、マネジャー自身の成長にもなり、結果的に職場力が向上します。

もう一度、最初のドラッカーの引用に戻りましょう。

〝他人の育成を手がけないかぎり、自分の能力を向上させることはできない〟

(Drucker, 1973, 訳書p.129)

マネジャーの役割とは、そもそも「他者を通して物事を成し遂げる」ことにありますから、核心を突いた言葉です。

他人の成長を望むことができない限り、自分の成長もまた望めない、ということですね。

WORK

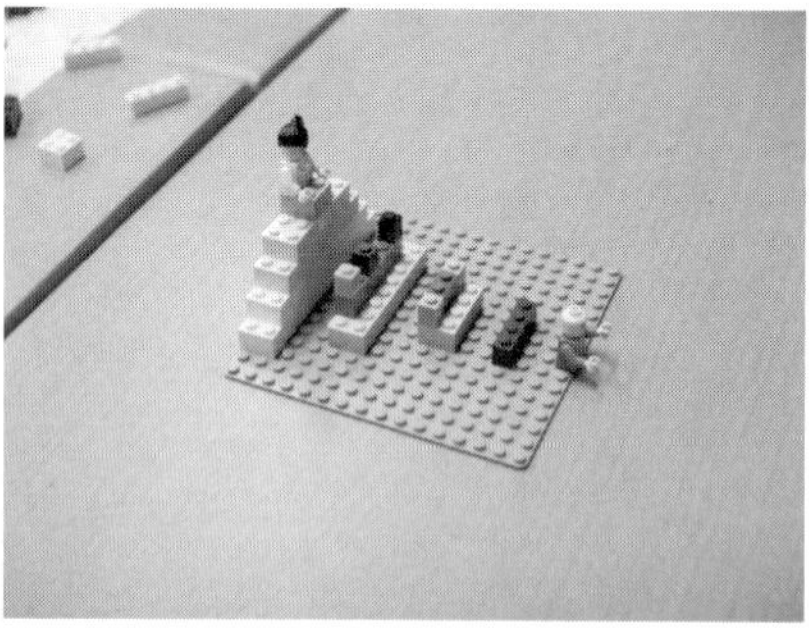

さて、ふたたび、中原です。最後は、僕がファシリテータになって、いくつかエクササイズを行っていきましょう。先ほどは松尾先生にＯＪＴにおける育成の仕方についてレクチャーをいただきました。今度は、皆さんにそれに関係するワークをやってもらいましょう。使うのはレゴブロックです。こちらで、皆さんが、若い頃、どのように成長したのかをカタチにしてみたいと思うのです。１人でやっていただいても構いませんが、複数の人とやっていただいたほうが楽しいです。

頭の中にあるものを表現してかたちにすることを**外化**(externalization)といいます。外化したものは、他者と共有できますし、それを用いて〝吟味〟することができます。今回は、

「自分の若い頃の仕事の様子」という、とらえどころのないものを、具体的なかたちにして、皆さんで吟味してみたいと思うのです。

表現メディアとして、今回はレゴブロックを使いますが、基本は何でも構いません。レゴの利点は使いやすいことと作品の巧拙がでないことです。

きれいな作品をつくることが目的ではなく、語り合ったり気づきを得ることが目標です。作品は以下のものをつくってください。時間はそれぞれ5～10分程度です。

【Work 1】

あなたが若い頃、成長したと思う出来事、自分が一回り大きくなったなと感じる仕事の出来事を表現してください。若手の自分がどんな仕事をしていたか、どんな人がいたか。上司、自分、先輩、同僚…いろんな人形を配置してみてください。そして、どんなふうに仕事を覚え、一皮むけたのか。そんな出来事を表現してみてください。ひと言でいえば、あなたが若い頃の「経験学習」の様子をブロックでつくってみてください、ということですね。

完成したら、もしあなたが1人で取り組んでいるなら、その作品の説明を少し紙に書き出してみましょう。複数で取り組んでいるなら、周りの人と作品の説明をシェアしてください。

【Work 2】

次は、「今」を表現してください。今の自分の会社で、自分の若手が、どのように成長しているのか。彼らは、どんな職場にいて、どのように一人前になっているのか。先ほどは「自分の若い頃の成長の様子」を表現しましたが、今度、表現するのは「今の若い世代の成長の様子」です。

思い浮かばない人もいますか。人形を使うと楽になりますよ。わたしが使うレゴでは、通常のセットに、人形を多めに入れてあります。このワークをする時は、やはり人形が多い方が便利ですからね。

さあ完成したら、先ほどと同様に説明を、1人なら少し紙に書き出し、複数なら周りの人とシェアしてください。

そして、Ｗｏｒｋ１とＷｏｒｋ２のストーリーの違いについても話してみてください。自分が若手だった1年目・3年目は、がむしゃらに走り回っていたはずです。そんな物語を、つらいことも、楽しかったことも含めて振り返ってみてください。

WRAP UP

では、今日のセッションをまとめましょう。

さて、皆さん、ＷＯＲＫはいかがでしたか？

Ｗｏｒｋ１は、昔の職場（若手の育成環境）をレゴブロックで表現するという課題でした。このワークでつくられる職場の作品は人数が非常に多くなる傾向があります。そして、職場メンバー同士の関係や距離が近い。それぞれが同じ方向を向いていたり、面と向かっているといったことが表現されているかと思います。

一方、Ｗｏｒｋ２のように、現在のことになると、多様性が出てくる傾向があります。用いられる人形の種類が多様になり、色も多様になってくる。中には倒れている人もいたり、体の一部がない……（ちょっと心配ですが）といったこともあるでしょう。

今という時代は、多様化して、とにかくまとまりがつかなくなってきているのです。それが無意識のうちに、作品に表現されていることが多いですね。そして、同じ職場をつくっているはずなのに、Work1とWork2の間には、なぜか断絶がある場合が多いものです。あなたの目の前にある作品にはどう表現されているでしょうか？

さて、皆さんの目の前には、Work2の作品があります。皆さんの多くは人材開発担当者ですよね。ということは、この目の前にあるWork2が、皆さんが解決するべき現場の現在の状況なのです。

それでは、皆さんにひとつ思考してほしいことがあります。皆さんは人材開発担当者として、この現場に関わらなければならない。若手が育つように、会社内の環境を整えなければならない立場にあります。

だとするならば、**今、目の前にあるWork2の作品に「自分の人形」を置くとしたら、どこに置きますか？**　イメージしてみてください。どんなふうにそこへ関わっていきますか？　誰に関わっていきますか？　そして何をしますか？

ラーニングイノベーションで繰り返し学んでいくことは、「〝あなた〟**がいない、人材開発の現場はない**」ということです。常に考えて頂きたいのは、自分事として、あなたは、何を変えていくのか。今、問題を抱えている現場にどう働きかけているのか？　ということです。**どうか仕事の現場で起こっている、様々な問題を「他人事」にしないでください。「自分事」として「現場」**

と向き合い、現場を回すためにできることを為すことが「人材開発の根本」となります。

今日、松尾睦先生から学んだ経験学習の理論の中には、「背伸びしてみなさい」と言う側も、いっしょに背伸びすることで、変わっていくということが含まれています。変えようとする側がいっしょに変わる、向上させる側が、いっしょに向上する。それが何よりも大切なことです。

さぁ、皆さんは入口に立ったばかりです。

これから、学びを続けていきましょう。

SESSION 2

「非日常のアドベンチャー」を通し、「できる自分」に出会う

玉川大学 学術研究所・心の教育実践センター
准教授
難波克己

●講師プロフィール

1953年横浜生まれ。1960～70年代の混沌とした時代に10代を通過し、高校卒業後自力留学を心に決め、横浜YMCAでの青少年教育活動に学び、社会人経験ののちに1979年に渡米し自らのアドベンチャーを始めた。

ルイビル大学にてレクリエーションセラピー、野外教育、在学中プロサッカー選手とコーチ、同時に野外環境教育（OBS, Project I.D.）の指導者として学校教育、特に Outdoor Educationを適用した青少年更生プログラムに従事し学費を稼ぎながら卒業。その後、スポーツと心理の関係に目を向け、未だ学問として確立していない時期、スプリングフィールド大学大学院にてスポーツ心理学、心理カウンセリングの修士課程を修了。

87年に帰国、90年に体育学博士課程のために再び渡米、95年よりプロジェクトアドベンチャージャパンにてトレーナーを始め日本での普及と指導に携わる。2005年より玉川大学に移籍、脳科学を学びながら玉川アドベンチャー教育の研究と実践に従事。現在、ユニークかつ複合的な専門領域を活かして人間関係、コミュニケーション、創造性をテーマに活動中。

INTRODUCTION

体感する経験学習のカタチ「アドベンチャー」アプローチ

こんにちは、中原です。前回のセッションでは「人が仕事の現場で経験から学ぶこと」、すなわち「経験学習」について学びました。経験から学ぶためには、背伸びの仕事（ストレッチ）、そして振り返り（リフレクション）、また仕事を楽しむ姿勢（エンジョイメント）が必要だ、というお話しでしたね。いかがでしたでしょうか。

ところで、経験学習は英語で筆記いたしますと、「Experiential learning」になります。そして同じ「Experiential learning」なのですが、実は、もうひとつの実践の系譜が、この学習には存在します。そのひとつが〝プロジェクトアドベンチャー〟です。ここでは、プロジェクトアドベンチャーを「野外および室内におけるアドベンチャー体験を通して、コミュニケーションや集団間の信頼などを考えたり、学んだりすることのできる実践」とご理解下さい。

一般にビジネスで言われる経験学習では、職場などの日常・実世界において、業務経験からいかに学ぶかに焦点が当たりますが、今日、皆さんに体験していただく学習は、**「非日常のアドベ**

ンチャー体験を通して、いかに日常を振り返り、また、学ぶか」に焦点があたります。

前回は経験学習の理論を頭で把握しました。今日は、ビジネスの環境を少し離れて、経験学習を〝体感〟してみましょう(1)。

LECTURE

「非日常のアドベンチャー」を通し、「できる自分」に出会う —— 難波克己

体験することでリンクする日常と非日常

アドベンチャーアプローチは、非日常的なグループワーク（体験）を通して、チームワークや信頼関係を学び、自分の本質を知っていきます。

たとえば、ここ、玉川大学 学術研究所・心の教育実践センターには、幅2～3メートルの巨大シーソー（ジャイアントシーソー）があります。参加者がひとりずつシーソーに上がり、大人

■注

(1) 実際の授業は、受講生みなで玉川大学にお邪魔して、玉川大学 学術研究所・心の教育実践センター 准教授 難波克己さんをナビゲーターに、東京ドーム10個分の敷地にあるさまざまな教具（アスレチック等）でワークを行いました。

そのいくつか、オフィスで取り組めるものもWORKのページで難波先生にまとめてもらいました。気軽に取り組めるものもありますので参考にしてみてください。

Photo２－１　ジャイアントシーソー

数でバランスを取るというワークに使います（Ｐｈｏｔｏ２－１）。

シーソーは、一方に誰かが乗ると、もう一方に同じ重さの人が乗らなければバランスを保てませんね？　参加者はもちろん、体重はバラバラです。よって全員が自分の体重を意識し、シーソー上での立ち位置を微調整をしつつ、チームとしてバランスを取っていくことが必要になります。

体重が重い人であれば、重心から遠い場所に乗れば、その分強い力が反対側に働きます。もし、反対側に体重が軽い人が多そうであれば、自分は少し重心に寄ったほうがバランスを保てるかもしれません。このように、**全体でひとりのことを考え、ひとりが全体のことを考えなければ、このシーソーはバランスを保てないのです。**

あるいは、一本の丸太を使ったワークがあります（Ｐｈｏｔｏ２－２）。参加者はこの丸太の上で一列に並びます。そして、ファシリテーターにしたがって、誕生日順に並び替わります。ただし丸太から落ちてはいけません。

細い丸太の上では互いに譲り合い、落ちないように工夫をしながら並び変わる必要があります。端にいる早生まれの人が、反対側の端まで移動しなければならないかもしれません。彼は他の人たちよりも移動が大変です。そんな時はPhoto2-2のようにかがんで、移動する人を通してあげる工夫も必要でしょう。

全体を見て自分は何ができるかを常に予測して行動し、さらに良い工夫があれば全体に共有してチームワークを保たなければ、このワークも達成できません。

Photo２-２　TPシャッフル

では一度、シーソーや丸太のことは忘れて、みなさんの日常、つまり職場に目を向けてみましょう。実際の職場でも、このシーソーや丸太で起こったような出来事は、発生していませんか?

職場のメンバーはシーソーの上の体重同様、多種多様ですね? そして、みなで成し遂げなければならないことには丸太のワークのような、何らかの制約がある。一人が勝手なことをして、情報の共有がうまくいかなかったり、声かけを忘れたりするとプロジェクトは完成できませんね?

このように、**プロジェクトアドベンチャーで用いるシーソーや丸太は、みなさんが普段置かれている状況のメタファー（隠喩）であり、体験してもらうためのツールなのです。非日常のシーソーの上、丸太の上で受講者のみなさんが置かれている心理的状況は、日常における心理的状況と深く繋がっているのです。**

前回、松尾先生や中原先生からお話しのあった「Experiential learning」は、日常の仕事の現場での仕事の経験を内省し、学ぶというプロセスでした。**アドベンチャーアプローチは、同じ「Experiential learning」であっても、非日常的な仮想ワーク、仮想エクササイズを通して、現実的で日常的な学びを深めていく**のです。

仮想ワークは、チームで行います。よって、問題解決をするためには、他者と関わる力も必要ですし、失敗を恐れずに実験する力も必要です。そして何よりも「体験する」ことから意味を見出す力も必要になります。こうした力を持ち合わせると、ただのシーソーや丸太といった道具から、仕事をしていくために必要な多くのことを学ぶことができます。

また、これらのエクササイズが終わったら、かならず皆でリフレクションをします。単に体験すること、体感することだけが重要なのではありません。**身体活動を終えたら必ず意味づけ、何が起こっていたかを振り返る対話や内省の機会を持つこと、そして、今後、自分たちの未来をい**

かに変えていくかを考えていくことが大切なのです。

人が「できる自分」と出会う瞬間をつくる

引き続き、ワークのお話に戻りましょう。皆さんに、ぜひ、ご紹介したいワークがあるのです。それが「ハイエレメント」とよばれる〝ロープコース〟です。玉川大学 学術研究所・心の教育実践センターには、地上9～10メートルの高さの丸太の橋があります。この高さはビルの約3階くらいの高さに相当します。

この丸太の橋は、幅約30センチメートルほどです。表面は平らではなく、丸みを帯びています。よって足を乗せると不安定です。あなたはこの丸太の上を、命綱をつけて、ひとりで歩いていかなければなりません。

「命綱をつけているんだったら大丈夫だろう」と読んでいて思われるかもしれません。しかし、実際に丸太の上に立ってみると、想像以上に丸太は細く感じ、あなたの脳の中ではあらゆる危機予測が行き交います。「もしも滑って、丸太に頭を打ち付けたらどうしよう」「命綱が切れたりしたら死ぬんじゃないか」そして、「できればこんなことはしたくない」と思います。

あなたは恐怖によって支配されることでしょう（Photo2-3）。

しかしこの丸太、先ほど「並び替え」のワークで紹介した丸太と同じ大きさの丸太なのです。

Photo 2-3　キャットウォーク

つまり地上に置いてあれば、泥酔状態でもない限り、難なく渡れてしまいます。先に紹介したワークでは、受講者のみなさんは大勢並んで、落ちずに誕生日順に入れ替わることもできた。

このハイエレメントのワークでは人間の「リスクの知覚（perceived risk）」、つまり自分がリスクをどう感じるかを利用し、問題に対してどのように対処するかを試しているのです。

もちろんですが、高所の丸太の上では命綱をつけます。私達は万全の体制でこのワークを提供しているので、技術的には高所の丸太の上は安全です。むしろ近くで鬼ごっこをしてもらうほうがはるかに危険なほどです。おまけに丸太の大きさも、地上にあるものと同じです。しかし、実際に初めてビルの約3階程の高さのところへ行くと、人は危険を知覚します。このリスクの知覚を利用して、**リスクに向き合わなければならない状況を意図的に作り出している**ワークなのです。

この非日常のワークが結びつけているのは、日常のリスク体験です。私達は日常において様々なリスクと向き合っています。たとえばプロジェクトが成功するかしないかの瀬戸際での、攻めるか守るかのジャッジがそうです。あと一歩で大成功するかもしれないが、未知の領域へ踏み込む戸惑いがあなたを躊躇させてしまいます。

また、人間関係のコミュニケーションもそうでしょう。「引っ込み思案」な人というのは、「押しが強い人」に比べ、コミュニケーションにおいて遥かに巨大なリスクを感じ、チャンスを逃してしまいがちです。

こうしたリスクの感じ方を丸太を使った非日常のワークによって作り変えようというわけです。

さて、あなたはこの高所にある丸太の上で怖いと思っているとします。事実、スリルを楽しめる一部の人を除いては、地上なら難なく渡ることのできる丸太の性質を正確にとらえ、渡ることができません。このサイクルを良好にするためには何が必要でしょう?

人が行動できない時は、行動が促されるような感情を抱かせることが大切です。高所の丸太歩きでは、「高いところは怖い」という感情がリスクになって、行動に繋がらない。**でも、ここで信頼できる仲間が下で命綱を持ってくれていたらどうでしょう？**

「信頼できる仲間といっしょなら怖くない」と思うことができれば、高さから来る「怖い」という感情が抑えられます。つまり「リスクをリスクと思わなくなる」ということですね。そうなると、次の行動が変わり、現実の捉え方が変わります。

実際のハイエレメントでは、下で自分の仲間が命綱を持ってくれています。そして動けないでいると、「がんばれ」と励ましてもくれます。それによって恐怖を克服したとき、あなたはこの丸太の橋を渡ることができるのです。

これは3歳の子供でも同じでした。3歳の子供をこの丸太の橋まで上がらせると、地上から5mほど上がったところで「怖い！　もういい！」と泣き始めました。もちろんそこで降ろすこともできたのですが、「降ろしてあげることもできるけど、最後にもう一度〝えい〟って上がってみてくれない？」と言ってみたのです。すると、泣きじゃくりながら、その子供は「えい」と上がったのです。

人間は、自分で「嫌だ」と思った瞬間は、実は限界ではないのです。自分を守るために、脳が自分を抑えてしまうのです。だから3歳の子供でも、信頼のおける人から「やってみろ」と言われたから、その限界を突破できたのです。

そして3歳の彼の最後の「えい」は自分の力だけでは出せませんでした。人の信頼から出てきたものです。

これは大人も同じはずです。しかし、信頼の力だけでは突破できません。いかに「がんばれ」と声がけをされようとも、実際にがんばるのは丸太の上の自分です。つまり、丸太を渡るか渡らないかを決めるのは本人の意思です。「えい、渡ってしまえ」と、信頼を味方につけ、**自分で自分でプッシュする必要がある**のです。このハイエレメントのワークではその効果を狙っているのです。

人は自分で思うよりももっと「できる自分」がいるのです。ちなみに、このワークに挑戦した受講生の全員がこの丸太を歩いて渡ることに成功しています。

もちろん個人差はありますが、**人は自分よりももっと精神的にも、感情的にも、身体的にも高い能力を持っています。そしてその能力は個人を取り巻く支援的な雰囲気や環境によって支えられてさえいれば、自分自身がその能力と可能性を発見することができるのです。**

アドベンチャーアプローチはそうした自分自身の高い能力を知り、コミュニケーション力や問題解決力などの社会的能力の向上を図るのです。

「できないこと」が「できる」ときの仕組み

少し理論的なお話をしていきましょう。まずは人がどんなときに学べるかです。私達は「〝学び〟のABCサイクル」と呼んでいます（図表2-1）。

図表2-1　「学び」のABCサイクル

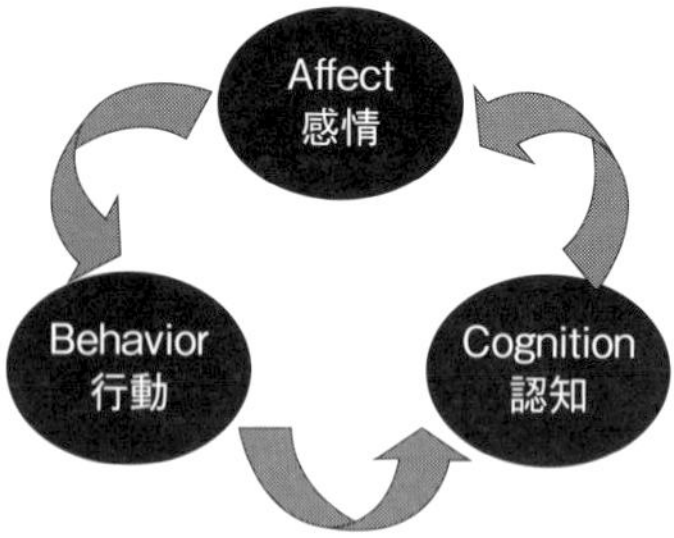

ポジティブな感情が、行動を経て、認知までつながる。
感情を伴わない行動（やらされている）は、認知までつながらない。

この図は、感情（Affect）に安心感があって楽しければ、行動（Behavior）に移す可能性があり、認知（Cognition）すなわち理解に繋がりやすく、それが次の感情を生む、というサイクルによって、よい学びが促されることを示しています。反対にしてみると分かりやすいかもしれません。「嫌だ」と思えば、そもそも楽しくないので（感情）、行動に移さないため、理解（認知）に繋がらず、何も学べないわけです。

現実の「学べない」職場では、社員が納得しているように見えていても、実は感情を隠してしまっているために行動が伴っておらず、本人による認知（＝理解）もされていないから、学びがな

図表2-2　Comfortゾーンとチャレンジ（after）

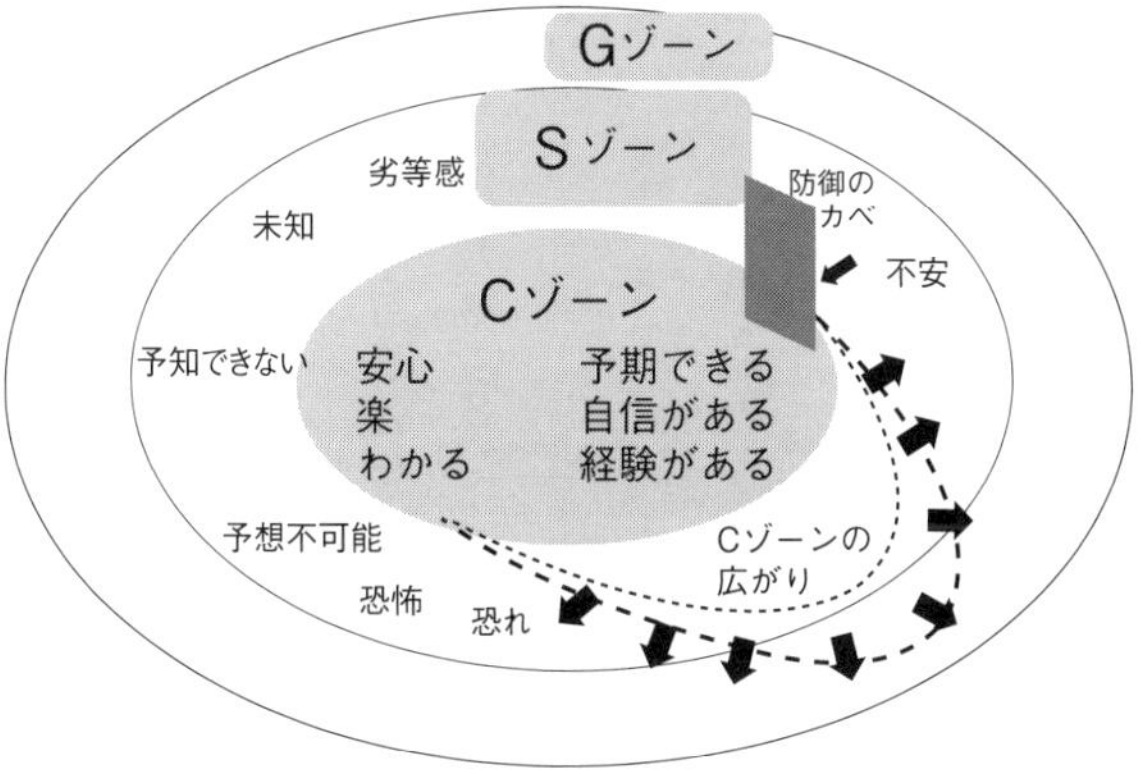

Cゾーン＝Comfort zone：快適空間，Sゾーン＝Stress zone：挑戦空間
Gゾーン＝Growth zone：成長空間，を表す。

いということが言えます。

一方、「学べる」職場では、社員が安心して感情を出し、厳しい中でも楽しくプロジェクトを遂行します。そうすれば、成功しても失敗しても、きちんと認知（＝理解）ができ、学びが生まれます。「学べる」職場のマネジャーは、形にはいくつかバリエーションはありますが、このABCのサイクルがうまく回せていると言えると思います。

さて、先ほどのハイエレメントのワークにお話を戻しますが、信頼出来る仲間が支えてくれていると、たとえとび職の経験がない人でも、ビルの約3階くらいの高所にある丸太の上を歩くことができます。「できない」ことが「できる」ようになる時、この人の中で一体何が起こっているのでしょうか？　もっと詳しく覗いてみましょう。

私達は、丸太の上を歩いている人が**「Cゾーン（Comfort zone：快適空間）の中にいる」と表現します**（図表2-2）。**つまり、快適に安心して「できる」自信を持っている状態**なのです。Cゾーンが大きな人は、緊張はするものの、怖いとは思わないのです。

驚かれるかもしれませんが、あの丸太の上に行っても怖くない人もいるのです。

もちろん、丸太の上を実際に歩くまでは、このワークは「そんな高いところを歩いたことがない。怖い」という恐怖や予測不可能性、「自分にできるだろうか？」という不安や劣等感などが渦巻く**未知の領域「Sゾーン（Stress zone：挑戦空間）」の存在**として捉えられています。

CゾーンとSゾーンの境界を「えい」と超える体験は、非常に強いストレスを感じる、いわば「ピーク体験」です。このストレスを、命綱を持ってくれる仲間との信頼関係の構築によって解消するわけです。そのとき、「大丈夫だ、この丸太の上は歩ける」と思い、実際に人は行動できるのです。

そしてこの変化が起こった後は、少なくともこの丸太歩きと同等のことを、同じ仲間の信頼があれば、「経験がある」「自信がある」「予期できる」「既知のこと」であるCゾーンの中にあることと判断し、「安心」して、取り組むことができるようになるのです。

そうやって**Cゾーンがどんどん拡大していくことによって、人間としての「器」の成長、組織**

としての充実が期待できるようになるのです。そうすると、丸太の上でできたことが、あなたの職場でもできるようになる、さらには「できる自分」をものにできるわけです。

もちろん、人によってこのCゾーンの拡大プロセスは異なります。チャレンジが好きな人は自分でCゾーンの端まで行って、ピーク体験を突破すること（エッジワーク）が楽しいでしょう。一方で、安心感がプライオリティーになる人は自分のCゾーンからなかなか外に出ることができません。ここではさらに大きな仲間の助けが必要になるでしょう。

また、ある人にとっては振り返りや他の人と語ることがピークだったりもします。つまり人によっては、自分を自己開示することがピークだったりするわけです。あるいは下で命綱を持っていることがピークの人もいるかもしれません。

ピーク体験をそれぞれの持場で自由に感じられるようになっているのも、アドベンチャーアプローチの特色です。

このワークでは、ビル3階の高さにある丸太を渡る自分に出会うことで、もっとできる自分がいることを実感するのです。自分の本質的な強さを知り、「できる自分」に会いに行くのです。

日常に潜む脳の「ダウンシフト」が、あなたを「できない」存在にしている。

先ほどのワークで、丸太の橋を渡れた時の脳の状態を見ていくと、**脳が「アップシフト（加速）」しているると言えます。つまり、自分の限界を越えて、できる自分と出会い、学びを拡張している状態です。**脳にとって、もっとも良い状態です。

その一方で、**脳が「ダウンシフト（減速）」する時というのも存在します。**この状態は、脳にとって、もっとも不健全な状態です。

記憶や学習に関する研究から、ある条件下において、脳はダウンシフトし、心理・生理面での変調をきたすことが解明されています。脳のダウンシフトは、その人に不必要なストレスや不安を与え、目の前の現実にマイナスの影響を与えます。日常でもっとも避けなければならない状態と言えるでしょう。ここでは脳のダウンシフトについて、その原因と対策を解説します。

まず脳がダウンシフトする時というのは、

・1つの正解を押し付けられる。
・自分の考えを出せない、選択肢がない。
・賞罰など外発的なコントロールをされ、個人の努力が認められない。

・意味づけができていない。
・時間の制限がある。
・行き先が見えない、不確かさ、それに対する支援がない。

などが挙げられます。脳がダウンシフトすると、人は自分を守り、新しい行動を取らず、学びを拒否するようになります。したがって、注意散漫に陥ります。

そして自分のルーティーン行動（決まりきった習慣行動）しかとらなくなり、時に幼稚な行動をとります。こうなると新しい状況に適応できず、新しいチャンスすらも逃してしまいます。

つまり、**脳にダウンシフトが起こると、「できない自分」ばかりと出会い続けなければならないのです**。まさに最悪の事態と言えるでしょう。

こうした脳のダウンシフトを避けるためには、以下のことに気をつけると良いでしょう。

・決まった正解はなく、オープンエンドな選択肢があると考えること
・個人的にも意味があり、実際に生きる力につながっていると考えること
・内発的動機が重要視される、協力と創造性は個人の所有感覚があって活かされると考えること

・時間の余裕を持つこと
・課題に取り組む際には、サポートされること

「聞いたこと」は忘れる、「見たこと」は覚えている、
「やったこと」は、理解して忘れない

さて、本書をお読みの方には想像だけでしたが、人は仲間の信頼に支えられれば、脳をアップシフトさせ、できないと思っていたことを乗り越え、真の「できる自分」と出会うことができるのです。

こうなると、**そもそも「自力」と思っていることのどれだけの部分が「他力」によって支えられているのでしょう？**

職場でも、果敢にチャレンジをしている人というのは、はたして自分だけの強さでチャレンジしているものなのでしょうか？　皆さん、ぜひ考えてみてください。

人間同士が最大限お互いを信頼し合う関係性、私達はこれをフルバリューと呼んでいますが、この関係性によって、成し遂げられることは無限大になります。

あなたは、本当の意味で何を大切にしていますか？　さらに、あなたは何を大切に思って、人と関わっているのでしょうか？

確かに、プロジェクトアドベンチャーは、非日常の出来事かもしれません。しかし、**「非日常の自分」というのは、本来、存在はしないのです。**よく長期の休暇などを「非日常の時間」なんて言いますが、**非日常にいる自分も日常の自分と同じです。非日常にいる自分が日常に帰ると日常の自分になるからです。**

非日常でできることは、日常でもできるチャンスがある。それと同時に、日常でできないことは非日常でも〝できないチャンス〟があるわけです。そう考えれば、非日常でできたことは、日常でやってみる価値はあるかもしれない。

老子の言葉ですが、「聞いたことは忘れる、見たことは覚えている、でも、やったことは、理解して忘れない」というのがあります。これを学習させる側からの言葉に言い換えるとすれば**「聞かせて、すぐ忘れるから。見せて、ちょっと覚えてるから。やらせて、決して忘れないから」**となります。やって、理解して、忘れない。それがアドベンチャーアプローチです。

人生において、チャレンジはいつも準備された時にやってくるものです。そして、アドベンチャーは準備された心にやって来ます。

誰しも輝きたいものです。人生における、何らかのピークを迎えたい。しかしそのチャレンジができる時期は人それぞれです。心の準備ができたとき、アドベンチャーはやってきて、あなたはチャレンジを強いられる。その時成功するために必要な何かが、アドベンチャーアプローチから学ぶことができるかもしれません。

あなたは自分のチャレンジの時期を持ってさえいればいい。大人になったあなたは、周りに同調する必要はないのです。

人生はあなたが信じた時に始まり、諦めたときに終わるのです。

WRAP UP

中原です。難波先生のセッションはいかがでしたか？　では、今回のセッションをまとめましょう。

まず言えることは、日常と非日常という**一見相反するもののように思われているものが、実は人材開発や人材育成においては非常に大事な相補的関係にある**ことは珍しいことではありません。たとえば安心があるから挑戦があり、他律があるから自律があります。**実は人がチャレンジして能力を伸ばすというのは、この二分法的な思考をいかに捉えるかにかかっているのかもしれません。**

プロジェクトアドベンチャーのいくつかのワークに見てきたように人々の挑戦は、安心や信頼の確保からスタートします。気のおけない人々に支えられているからこそ挑戦は可能になります。**ふだん二分法的に捉えられているもの、それを疑ってみることが学びでは時に重要です。**

次に、プロジェクトアドベンチャーのようなものが、なぜ、最近、求められるようになっているかを考えてみましょう。**それは、現在、わたしたちの過ごす職場が、「多様性あふれる職場」に変わりつつあるから**です。年齢の多様化、雇用形態の多様化、国籍の多様化。今、職場には多くの多様な人々が働く局面が増えていきます。**「多様化」というのは、非常にニュートラルな言葉ですが、別の言葉でいいますと、「放っておけば、人がまとまらない、組織として機能しない状況」が日々生まれている状況をさします。**そうした場では、なおさら「人をまとめるためのコミュニケーション戦略」が必要になります。

そこで用いられるのが、プロジェクトアドベンチャーのようないわゆる組織開発の手段です。かつてならば、それは「就業後の飲み会」が用いられていたのかもしれません。しかし、就業後の飲み会というのは、極めてホモジニアス（均質）な職場メンバー、具体的に述べるならば、多くの場合、日本人・男性・正社員を対象にしたコミュニケーション戦略です。

しかし、たとえば契約社員の方、派遣社員の方、パートなどの条件で働く方にとって、就業後の飲み会は、コミュニケーションを取る場には、なかなかならないものです。わたしたちは、今、就業後の飲み会「以外」のコミュニケーション戦略を探している途上にあるのかもしれません。

今までは、「まとまる＝飲み会」だった。しかし、今、わたしたちは「まとまるため」の様々な手段や機会を模索しているところなのかもしれません。

WORK

ハイ、難波です。オフィスでもできる体験学習をいくつかワークとしてご紹介したいと思います。

【Work1】

理想としては10人程度ですが、5人程度でもかまいません。円になりましょう。そして準備するものとして、当たっても痛くない、色違いの毛糸のボールのようなものを人数分用意します。

円の真ん中にひとり立ってください。この人はボールは持ちません。それで周りを見渡してみてください。…なんだか攻撃されるイメージが沸きませんか？（笑）実はこれには文化的な背景があって、文化が違うと、「攻撃」とは全く違うイメージを想起することもあるようです。

Photo２－４　アップチャック

と…いうことはさておき、円になっている人がボールを「いっせーのせー」で、同時に円の中央上に放り投げます。真ん中にいる人はそれをキャッチしてください。さて、何個とれるでしょうか？（Photo２－４）

続いて、人数がたくさん集まる時は、３人を中に入ってやってみてください。さて、何個とれるでしょうか？

これは「アップチャック」と呼ばれているもので、多くの情報を同時に目の前にした時に、集中力がどう働くかを知ることができる体験学習です。

一度にバラバラの情報が同時に来る、という電話とファックスの同時大量受信を、色がバラバラのボールで表現しているわけです。

やってみると分かるかと思いますが、案外取れません。はじまる前は「最低2個はとれる」などと考えるのですが、実際にはまったく違うことが現実に起こったとき、予測通りには動けません。感情と身体の距離関係がよく分かるワークです。

また、３人を中に入れるときは、途中で協力をするように促してみるといいでしょう。そうすると、ひとりではできなかったことが、３人ならできることが分かります。

感情と身体の距離が、チームではどう変わるでしょうか？

【Ｗｏｒｋ２】

続いて「Ｃゾーン」について学べるワークです。

これは失敗すると危ないので、まず足があまり滑らないところで行いましょう。

まずこのように向かい合って、互いに手のひらをつけます。そして、「いっせーのせー」で、お互いに倒れていきます（Ｐｈｏｔｏ２－５）。同時に倒れて、同時に手のひらを支え合えば、床にたたきつけられることはありませんね？

では離れていきましょう（Ｐｈｏｔｏ２－６）。

最初は床にたたきつけられないように、ガードをしてくれる人を加えると良いでしょう（Ｐ

Photo２-５　ワイルドウージー①

Photo２-６　ワイルドウージー②

Photo２-７　ワイルドウージー③

Photo２-８　ワイルドウージー④

hoto２-７）。

どんどん離れていきましょう（Photo２-８）。

実際やってみると「ええっ!?」と思うほど離れていることに気づきます。このとき、「Cゾーン」の端にいるわけです。やるかやらないかは、「やってみよう」という信頼感で決まる。一度遠くなると戻れません。

やっていく中で、どうやって２人が関わっているのか、というのを実際に体験してください。そして「信頼」にはどれだけの力があるかを感じてください。

SESSION 3

日本型戦略人的資源論とはなにか

一橋大学大学院 商学研究科
教授
守島基博

●講師プロフィール

イリノイ大学産業労使関係研究所で人的資源管理論のPh.D.を取得。慶應義塾大学助教授・教授を経て、2001年より現職。人材マネジメント論全般を研究・教育の対象とする。著書に『人材マネジメント入門』、『人材の複雑方程式』（共に日本経済新聞出版社）『人事と法の対話』（有斐閣）など。

INTRODUCTION

企業における人材育成とは何なのか？

こんにちは、中原です。前回のセッションでは「人が学ぶ原理」について学びました。それらを振り返ったとき、僕たちが、将来の人材開発のあり方を考える上で重要な2つの要素が見えてきます。

第一に「経験」と「内省」という要素です。セッション1で松尾先生が話されておられたのは職場などの会社の中における経験学習でした。そして、セッション2の難波先生はプロジェクトアドベンチャー、それも非日常での体験における学習でした。しかし、場所は違えど、どちらにも共通しているのは、**「経験する」ということと合わせて、リフレクション（内省）が大切**だということです。

リフレクションのない経験は、たとえ個人の中にたくさん蓄積されたとしても、進歩をもたらしません。その逆も然りです。一歩を踏み出す勇気を持って挑戦し、経験したことをリフレクションしていく。この経験の好循環こそが学習ではとても大切なことだと僕達は学びました。

もうひとつの要素は「ピープル」つまり人です。人は他者からの支援によって育ちます。支援のない状況下でいくら挑戦しても、その人が達成できることは無限小になってしまう。そしてその逆もまた然り。どんな人も、**他者の支援によって、はじめて自分では想像もできないことを成し遂げることができます。**

この経験とピープルという2つの要素のバランスが保たれることによって、はじめて実りのある学習や人材育成が可能になってくるわけです。自社で人材の施策を考えるとき、あるいは業者さんに研修等をお願いするときも、常にこの2つの要素を意識していただきたいと思います。**どんな施策をつくろうとも、提案されようとも、「経験」と「ピープル」の要素のバランスを考えてみて下さい。すべての人材開発施策は「経験」と「ピープル」の適切なブレンドによって実現されます。**

さて、今回の講義では、もう一度原点に立ち戻り、企業における人材育成とは何なのかを考えてみましょう。セッション1と2では学習そのものの原理を扱いましたが、僕達は「学習のプロフェッショナル」ではなく、「企業における学習のプロフェッショナル」にこそ、ならければなりません。学習の原理を理解した今、ふたたび「企業」という文脈に立ち戻って、「企業における人材育成とは何なのか」を考えてみましょう。

具体的には、一橋大学の守島先生に、企業の経営戦略と人材マネジメントの関係についてレクチャーをしていただきましょう。その議論を通して、これから企業には、どのような人材開発施策が必要なのかを、皆さんで考えてみることにしましょう。

LECTURE

日本型戦略人的資源論とはなにか

―― 守島基博

「戦略的人的資源管理」という言葉のパラドクス

今日のお話のテーマは、**日本型「戦略的人的資源管理（戦略的人材マネジメント）」とは一体何なのか**を中心に進めていきたいと思っています。最初はあまり「日本型」「戦略的」という言葉にはとらわれず、「人材マネジメントは、一体何のためにやるのか」ということを中心に、『ラーニングイノベーション論』の受講生、そして本の向こう側におられる読者のみなさんと一緒にお話をしていきたいと思います。

さて、まず最初に「戦略的人的資源管理（戦略的人材マネジメント）」の定義についてお話しします。最近、この言葉はいろんなところで目にするため、気になっていた方も多いと思います。そもそも何をやっていれば「戦略的な人的資源管理」ということになるのでしょうか？

戦略的人的資源管理というのは、シンプルに言えば「経営に資する人材マネジメント」を指します。このことを強調した言い方が「戦略的人的資源管理（戦略的人材マネジメント）」という言葉の定義ということになります。

では、どんなアウトプットが得られた時に「経営に資する」と言えるのでしょうか？　最終的には企業であれば利益を上げなければならないし、大学のような教育機関であれば良い学生を世の中に送り出さなければなりません。

しかし、みなさんが普段人事担当等の職務で行っている施策というものは、実施してすぐに利益や業績が上がるといった性質のものではない場合が多いと思います。

また、あなたが人事担当者であればこんな経験もあるかもしれません。人材育成の新しい研修や施策を上司などに提案すると、ひと通り話を聞いてくれた後に、

「それで一体いくらの利益になるんだ？」

「具体的にどういう効果があるのか？」

という質問が返ってきて戸惑ってしまう（笑）。人材育成では「この研修を行うと、こういった具体的利益が出る」ということが必ずしも言えない。それがある意味、人事の仕事のいい部分でもあれば悪い部分でもあります。

そもそも、利益や業績はみなさんの出すべき直接的なアウトプットではないと私は考えます。もちろん、そういった**定量的成果を全く考慮しないというのは間違いですが、そればかりを考えて人材育成を行うこともまた、私は間違いだと思います。**

「『戦略的人材マネジメント』という言葉は、そもそもこのような矛盾を孕んでいるのではないか？」そんな問題提起をしながらお話を進めましょう。

自社の戦略に最適化されていなければ、人材マネジメントは正しく機能しない

さて、先ほどもお話ししましたが、なぜ利益や業績といった定量的な成果を人事が直接考えるべきではないのか、ということについて考えてみましょう。

少し極論ではありますが、企業が利益を上げるために最も簡単ですぐに効果が出せる方法はコストカットです。コストを下げれば簡単に利益は上がります。そしてコストカットは、主に直接的な利益・実績に結びつかないものから順になされることが多いのです。そうなると、人材育成

費というものは真っ先にカットの対象になりますよね。

つまり、**経営的に利益を上げようとすればするほど、結果的に人事担当者であるみなさんの仕事自体をなくすことになります。まさにパラドクス**なのです。

それゆえ、直接的な利益を無視しろというわけではもちろんありませんが、人事や人材育成というのは定量的成果だけで評価されるのはそもそも間違っているわけです。では、いかにして経営に資する人材マネジメントは行われるのでしょうか？　私はこれには**3つの方法**があると考えています。

図表3-1　戦略と人材マネジメントのフィット

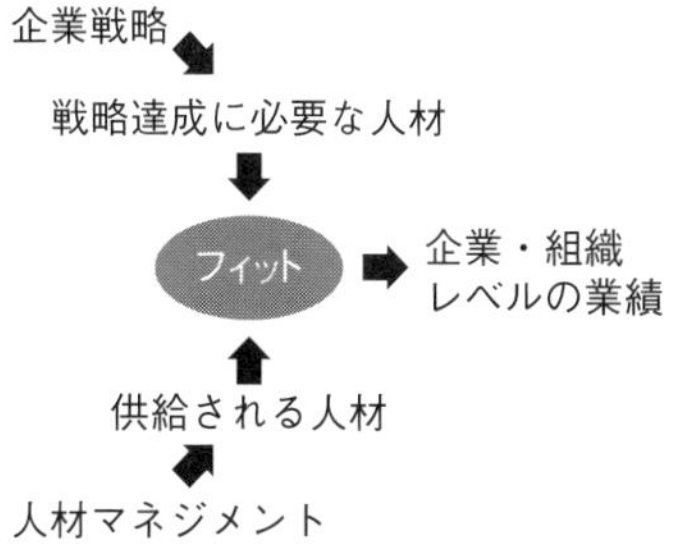

まず1つ目は、「戦略達成支援」つまり、その施策は企業の〝戦略の達成〟に貢献するかどうかを考えるということです。言い方としては、極めてシンプルです。

たとえば、この講座のレクチャーには、次セッションでスターバックスという会社の人材開発担当者の方が登場しますが、当然スターバックスは戦略を持ってビジネスを行っています。つまり、企業として成し遂げたいことがあるわけです。

そこに人材マネジメントがどのように貢献しているか。「戦略と人材マネジメントのフィット」（図表3-1）を考える必要があります。

でも人材そのもののスペックや能力を上げさえすれば、それがそのまま企業に利益がもたらされるわけではありません。まず戦略、つまり企業として何を達成したいのか、お客様にどのように価値を提供するかの方法論があり、戦略に基づいたビジネスモデルを、的確に教育された人材が動かすことによって利益を創出するわけです。つまり、**利益に人材マネジメントを直接フィットさせるわけではなく、戦略に人材マネジメントをフィットさせることが必要**なのです。

ただ、この点で人事が陥りやすい落とし穴は、戦略と全くリンクしない人事施策を行ってしまうことです。「業界で話題」だとか「他社でうまくいっていそう」といった感覚で飛びついてしまう。さらには、昔の施策に対し、今やっていることがどれだけ一貫性があるのか、どれだけ継続性があるか等の視点で考えてしまう。もちろん社風を維持する上ではそれらも大切かもしれませんが、やはり重視すべきは、**「今行っている、行おうとしている施策が、企業が進んでいる方向（＝戦略）に対して貢献しているのかどうか」**です。どんなに一貫性があったとしても、この問いへの答が「ＮＯ」であれば、それは意味のない人事施策だと私は思います。

人事担当にとって何よりも大切なことは、企業が何を達成したいか、どう顧客に価値を提供したいと考えているのかを理解し、それに最適化された人事施策を行うことです。**経営学的に言えば「戦略に人材マネジメントをアラインする」**と言います。

しかし普段みなさんが経営者的な視点に立って主体的に人材マネジメントを考える機会はあまりないと思います。スタートアップや企業の変革期等にはこれを考えることが必要ですが、それ以外の時はあまり戦略とのアラインメントは表面化せず、忘れがちになってしまいます。そこで今日はシミュレーション的にこの「戦略に人材マネジメントをアラインする」考え方をしてみましょう。

では教室のみなさん、自分がヤマト運輸の『クロネコヤマトの宅急便』の生みの親・小倉昌男だと思ってみてください。小倉さんはお父さんが創業された小さな運輸会社を、今のヤマト運輸にする際、ある意思決定をします。これから激化する一方の価格競争を避けて、「宅配便」のビジネスに乗り出すわけです。

宅配便は今やメジャーですが、40年前は誰も知りません。その時、宅配便というビジネスをつくるために必要な人材とは何でしょう？　本の向こう側のみなさんもぜひいっしょに考えてみてください。

受講生：セールスドライバー、でしょうか？

それはなぜですか？

受講生：セールスドライバーの人がお客様の自宅に直接伺うわけですから、セールスドライバーの接客教育が大切だと思います。

なるほど。では仮にセールスドライバーをキーピープルだとすると、何を彼らに期待しますか？　彼らは何を行うべきでしょうか？

受講生：市場があるかどうかをまずは確認することが大切だと思います。

どうやって需要を掘り起こしますか？

受講生：うーん…。

まずは環境を考えなければいけません。荷物を送ろうと考えている人、つまり潜在的なお客様は、この時代には「郵便局に持って行って送ろう」ということをまず考えます。これを「宅配便で送ろう」にしてもらわなければいけない。つまり需要の喚起ですよね。そのためにセールスドライバーは何をすべきでしょうか？

受講生：一軒一軒を回って，需要があるかどうかを掘り起こしてもらう。

なるほど。他には？

受講生：大きな荷物を送る人など，郵便局まで持っていくのを面倒がる人がたくさんいるはず。だから「うちを使っていただければ，自宅まで取りにいきますよ」と，お得なポイントをオススメします。

そのころ，自宅に訪問して荷物を受け取るということが斬新ですからね。そこをずばり強調するのは大切ですね。

受講生：郵便局の前に立って，郵便局に荷物を持ってきた人に声をかけてセールス活動を行ってもらう。

ユニークですね。宅配便にアテンションを向けてもらうには非常に有効な方法です。

さて，まとめるとしますと，セールスドライバーに期待されることは，**「自律的にお客様にアプローチし，需要を喚起する」**ということになると思います。

でも、どうすれば需要の喚起ができるのでしょうか。例えば、テレビ広告は有効かもしれませんが、当時のヤマト運輸は今のような大企業ではないのでテレビ広告等は打てません。だから何よりも大切なのはお客様の口コミです。

そのため荷物が届き、セールスドライバーと対応したお客様に「セールスドライバーが丁寧で、荷物をちゃんと送ってくれる」という評価と好印象を持ってもらうこと、そしていい印象を持ってもらったお客様が荷物を送って、その経験からさらに口コミを通じて広げていってもらうことが何よりも大切です。こうしたプロセスで、ゆっくりと需要を喚起していくことが、ヤマト運輸のセールスドライバーに求められる行動です。

よって求められる人材マネジメントは、東名高速を爆速疾走することを専業としていたドライバーの方たちを、お客様との接客サービスの行えるセールスドライバーにすることです。そのため、ヤマト運輸は理念教育を徹底し、人柄による採用を徹底することで人材マネジメントに成功し、今の形になっているわけです。

そしてこれこそが**企業戦略にフィットした人材マネジメントの考え方**なのです。**戦略の変更に応じて、求められる人の姿も変わる。その人材像に応じて、採用・人材開発など、人材マネジメントの諸機能も変化していかなければなりません。この戦略と施策の同期のことを「アラインする」といいます。**

今のような例はいわゆる「スタートアップや企業の変革期等」にあたり、非常に理解しやすいものです。これをみなさんの会社における日常で考えていくことはなかなか難しいかもしれません。今自分がいる企業では、こうした急激な変革はなかなか経験しないかもしれないけれど、努力してそれを常に考えるのが基本です。

もう一度繰り返します。経営に資する人材マネジメントの基本は、**企業のやりたいこと＝戦略がまずあり、それに人材マネジメントをフィットさせていくということです。それこそが経営に資する人材マネジメントに求められていること**なのです。

グローバル人材、どこにいる？

さて、経営に資する人材マネジメントの3つの方法についてお話していますが、2つ目に進む前に、今日のお話のテーマ、日本型「戦略的人的資源管理（戦略的人材マネジメント）」の〝日本型〟のお話をしておきます。

先ほどは、人材マネジメントは戦略達成支援、つまり「企業の〝戦略達成〟に貢献するかどうか」を考えることが重要だとお話しました。そして今多くの企業においても戦略として外せないのがグローバル戦略です。しかしなかなかグローバル環境でビジネスができる人材というのは見つかりませんし、育たないものです。

実はグローバル人材が見つからない、育たないのは、日本の企業全体が置かれている環境、そして〝時間感覚〟の問題が絡んでいます。

現在、日本における企業はグローバル化への対応という劇的な転換期を迎えており、そのための人材が求められています。しかしご存知の通り、日本は過去約30年間、国も企業もグローバル化を無視してきた傾向があります。よって、企業そのものが国際的なビジネスに不慣れであり、グローバル人材を育成する土壌も整っておらず、グローバル人材をマネジメントする能力にも欠けているのです。

今の日本におけるグローバル人材の欠如は、30年という非常に長い時間の〝鎖国状態〟が原因のひとつですが、同時に、企業における人材育成というものはそれくらいの時間感覚で見ていかなければ効果が得られないことをも教えてくれるのです。よく言われるように、人材育成というのは時間がかかるので、今の時点の戦略を指針にして、育成を行っていたのでは、遅きに失することがよくあるということの一例です。

その点についてもうひとつ、富士フイルムの例を取り上げてみましょう。

ご存知の通り、富士フイルムは30年前までは写真などのフィルムのリーディングカンパニーでした。しかし今は薬や化粧品などのメーカーとしても成功している。つまり、富士フイルムは大きな変革を経験した企業なのです。

デジタル時代の到来とともに、多くのユーザーがフィルムカメラを手放し、デジタルカメラに乗り換え、フィルムを使わなくなりました。それと同時に富士フイルムはフィルム事業だけではこの先企業が存続しないという事態に直面しました。

フィルム事業の縮小にあたって、これまで事業に従事していた社員の多くが必要なくなります。富士フイルムは当時、東京大学などから化学専攻のエリート学生を多数採用しており、環境の変化に合わせた新しい戦略の下、これらの社員をどう活用するかに直面しました。しかし富士フイルムは、ほとんどリストラをすることなく、この変革を乗り切ったのです。

この変革を乗り切った力こそ、人材マネジメントにあったのです。フィルム事業に従事していた化学のエリートたち、彼らのモチベーションはすべからくフィルム事業に注がれていたはずです。しかし、**彼らは進んで「私が変わらなければいけない」という使命感を持って、他の事業部へと鞍替えをしていったの**です。そして他の事業部でも彼らの力は遺憾なく発揮され、今の富士フイルムを支えています。

専門性や能力だけではなく、**社員自らが「会社のために、自分が変わることが正しい」と考えることのできるマインド**。これこそを、富士フイルムは過去30年、さらにその前からずっと育てていたからこそ、フィルムに強い企業から化学一般に強い企業、さらに巨視的に見れば、変化・変革に強い企業として成長することができたのです。

重要なのは、**こうしたマインド面での強みを生み出すことに、人材マネジメントや広い意味での育成が大きく関係していることです。会社のために、自社の社員が自ら進んで「変わろう！」と思う環境を整備する。そのために人材マネジメント部門として、何ができるのか**。また、そうした環境は、いかにしてつくりだされるのでしょうか。これが第二のポイントにつながっていきます。

人材育成が人を育て、組織開発が組織を育てる

つまり経営に資する人材マネジメントの**2つ目の方法は、「組織強化」、つまり「組織を強くする人材マネジメント」**です。これは第一のポイントとは異なり、特定の戦略に囚われず、組織としての強みを維持するための人材マネジメントを行うことです。具体的には、次のようなものが含まれます。

1．戦略構築や達成の基盤となる経営資源の維持

…たとえば、企業のコアコンピテンス・技術力、働く人のコミットメントや信頼感

２. 組織としてもっているべき能力や強さ

…たとえば、職場での人材育成機能（ＯＪＴ）、理念や組織文化によるまとまり、現場の協働・コミュニケーション

３. 組織変革の準備

…たとえば、変革可能な組織づくり・変革の実行

1から3のような組織への働きかけは「組織開発」とも呼ばれます。組織開発とは、組織を強くしていくためのものであり、人材の育成と関連はありますが、少し異なるものです。人材育成が人を育てるなら、組織開発は、その基盤となる組織そのものを育てるのです。そのため「組織育成」と呼ぶ人もいます。したがって私は、組織開発も人事担当によって行われる必要があると感じています。これこそが経営に資する人材マネジメントの**2つ目の方法、「組織強化」、つまり「組織を強くする人材マネジメント」**です。

例えば、人の育成が行われる職場環境を継続的に維持することや、働く人の組織への信頼感、愛着心・一体感などを醸成すること、そして富士フイルムのケースでみられたような、組織として変化を遂げていくための能力を獲得するためなど、人材マネジメントができることは数多くあります。

もっと具体的なイメージとしては、『プロジェクトX』に出てくるような、仲間意識そのものや、そこから仲間のために頑張るというモチベーションを醸成するなど、**企業経営の重要なインフラとなる〝健康な〟（≒機能する）職場の構築が挙げられるでしょう。**現在の職場は非正規人材等、雇用条件が異なる人がたくさんいて、仲間意識を醸成することが困難であったり、次のリーダーを育てるためのリーダーの不在、働く人の意識の変化などが相まって、社員が職場の仲間のために頑張るという文化や風土の構築が困難な状況に直面しています。しかし強い組織の創造は、たとえば、こうした問題の解決を抜きにはあり得ないことです。

考えてみると、これまで日本の企業は歴史的にも、組織を組織としてつくり上げることを考えないできました。それは日本人そのものが小学校の時から「右向け右」の教育を受けていて、集団に従うことを最初から習慣づけられているからです。

しかし、そうした教育がまったく行われていないアメリカでは、**組織を組織たらしめるための組織開発に置かれるウェイトが昔から大きかったため、結果的にアメリカの企業間でのＯＤ（OD＝Organization Development：組織開発）の進化を促しました。**その発展したものが、上記にある「組織としての強みのつくり込み」としての組織開発です。

組織として持っているべき能力や特性を、企業として意図的につくりこんでいく作業。それが

今の日本には欠けており、それをつくっていく仕事を担うのは、他ならぬみなさん人事担当者だと思うのです。

日本の職場は「普通の人を普通にエンゲージさせること」が課題

では、経営に資する人材マネジメントの３つ目の方法に話を進めましょう。

先ほどもお話ししましたが、人がハッピーに働けるようにするための**「人材サポート」、つまり「働く人のための人材マネジメント」が最後の３つ目の方法**です。一部のアメリカの人材マネジメント研究者は、「従業員のチャンピオン」（従業員支援のマネジメント）という言い方をすることもあります。

また、これは最近の言葉では「エンゲージメントの創出」として表現されることもあります。つまり、個人が目指す成長の方向性と組織が目指す成長の方向性が同期されることによって、人は幸せを感じながら組織の中で働くことができるのです。

特に、最近今の企業において、私が大切だと感じているのは**普通の人が、普通に仕事にエンゲージしている状況をいかに構築するか**です。目立つ優秀層だけが会社にエンゲージしているだけではなく、組織全体を10と考えた時の、上の2でも下の2でもない、真ん中の6の層がエン

図表3-2　2年前と比べて、働きがいは変化しましたか？（プレジデント調査、2011年）

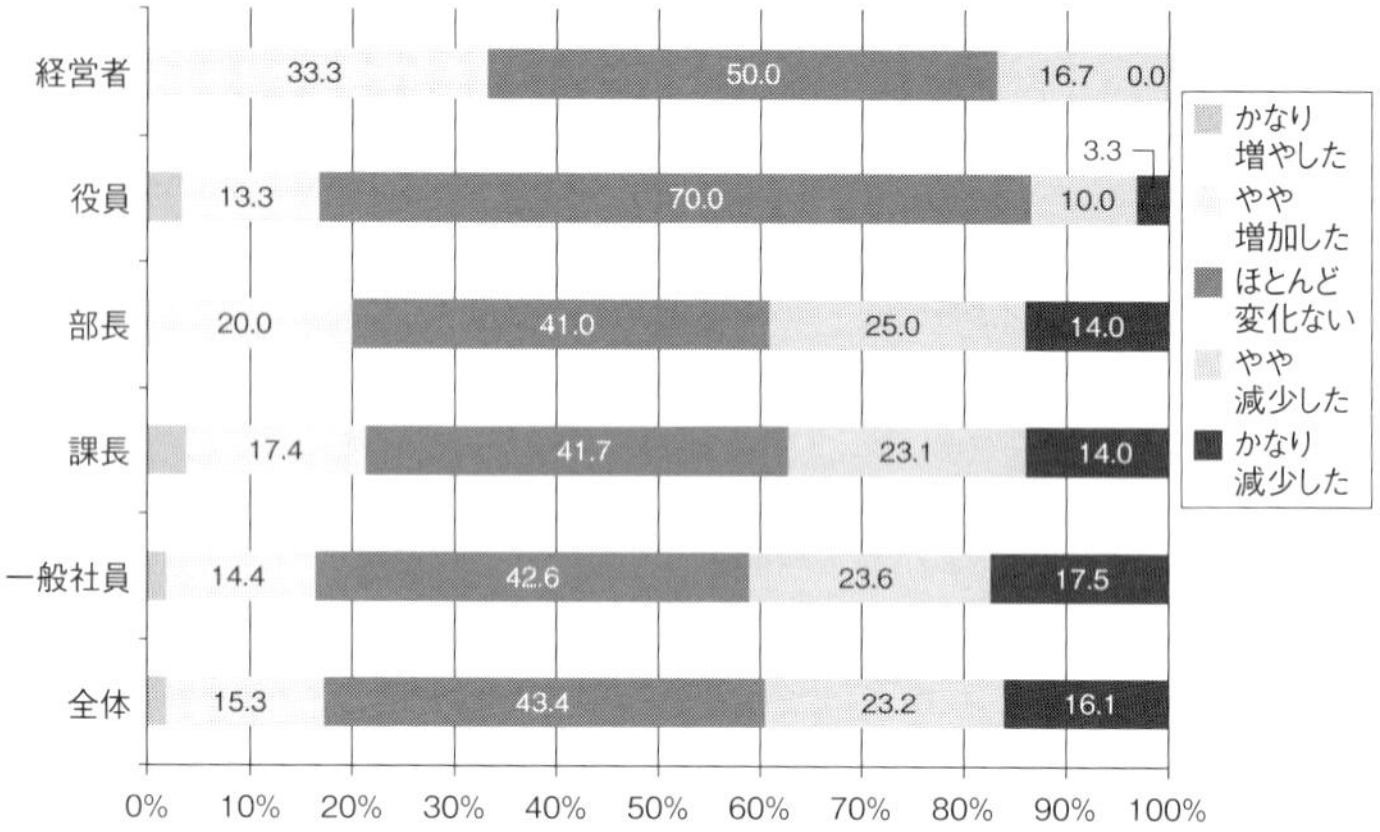

ゲージしている状況をいかにつくるか、それが今、人材マネジメントにおいて問われているのです。たとえば**図表3-2**を見てみましょう。

一般社員において「やや増加した」が全体で見るとワースト2です。そして「かなり減少した」は、なんとトップです。これはワークライフバランスの重視や何のために働くかということなどについての、人々の意識や価値観の多様性に対して、企業組織が追いついていないことを証明しているとも言えます。また、企業経営のあり方が変化して、普通のひとが、働きがいを感じにくくなっているという状況もあるかもしれません。

いずれにしても、いかに普通の人を普通にエンゲージさせるか、それがこれからの働く人のための人材マネジメントの課題になるでしょう。

「戦略達成支援」、「組織強化」、そして「人材サ

ポート」。この3つの人材マネジメントが相まってこそ、企業における経営に資する人材マネジメントは作られます（図表3-3）。欧米の動きを見てみると、やはり戦略達成がメインに置かれがちですが、日本は企業経営として長期的なビジネスを志向する傾向があったり、企業が人材の入れ替えを行わずに企業変革を行うことが一般的です。よって、同じ人材の行動やモチベーションが変わる必要があります。また、これからの時代、働く人の意識が多様化し、職場環境が厳しくなるなかで、人を支える「人材サポート」も重要になるのです。

この三位一体構造を意識することで、真の「日本型戦略的人的資源管理（戦略的人材マネジメント）」が構築され、その結果として利益や業績がついてくると考えられます。

そしてこの三位一体構造を支えるのが、他ならぬ人事担当者みなさんの手腕にかかっていると言えるでしょう。

図表3-3　「経営に資する人材マネジメント」の3つのあり方

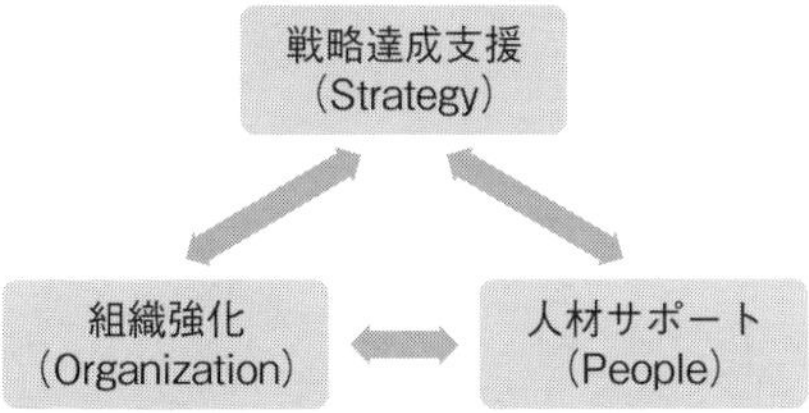

WRAP UP

中原です。今日の守島先生のお話で印象深かったのは**「戦略達成支援」、「組織強化」、そして「人材サポート」という3つ人材マネジメントの視点が互いに関連し合い、繋がっていることだ**と思います。「戦略達成支援」というものは、いわば戦略の変化に応じた人材のマネジメントです。そして「組織強化」は、組織に〝変化の資源〟を維持するための人材マネジメント、つまり、組織が変化したいときに、組織内の個人に変わってもらうための資源を貯めていく人材マネジメントです。最後の「人材サポート」は、働くひとのための人材マネジメントですね。

「戦略達成支援」はおそらく、短期的に戦略変化が起こる場合というのがイメージしやすいかと思います。つまり「会社の戦略が変わりました。どうします?」という状況です。さらに言うと、人材育成だけではなくて、人を採用したり、人を取り替えるといった人事機能がイメージしやすいかもしれません。おそらく一般的な人事系の教科書では「戦略との同期」や「戦略人材マネジメント」という言葉で出てきます。教科書的には、こういった人材マネジメントがもっともよく知られています。

こうした話をしていると、私があるIT企業に行ったときに聞いた発言が思い出されます。その会社は今まで大規模なサーバーをつくって、ひとつの会社に納入するビジネスを行っていました。しかし時代が変わり、クラウドのビジネスにシフトしなければならないことになりました。その時、社員が**「うちにはテーラーメードで服を作っている人しかいないのに、これからはレンタル服屋になれっていうんですか？　どうすりゃいいんですか？」**と言われたのです。非常に印象的な発言でした。

完全に事業が変わってしまった時に、どんなふうにして社員に変わってもらうべきなのか。これまで「テーラーメードで服をつくっていた人」に「レンタル服屋の事業を回してもらう存在」になってもらわなければならない。それはハードなことですが、必要なことなのです。こうしたことは決して対岸の火事ではなく、これからいろんな業種で起こる可能性があることです。人事としては、そうなる前に考えておきたいところです。

「組織強化」のお話は、長期的に組織に変化の資源を維持する人材マネジメントについてでした。**人に変わってもらうために重要なことは、モチベーションや信頼、コミットメントといった、**

「目に見えない資源の管理」です。一歩踏み出した先に落とし穴があるのが見えているのに「戦略が変わりましたから、貴方も変わってください」なんて上から言われても、変わることなんてできませんよね？　**先ほどの「テーラーメード屋」のお話でいえば、「テーラーメードで服をつくっていた人」に「貸し服屋」になってもらうためには、その「変化」を受け止め、「よし」とみなしてくれるだけの組織への信頼、コミットメントが必要なのです。**

働く人が「自分の会社や、会社の戦略を実行するのに自分の仕事は必要なのだ」と自分事として受け止められる感覚はとても大切です。ここでは先ほど守島先生が話されていたように、**現場のマネージャーが個人のエンゲージメントをどれだけ重視しているのかが大きく作用する**でしょう。また、こうした**人材マネジメントを効果的に行うには、人事部が現場や経営との接点をいかに持っているかが非常に重要**です。

かなり前になりますが、経営と現場の間で人事部がどのような情報行動を行っているか、どれだけ現場や経営とやりとりをしているかを、日本能率協会と東京大学中原研究室の共同研究で、複数の会社からデータを取って調べたことがあります。

調べたことは、人事担当者が「現場としての事業部」、「経営」、「社外のひと」の3要素とどんなコミュニケーションを取っているか、でした。**結果を見てみると、人事部はいくつかに分類されました。経営にも事業部にも足繁く通い、社外ともコミュニケーションをしている層が25・**

9％、それとは逆に、完全に閉じてコミュニケーションしていない層が、なんとこれを上回って27・7％でした。

「戦略達成支援」や「組織強化」を行うためには、円滑なコミュニケーションを行わなければならないのは自明です。よって、**そもそも自分の所属する人事部が社内外でどんなコミュニケーションをとっていて、誰とやりとりしているのかは把握しておいたほうがいい**のかなと感じます。

また、「組織強化」や「人材サポート」のお話では、典型例としてよく語られるものに**ソーシャル・キャピタル（社会関係資本）**があります。つまり人々に協力行動を生み出す資源ですね。たとえば信頼。不確実な状況であってもみんなが協力的にふるまって、「後ろから刺される」心配がない関係性です。また、**互酬性規範**つまり自分が誰かを助けると、おそらく自分も誰かから助けられるだろうという規範です。これらがなければ、忙しい中でなかなか人を助ける気になれませんよね？

そして**ネットワーク**。人々同士がどの程度繋がっているかということです。こうしたものはなかなか数字では計測しにくいですが、職場によって大きく異なってくるので、**自分なりに継続的にモニタリングして評価しておくことが重要**です。人事が認識していないと、いざ問題が発生してもどこが悪いのか分からなくなってしまいます。具体的には、**ＥＳ調査や職場サーベイなどが**

それにあたるでしょう。最も大切なことは職場を「ブラックボックス」化しないことです。定量的に評価し、常にモニタリングをしておくことが大切です。

普段目にする会社の状況は、いろんな要素が相互に結びついて渾然一体になっています。それぞれを要素分解して見てみることで、人材マネジメントを考える上でいい整理になるかと思います。それでは、次回に繋げていきましょう。

SESSION 4

やる気をひきだすマネジメント

■社員自ら創り育てるわたしたちの働く場

スターバックス コーヒー ジャパン 株式会社
人事本部 人材開発部 部長

久保田美紀

●講師プロフィール

スターバックス コーヒー ジャパン株式会社 人事本部 人材開発部 部長

小売・流通業界、IT業界において人事・組織人材開発に従事した後、2010年6月スターバックス コーヒー ジャパンへ入社、現職に至る。

2012年スターバックス初となるグローバル共通のバリスタ教育プログラム導入。

現在は店舗及びサポートセンター（本社）におけるタレントマネジメント導入に従事。

米国CCE, Inc.認定GCDF-Japan キャリアカウンセラー。

INTRODUCTION

経営理念という「種火」の守り方

こんにちは、中原です。現在、僕は大学院で研究室を運営していますが、その運営で最も気をつけていることは、**「種火を消さないこと」**です。

「種火」とは、研究室のメンバーである大学院生が所有している、研究に必要となるスキルセットや理念を含む**「見えざる資産」**です。それらが、まるで種火を守るように、研究室メンバー間で世代を超えて継承されることが大切なのです。

中原研の場合、その「種火」とは経営・組織に関する文献知識、統計ソフトウェアの扱い方、分析の仕方、文献の調べ方、まとめ方、論文の書き方、英語論文の読み方、ヒアリングの仕方、ロジスティクス、ファシリテーションの仕方といったところでしょうか。これらに加えて、研究室が大切にする価値観を伝えていくことも大切です。中原研で大切にしている価値観は「読者のいる研究をすること」です。研究は、ともすれば自己目的化し、研究のための研究、重箱の隅をつつくような研究が行われる傾向があります。そうではなく、中原研は「現場で奮闘する方に読者になってもらえるような研究をすること」「実務の改善に資する付加価値をもつ研究をすること」をもっとも重視しています。「自分の研究に宛先をもちなさい」は僕がいつも繰り返している言葉です。

　こうした種火は油断をしていると、すぐに失われます。つまりあるとき、蓋を開けてみたら「研究室のメンバーが誰ひとり、スキルセットを共有していなかった」「価値観が何も継承されていなかった」ということが生まれがちなのです。

　しかし、言うのは簡単、やるのは大変です。なぜなら、研究室とは「出入りの早い仮想共同体」だからです。研究分野にもよりますが、研究室を構成する学生のうち、早い人では修士課程を含めて2年（就職活動もあるので、正味1年と少し）で研究室を去ります。仮に博士課程まで進んだとしても、約5年程度しか研究室に在籍することができないのです。

　このように人の出入りが早いため、ある人が所持している知識を、他の人が発揮し、継承できるようになるまでの時間がなかなか確保できないのです。そして**種火は目に見えず、また手で触ることもできません。**それゆえに、気づいた時には「時すでに遅し」なんてことになるわけです。

　とにかく種火を消すと大変厄介なことになります。マッチをこすって新聞紙を焚付《たきつけ》にし、火をおこすように、メンバーへのガイダンスからやり直しです。一度消えた種火はなかなかもとに戻せないのです。それは種火を維持することにかかるコストの何倍もの労力を必要とします。よって私は日頃から種火を残すために、どんな薪をくべようかと思案しています。

さて、「種火」に関してですが、こうしたことは研究室のみならず、一般の職場・企業組織でもある程度は言えることなのかもしれません。**企業にとっての種火はいわば経営理念です。**それをどのように継承していくかが問われます。

今回のレクチャーでは、いかにして経営理念を整え、組織風土を維持していくべきか、そして効果的なミッションマネジメントの方法についてお話いただきます。講師はスターバックス コーヒー ジャパン株式会社人事本部人材開発部部長の久保田美紀さん。スターバックス コーヒー ジャパン株式会社の本社にあたるサポートセンター（東京都品川区）に受講生とともにお邪魔させていただきました。

スターバックスは、パートナーと呼ばれる従業員の8割をアルバイトが占めています。つまり私達がスターバックスに行くたびに出会う、エプロン姿の笑顔が似合う店員さん達ですね。しかし、アルバイトである限り、スタッフの入れ替わりの早さから逃れることはできません。一体スターバックスではどのようにして経営理念が守られ、継承されているのでしょうか？　そして、どんなミッションマネジメントが行われているのでしょうか？

まずレクチャーに入る前に、経営理念とは何かについておさらいしておきましょう。

定義としては、**企業が組織体として公表している、「成文化された価値観や信念」**のうち、**「組織における意思決定の基準」**となり**「組織の境界を強化する」**ものです。さまざまな定義がありますが、本書では、まずはこう考えておきましょう。**経営理念とは、内と外を分け隔て、組織内の一体感を高める価値観・信念をいいます。**

みなさんのお近くにも、お馴染みの社是、社訓、ミッションステートメントがあるのではないでしょうか？　社内報や従業員手帳に掲載されていたり、掲示物となり、朝礼時に唱和して浸透策が行われているところもあるかもしれません。

ところが、どことなく共感できず「やらされ感」が漂ってしまったり、とりあえず朝礼で唱和はしているが、誰一人として「腹落ち」していなかったりといったことも多いものです。どうすれば効果的な理念浸透が達成できるのか――これは、多くの人事担当者の悩みの種でもあります。また、グローバル化や多様化が叫ばれる昨今において、組織のブレないミッションマネジメントにも注目が集まっています。

今日のレクチャーは、**経営理念をいかに用いて、効果的なミッションマネジメントを達成するかです。**組織の理念に着目しながら、人の働き方やモチベーションなどを考えていきましょう。

LECTURE

やる気をひきだすマネジメント
〜社員自ら創り育てるわたしたちの働く場

―― 久保田美紀

店舗との融合、一体感をもつ「Connect＝つながる」というテーマ

本日は、私どもの「サポートセンター」にお越しいただきありがとうございます[1]。

スターバックスでは店舗を支え、サポートすることが本社の役割であると考え、サポートセンターと呼称しています。

これは本社のあるシアトルをはじめ、世界中のすべてのマーケットにおいても同様です。

そして、この東京のサポートセンターでは「Connect」というテーマを掲げています。アルバイトを含めた全てのパートナーがこの場所で「つながる」、という意味を持つとともに、店舗と

■注

(1) このレクチャーが行われている時、『ラーニングイノベーション論』の受講生のみなさんにはスターバックスの「サポートセンター」に来ていただきました。また本稿の内容は、2013年6月の収録時のものです。

サポートセンターが協働し「つながる」という意味も持ち合わせています。

よって、サポートセンターには様々な、「つながる」工夫がなされています。店舗のデザインを要所に取り入れ、様々な部署の人が触れ合って話をすることのできる数多くのフリースペースや各階にエスプレッソバーが設けられるとともに、ミーティング時には店舗と同様のBGMを流し、ミーティングの前にはコーヒーのテイスティングを行い、コーヒーについて語り合うという時間を常に設けています。

コーヒーテイスティングには4つのステップがあります。まずコーヒーから立ちのぼる香りを楽しみます。そして、少し行儀が悪いと思われるかもしれませんが、ズズーッとすすって飲みます。こうすることで舌全体にコーヒーを行き渡らせるのです。次にコーヒーを舌の上で転がし、どこを刺激するかを感じます。最後に自分の言葉で表現し、周囲の人と共有するのです。

これは店舗のバリスタが毎日行っているテイスティングと同様のものです。**私達サポートセンターは、常に店舗の延長線上にあり、彼らがそうするように毎日コーヒーについて話し、同じムードに包まれて仕事を進めている**のです。これが私たちにとっての「つながる」なのです。

人材の強さが織りなす、スターバックスの競争優位

スターバックスは1971年にシアトルで創業され、今年で42年目を迎えています。現在、世

図表4－1　Company History

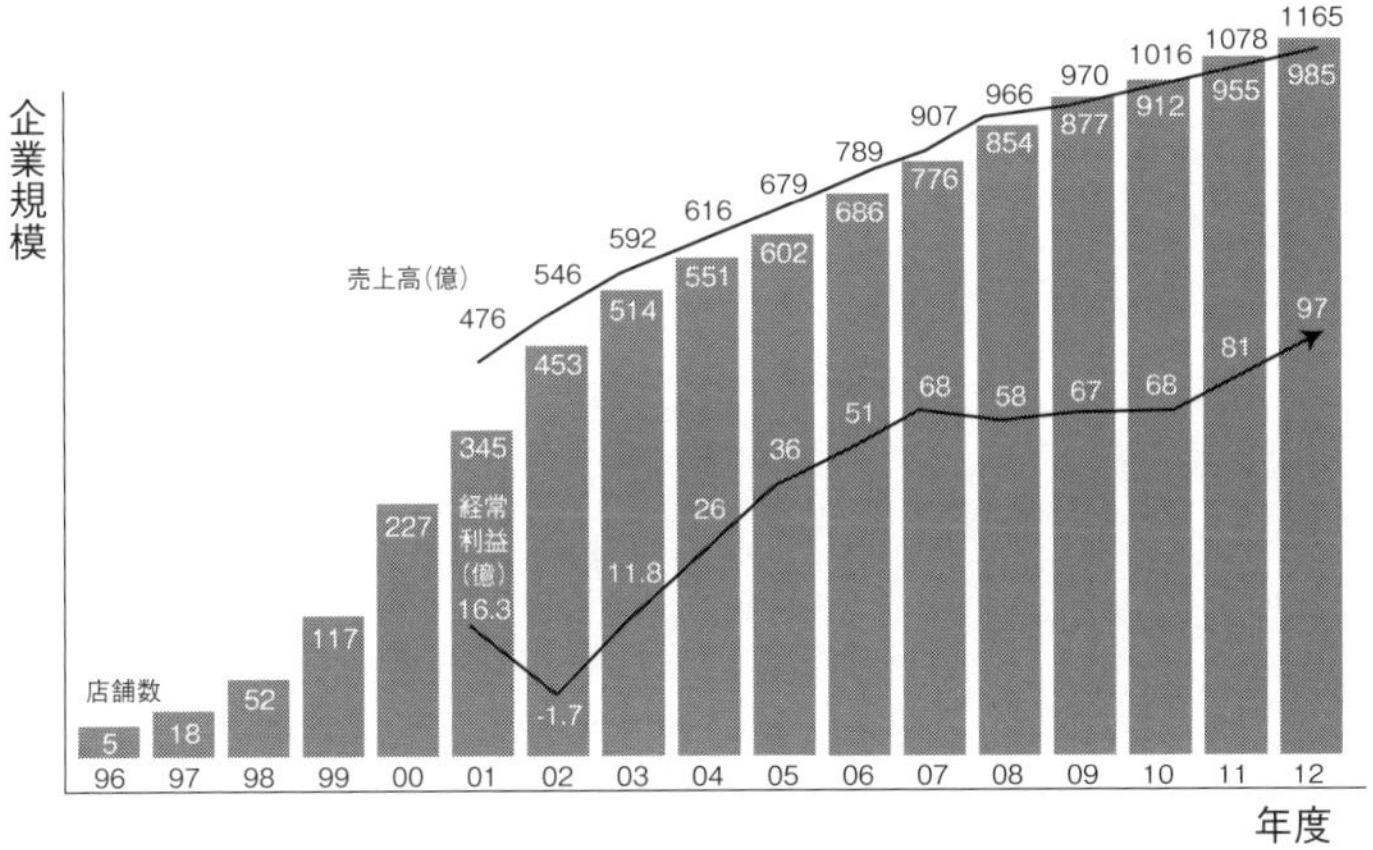

界約60カ国、約1万8800店舗を展開しています。最近では中国、インド、ベトナムなどの新興市場への出店が目覚ましく、売上規模は1兆円を超えています。

スターバックス コーヒー ジャパンの設立は1995年。1号店は1996年に誕生した銀座松屋通り店です。現在、18年目の歴史をCEOの関根純とともに、日々刻んでいます。

図表4－1をご覧ください。スターバックス コーヒー ジャパンは1996年に1号店を出店して以降、1999年から100店舗規模で出店を続け、急成長を遂げました。しかし2002年には一度、赤字を経験しています。この時、マネジメント体質をダイナミックに改善し、店舗・サポートセンター一丸となり、V字回復を成し遂げました。この企業変革によってマネジメント体質

がより強固のものになり、2008年のリーマン・ショックにおいても大きな影響を受けることはありませんでした。

そして2011年の東日本大震災の時には、減収・減益を覚悟していましたが、ここでも予想に反して増収増益という結果となり、現在では売上高1100億円を超える企業へと成長しました。

このレクチャーのテーマでもありますが、スターバックスの企業としての競争優位性は、ブランドや商品だけではなく、人材の強さに裏付けられていると感じています。

まず私たちは、スターバックスが顧客に対して提供する価値のことを**「スターバックスエクスペリエンス」**と呼んでいます。そしてスターバックスエクスペリエンスを生み出す土台となるものが**「サードプレイス」**というコンセプトです。

私たちの生活のなかには3つの〝場所〟が必要だと考えています。まず第1の場所「ファーストプレイス」が職場や学校。第2の場所「セカンドプレイス」が家庭を指します。そして、その延長線上にある私たちスターバックスの店舗のことを第3の場所「サードプレイス」と位置づけているのです。職場や家庭で起こる日常の喧騒を離れ、自分自身を取り戻し私たちの店舗でも寛いでいただきたいという想いから、こうした呼び方をしています。

　このサードプレイスは、スターバックスの空間と商品によってのみ成立するものではありません。**スターバックスの企業理念である「OUR STARBUCKS MISSION」に共鳴したパートナーの存在があって初めて生み出される**のです。

商品、空間、そしてパートナーが協調して生み出されるスターバックスエクスペリエンスがあって初めて、私たちはスターバックスとしての独自の価値を体現でき、競争優位性に繋げることができるのです。

スターバックスを支える「OUR STARBUCKS MISSON」

　スターバックス コーヒー ジャパンには1840名の社員と、約2万名のアルバイトのパートナーがいます（2013年6月現在）。つまり、全体の約8割を占めるアルバイトがビジネスの大部分を担っているのです。

　そして私達にはパートナー全員が共有しているミッションがあります。

「人びとの心を豊かで活力あるものにするために
ひとりのお客様、一杯のコーヒー、
そしてひとつのコミュニティから」

このミッションが浸透することによって初めて、私たちが創造する価値、スターバックスエクスペリエンスとその価値を生み出す「サードプレイス」というコンセプトに一貫性がもたらされます。そして、それが業績へ繋がっていることが私たちの強みであり、独自性でもあります。

そして1000店舗を超えてもスターバックス コーヒー ジャパンの成長を持続していくには、この卓越した独自性と継続性をもってビジネスゴールを実行に移すリーダーの存在が不可欠となります。

Photo 4－1　左から向後亜紀、黒木雅奈、木山康司ストアマネージャー

では、実際の店舗ではどのようにしてこのミッションが体現されているのでしょうか？ ストアマネージャーを務める3人のエピソードをご紹介します。

【銀座マロニエ通り店：向後亜紀ストアマネージャーの話】

銀座マロニエ通り店は、銀座という日本で最もブランド価値が高い場所のひとつにあることから、現在日本に10店舗あるコンセプトストアのひとつとして位置づけられています。

お客様層は30代から50代のビジネスパーソンの方々を中心とし、打ち合わせや商談の場としてご活用いただいています。また、多くの百貨店が並ぶ日本有数の繁華街の中心地に位置することから、40代から60代の主婦の方々の憩いの場としてもご利用いただいています。

銀座はその立地上、ハイクラスなサービスを求めておられるお客様や、新しいものを求めている情報通のお客様が非常に多いです。よって私たちも、コーヒーについての専門性を高め、最新情報をブランドメッセージとともに発信したいと考えております。

そんな私たちの店舗ビジョンは「スターバックスをリードする」ということです。銀座という場所への期待にコンセプトストアとして応えるべく、商品と店舗空間をフル活用し、地域の中で革新的なリーダー的存在になっていくことを目指しています。マネジメントは9名、他アルバイトのバリスタが30名で運営しています。また、私たちの店舗にはキャリアアップに意欲的なパートナーが多数在籍しているのも特徴です。

Photo４-２　銀座マロニエ通り店

ご提供する価値としては、ビジネスパーソンの方が多くご来店されることから、スピードはもちろん大切にしています。それに加え、お客様に感動を届けることを心がけてお店づくりをしています。

たとえば、日本にはまだ10台しか導入されていない革新的なバキュームプレス技術を用いたブリューイングマシン「CLOVER®」を用いて特別に味わい深いコーヒーをご提供したり、バリスタと語り合うように近い距離感で、お客様のご要望に応じたコーヒーをお淹れするバーカウンター（Photo 4-2・右下）を設けたりといった演出を行っています。また、2階にはアート展示スペースを設ける等、お客様の心に残る「Connect＝つながる」を創造するサービスを心がけています。

こうした様々なエクスペリエンスの提供を通し、スターバックスをリードするような店舗運営を、目標にしています。

【ルミネ荻窪店：黒木雅奈ストアマネージャーの話】

ルミネ荻窪店は、その名の通り、中央線の荻窪駅、ルミネの館内にあります。駅から徒歩すぐで、雨でも濡れずにご来店いただけます。40席くらいの小さめの店舗で、お客様と様々に繋がることのできるスペースが設けられています。

Photo 4-3をご覧ください。右上の写真にはエスプレッソバーの横にあるバーカウンターが写っています。こちらではカウンター越しにブレンドをつくりながら、お客様と語り合うことができます。その日のお天気や好きなコーヒーのお話など、いろんな会話をパートナーと、美味しいコーヒーとともに楽しんでいただければと思っています。

Photo 4-3　ルミネ荻窪店

左下に写っているのが「ビッグテーブル」です。少し大きめのテーブルを用意し、地域のお客様がひとつのテーブルに集まれる工夫をしています。

私たちの店舗ビジョンは、多様な年代のお客様が一人ひとり、それぞれの繋がりを求めてご来店される店舗になることです。パートナーとお客様だけでなく、お客様同士の繋がりが生まれるような空間を実現します。まるで「止まり木」のように、それぞれのお客様がふと立ち寄り、潤いを感じて帰っていただける場所を目指しています。

そのためにパートナーは一人ひとりのお客様のニーズを読み取り、ふさわしい行動をするとともに、それぞれに目標を持って仕事をしていくことを認識しながら店舗運営を行っています。パートナーはマネジメントチーム6名に加え、大学生を中心としたアルバイトのバリスタ23名です。

来店されるお客様は男性4割に対して女性が6割。少し女性が多いのが特徴で、年齢層は赤ちゃん連れからお散歩中のご年配のお客様までと多岐に渡ります。

私たちは、そうしたお客様一人ひとりとつながりを強化する時間も積極的に設けています。たとえば、店舗では1日2回くらい無料の試飲、テイスティングを行っています。先ほどご紹介したビッグテーブルでお客様といっしょにテイスティングを行ったり、店舗の外で、まだご来店されていないお客様に向かっても、ご来店のきっかけになればとテイスティングを行っています。

そして店内にはお客様と地域の繋がりを生み出すための黒板が設置されており、私達の取り組みやお店のメッセージも発信する他、お客様同士でもメッセージを書き込むことができます。

ご提供したい価値は、「いつもと同じ安心感と、いつもと違う驚き」です。お客様がご来店されたときに、いつもと同じ品質のドリンク、いつもと同じ笑顔でパートナーが出迎え、いつもと同じ、居心地のよい空間があるという安心があるということ。それに加え、お客様一人ひとりへのカスタマイズや提案を通して、いつもと違う驚きや発見をしていただける店舗を作っていきたいと思っています。

【ゲートシティ大崎店：木山康司ストアマネージャーの話】

Photo 4-4　ゲートシティ大崎店

私は2000年にアルバイト採用で入社しました。大崎店は、ゲートシティ大崎という2万人規模のオフィスビルにある店舗です。Photo 4-4を見て分かるように、1階の吹き抜けの中にあり、非常に気持ちのいい空間になっていることが特徴です。

「コーヒーへの情熱を中心に、ゲートシティのみならず、大崎随一のサードプレイスとして輝いているスターバックスの実現」を店舗ビジョンに掲げ、店舗運営を行っています。

お客様の中心層は30～50代の男女混合のビジネスパーソンです。出勤前、ランチタイムには大変賑わいます。その一方で、周囲に住宅も多いことから、主婦やファミリー層のお客様も多数ご来店いただいています。よって午後はビジネスパーソンのお客様とベビーカーのお客様がいっしょに座られている風景が見られるという、ユニークな店舗でもあります。

マネジメント7名にアルバイトのバリスタ32名で運営しており、勤務歴が長いパートナーが多く、顧客とのつながりが強いのが特徴です。

ビジネスパーソンに向け、サービススピードを意識したオペレーションを心がけています。しかし、スピードだけでは仕事が作業になってしまいます。そこでスピード感は意識しつつも、お客様と繋がる瞬間を実現するために、テイスティングやサンプリングを毎日実施しています。

また、銀座マロニエ通り店同様、CLOVER®を導入し、「STARBUCKS RESERVE®」の啓蒙に力を入れています。STARBUCKS RESERVE®では、日本にあるスターバックス1000店舗の中でも、85店舗しか取り扱いがない、希少性の高いコーヒー豆をご提供します。お客様にコーヒー豆を選んでいただいて、挽いて、CLOVER®で抽出し、最高の状態でお出ししています。出来上がりを待っておられる間、コーヒー豆についてお話したり、スターバックスのブランドについてお話することができるカウンターも設けています。

提供したい価値としては、ビジネスパーソンにとって活力が生まれる場、癒しの場・サードプレイスになることを中心に、スターバックスが持つコーヒーへの情熱の表現し、近隣住民から地元の店舗として選ばれる存在になることです。

いかがでしたでしょうか？　ここでもう一度、私たちのミッションをご覧ください。

「人びとの心を豊かで活力あるものにするために
ひとりのお客様、一杯のコーヒー、
そしてひとつのコミュニティから」

ストアマネージャーはみな、このミッションを活かした店舗ビジョンを持ち、それぞれの運営に活かしていることをご理解いただけたかと思います。

そして、3人のエピソードに共通するのが「Connect＝つながる」というキーワードだったと思います。これはサポートセンターのテーマでもありますが、なぜこのような言葉が出てきたかというと、私たちのブランドプロミスである「Moments of Connection＝つながりの瞬間」という言葉が体現されていることの証なのです。

2011年の東日本大震災の時、やはり外食を控えるお客様もいらしたし、何よりお店そのものに足を運ぶことが出来なかった方もおられました。そうした状況に直面し、私たちは企業としての価値観をもう一度見つめ直すことが出来ました。

そして価値観を見直していく過程の中で、**人間らしい会社であり続けたい**と考えました。そしてその人間らしさとは何かを突き詰めていくうちに、ブランドプロミスである「Moments of Connection＝つながりの瞬間」を再認識してサービス提供を行っていくことが大切であることを実感しました。

私たちがコーヒーを提供することは、お客様の一日にとっては一瞬の出来事かもしれません。しかしお客様の人生は一瞬一瞬の積み重ねによって成り立っています。そのうちの一瞬を私たちと繋がっていただくことで、心が豊かになり、活力あるものにすることができれば、私たちはそれを一緒に分かち合いたい。そして、何が起こるか分からないこの時代の中にあっても、とにかく今、目の前のつながりの瞬間を大切にしていこうと感じたのです。

前述の各店舗のエピソードの中にも「Connect＝つながる」というキーワードがたくさん出てきましたが、これらについて私たちが何か特別な指示をしたわけではありません。各店がこのブランドプロミスについて、どんな行動がとれたらお客様と繋がることが出来るのか、どんなことが「Moments of Connection＝つながりの瞬間」になるのかをそれぞれが考えて実践した結果なのです。

ある時、私がとある店舗に行き、バックルームに入った時に驚かされたことがあります。なんと壁面にお客様の名前と特徴をひとり10名ずつ書き出している紙が貼り出されていたのです。自分の知っているお客様だけではなく、他のパートナーが大切にしているお客様についても知ることでより多くのお客様と繋がりたいという気持ちが形になっていたのです。

こうした主体的な行動を見るたびに、私たちは驚かされるのです。**私たちのビジネスを支えるパートナーの何よりの魅力であり強みは、ミッションに基づき、自らの判断で自発的に取り組んでくれることな**のです。

新人の導入教育は「言ってること」と「やっていること」の一致が大切

こうしたパートナーたちも最初はみな新人です。そして店舗パートナーの導入教育は「バリスタベーシック」からスタートします。スターバックスでは毎年約7～8000人ものアルバイトを採用していますが、彼らの教育を行っているのは、現場にいるストアマネージャーや同僚たちなのです。

意欲的かつ主体的なパートナーを生み出すためには、「OUR STARBUCKS MISSION」と個人の価値観とのすり合わせを行い、共鳴することにより、続く実践トレーニングがより効果的なものとなります。

かつて私たちは、新人パートナー向けのクラスがあり、座学形式でレクチャーを行った後、店舗ではスキルトレーニングを中心に行っていました。つまり、ミッションのレクチャーとスキルトレーニングを別々に行っていたのです。しかしこの方法では、様々なモチベーションを持って採用されてくる新人パートナー全てを効果的に教育出来ないことに気づいたのです。

ミッションのレクチャーとスキルトレーニングを別々に行うと、一貫性のある、効率的な教育が出来る反面、**クラスで教えられることと、店舗で行われていることのギャップを感じる新人パートナーが出てくる**のです。

このズレを解消するために、２０１２年の１月から、新しく導入された教育プログラム「バリスタベーシック」では、全てのプログラムを店舗に任せるようにしました。つまり**現場のストアマネージャーが、何のためにミッションが存在し、何を実現したいと思っているかを語ってから、スキルトレーニングに入っていく**のです。こうすることで、**教えられることと、実際にやっていることを一致**させたのです。

とはいえ、ご利用いただいた方はお分かりになると思いますが、スターバックスは、以前に比べてメニューが増え、お客様の好みに合わせたカスタマイズが多いのも特徴です。それに付随してオペレーションも複雑化しつつあり、新人のスキル習得が難しくなってきています。難しさに耐え切れず、途中でやめてしまう方もいました。こうしたことを避けるために、教え方「ティーチングメソッド」にも変更を加えました。

まず第一に、**ストアマネージャーが新人育成にしっかりと関与**します。第二に、専任のトレーナーを付け、「**ＨＯＷ（どのように）」ではなく「ＷＨＹ（なぜ）」に比重を置いたトレーニング**を行います。何かにつけて「なぜこうするのか」を教えるわけです。**ひとは「ＨＯＷ（どのように）」から覚えようとすると忘れてしまいがちになりますが、「ＷＨＹ（なぜ）」が分かると忘れにくい**のです。

そして第三に、若い方も多いのでビデオやＥラーニングなど、**視覚や聴覚に訴える教材を増やしました**。従来は、行動指針が書かれた「グリーンエプロンブック」とともに、紙の教材を提供していましたが、今はより視覚に訴えるものを増やしています。

まだまだ課題は多いかもしれませんが、着実に成果を上げています。新人はそれぞれ様々なモチベーションを持ってスターバックスに入社します。彼らの価値観と**私たちが求めている価値観を結びつけていくところを、ストアマネージャー直々の語りに委ねる**ことで、「言ってること」と「やっていること」に納得感が生まれていくのです。

ミッションの浸透は、親身なＯＪＴから

今こうしてみなさんにレクチャーをしている私も、スターバックスに転職したのは3年前です。つまり、3年前はみなさんと同様に「ミッションの浸透はどうやって行っているのだろう？」と思っていました。

そして噂には聞かれたことがあるかもしれませんが、スターバックスのサービスには基本的にマニュアルがありません。「マニュアルもなく、ミッション浸透が上手くいっている」というのは甚だ不思議なことでした。

その疑問が払拭されたのは、最初に受けた3週間の店舗研修でのＯＪＴ経験でした。これが実は…私は最初、とても怖かったのです。想像してみてください。いつもコーヒーを買いに行くスターバックスの、カウンターの向こう側に行くわけです。どんな風に振る舞えばいいか分からないですし、失敗したらどうしようと思っていました。

でも、いざ始まると、とにかくパートナーが私の**いいところを褒めてくれる**のです。例えばお客様に笑顔を提供した時も、きっとおどおどしていたと思うのですが、「今の笑顔すごく良かったです、アイコンタクトばっちりですね！」と褒められる。

さらに2週目になると、フロアに出してもらいました。仕事をしていると当然、お客様から話しかけられます。エプロンをつけてフロアにいるわけですから、お客様からすれば「スターバックスの店員さん」です。しかし話しかけられて質問を受けてもどうすればいいか分かりません。私が戸惑っていると、後ろから声がするのです。振り返るとそこにはパートナーの姿があり、お客様をきちんとフォローしてくれたのです。

そして後でそのパートナーとバックルームに戻ると、「ここにある資料を読んでおくと、お客様に説明が出来るようになりますよ！」と教えてくれました。**自らロールモデルとなり、どういう知識が必要かを現場ですぐにフィードバックしてくれる**わけです。そして「次からはきっとバッチリですよ」と、自信を与えてくれる。

最後の週にはカプチーノを作らせてもらえました。でも最初、エスプレッソマシンでスチームミルクを作る時、「シューーーッ」という蒸気の音がまた、かなり怖かったんです。必死で練習して、ゆっくり作れるようになったらすぐにパートナーに「今日のカプチーノ最高です！　自分で飲んでみてください」と褒められました。飲んでみると、美味しいのです。すると「出来たじゃないですか！」とまた自信を与えてくれる。

たった3週間だったのですが、**お店の中でいろんな形でパートナーの行動を強化し、ミッショ**

ンを実体験と語りで体得させていくのです。これこそがミッションの浸透を促すスターバックスのOJTでした。

最初にミッションへの共鳴があり、それに基づく行動指針である「グリーンエプロンブック」を手渡され、学びを深めることも大切です。それに加え、**今やっていることとミッションがどのように繋がっているかを理解するためには、こうした親身なOJTこそが重要**なのです。

こうして初めて、**パートナーはミッションを体得しながら能動的に行動することが出来る**ようになります。

エンゲージメントを常に高め続ける人材育成のメカニズム

最後に、スターバックスのミッションの浸透で一番重要となる、**「エンゲージメント」を高める仕組み**についてお話します。スターバックスでは、会社の方針や目標に共感したパートナーが、自ら主体的にチャレンジする姿がよく見られます。

こうした会社とパートナーのつながりの強さをエンゲージメントと呼んでいます。このエンゲージメントを高める仕組みがOJTの中に埋め込まれており、日々ミッションと照らし合わせて個人のとった行動を意味づけしています。

採用からの流れでひととおり、おさらいをしてみましょう。

まず、私たちは**採用面接の段階で、どれだけ私たちのミッションや価値観に共感できるかを確認**します。そのために「なぜスターバックスが好きなんですか？」ということをお聞きします。この時、たとえば「ドリンクが好きだから」という回答があったとします。すると、「どのドリンクが好きなのですか？」「なぜ好きなのですか？」と、とにかく深掘りしていきます。そうすることで、表面的ではない、その人の持っている思いや考えを引き出していきます。ここではその受け答えから**コミュニケーション能力を観察**します。

次に**成長意欲があるかどうかを確認**するため、「ここで何がしたいですか？」という質問を投げかけます。小さなことでもいいので、自分のなりたい姿を何か持っているかどうかを確認します。

そして、**何かを成し遂げたい人を採用**します。

この2つのポイントは、スターバックスの価値観の共鳴を促せるかどうかのもっとも根源となるものです。**最初から個人の価値観と企業の価値観が見事に合致するということは、ほぼあり得ません**。よって、**採用時には少なくとも価値観に共鳴し得る特性を兼ね備えているかどうかを見極めることが非常に重要**です。

実際に入社して、価値観にギャップがあるとやはり続きません。私たちも辛いし、本人も辛いはずです。よって採用時の面接を非常に重要視しています。

晴れて採用が決まり、入社すると「**ビジョニング**」を行っていただきます。ストアマネージャーは、目指すお店の姿をパートナーに語り、そして、パートナー個人のなりたい姿とすり合わせる作業を行います。こうして、**お店と個人のビジョンのどこがどのように繋がっているかを明確化**していきます。

これは4ヶ月に1度行われる人事考課においても繰り返し聞いていきます。また、必ずしも人事考課のタイミングだけでなく、マネジメントが必要であると判断すれば、時間を惜しむことなく面談を行います。なぜなら、ここでの対話が一番重要だからです。

ビジョンのすり合わせができれば、そのビジョンを実現するにはどうすればいいかをＯＪＴでロールモデルとなる周りのパートナーから学ばせ、必要に応じて「コーチング」と「フィードバック」を行います。

この際、私の店舗研修の経験でもあったように、常にパートナーが行動を観察するようにします。**自分では見られていないと思っていても必ず見られています**。そして何かフィードバックすべきポイントがあった時は「あの時の対応はどうだったと思う?」と聞き、**答えを本人から引き出していきます**。この際「こうして」「ああして」という指示は行いません。あくまで本人がど

図表４-２　エンゲージを高めるメカニズム

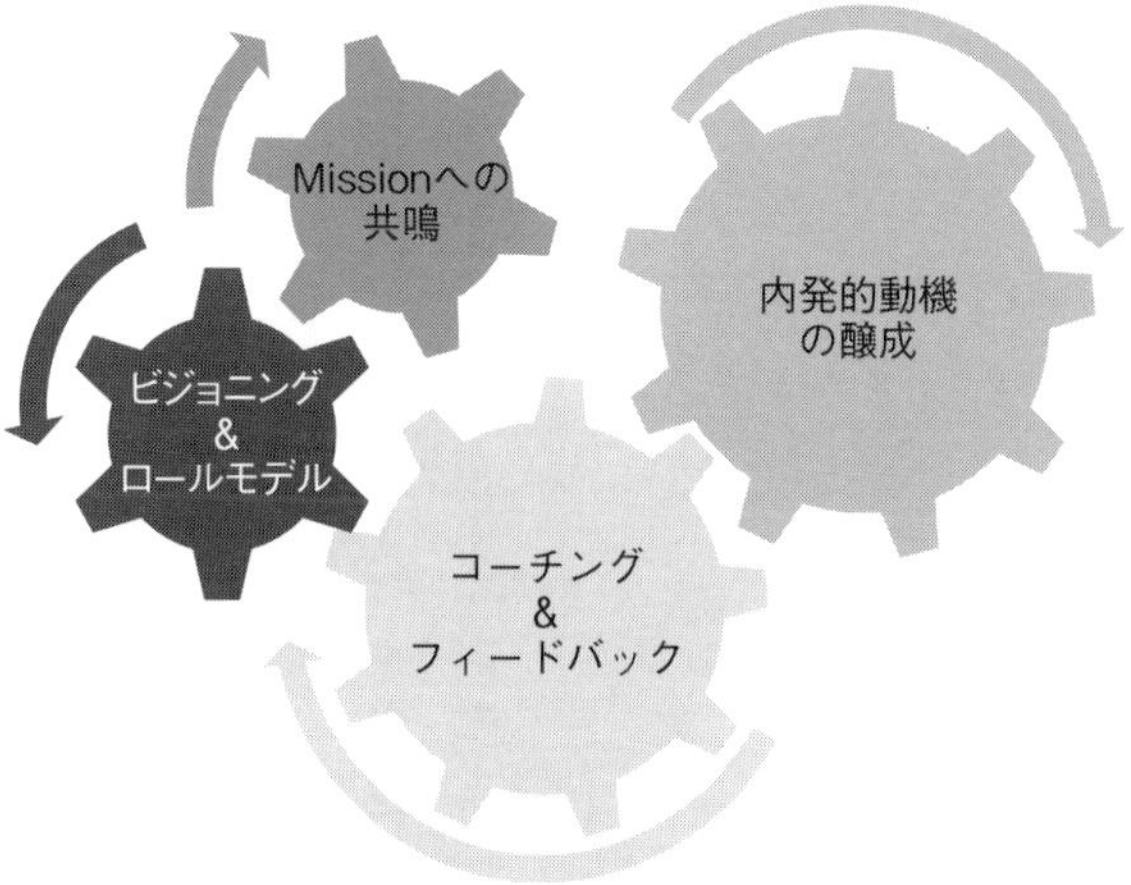

うすべきだと思ったかを引き出します。そんな形でコーチングとフィードバックを繰り返していきます。

このサイクルをひと通り回していくと、次第にモチベーションも上がっていきます。「こんな姿になりたいな」「こうしてみたいな」と思うことで自分への期待が高まっていくのです。これはサービス業だから、ということではなく、人を軸として成り立っているビジネスであれば同様の効果が現れるはずです。

人と物の違いは感情が有るか無いかです。よって、ＯＪＴでは感情への働きかけを強く意識し、繰り返し行っていきます。

もちろん時にはズレも生じます。その時、そのズレを決して見逃さないようにします。そして人事考課のタイミングや日々のコーチングでズレの修正を行います。これが図表4－2のように絶えず繰り返されているから、自然とエンゲージメントも高まっていくのです。

このメカニズムが**仕事の至るところに埋め込まれています。これがスターバックスらしいDNA、つまり組織風土になり、社員のエンゲージメントを絶え間なく高め続け、ポジティブなやる気を引き出している**のです。

この仕組みがあるからこそ、私たちは経済環境の変化や先が見えない世の中であっても、会社を成長させ続けることが出来るのだと思います。皆さんのお仕事に、会社での人材教育に少しでもお役に立てば嬉しく思います。

WRAP UP

中原です。さて、今回のラーニングイノベーション論では、経営理念やミッションについて学びました。その効果について、少しアカデミックな観点から見直してみましょう。

まず先行研究によれば、経営理念やミッションの効果には、大きく分けて**「成員統合機能」**と**「社会的適応機能」**があります(2)。

成員統合機能には、集団として行動を行うときの指針・緊急時の問題解決の拠り所となる**「バックボーン機能」**、組織内の人々の一体感を出す**「一体感醸成機能」**、組織コミットメントを引き出す**「モティベーション機能」**があります。

そして社会的適応機能は、環境が揺らいでも、その「組織が組織であるために」ブレないもの

■注

(2) 鳥羽欽一郎、浅野俊光（１９８４）「戦後日本の経営理念とその比較－経営理念調査を手がかりとして、組織科学 Vol.18 No.2, pp.37-51

図表4-3 「あなたが理念浸透する側ならば…」

Said＝Heard
おいらが言ったことは、聞かれて当然

Heard＝Understood
聞いてたんだから、理解できて，腹落ちして当然

Understood＝Acted
腹におちてんだから、個人で行動できてて当然

自分が「言ったこと・提示したこと」は
「行動される」と思いたい…

を持たせる機能です。その中には、組織がなぜ存在するのかを呈示する**「正当化機能」**、企業が変革する際のブレない拠り所となる**「環境変化適合機能」**があります。

たとえば10年前にはミッションマネジメントはあまり重要視されていませんでした。最近になってその重要性が叫ばれるようになった背景には、**変化がはげしく、マネジメントするもの・人が大変多様になっている現実と決して無縁ではない**でしょう。多様なものを「束ねる効果」をもつものとして経営理念が注目されているのです。今後、これらの傾向が強くなるに従って、さらにミッションマネジメントは求められるようになっていくのではないかと思います。

少し問いを進めて、今度は理念をどのように広めるか、ということを考えてみましょう。この手の議論では、よく**「浸透」**というメタファーが用いられますね。そして、この「浸透」が曲者なのです。いろんな手段がありますが、浸透の施策は「導管」になりがちです。つまり、

図表4-4　「皆さんは「理念」で浸透されたいですか?」

Said≠Heard
あの人、なんか言ってるけど、うなづいてるだけ

Heard≠Understood
聞こえているけど、わかっちゃいないし、腹落ちしないね

Understood≠Acted
わかっちゃいないものは、行動できないよね

内容を理解してもらい、行動にるなげるためには…
何らかの工夫がいるはず…

「物事や知識を、あたかもパイプ（導管）を使って、モノのように他人の頭にたたき込めるはずだ」と思ってしまうということですね。

1. 社内報に掲載
2. 従業員手帳に掲載
3. 職場に掲げる
4. 朝礼時に唱和
5. 新入社員時に教育徹底

のように、掲示や掲載さえしていれば良いということで片付けられがちなのです。**繰り返すことはとても大切ですが、それだけになってしまうと効果はあまり期待できません。**

また、経営側にいるとついつい理念浸透を行いたくなるものです（図表4-3）。しかし、実際に働く側に立ってみると、そもそも浸透なんてされたくないものです（図表4-4）。**理念を理解してもらい、行動に繋げるためには、このズレを解消するアイデアがあるかどうかが大変重要**になってくるのです。

図表4-5　動機研究のメタ分析

	非協力的環境		協力的環境	
	価値（×）	価値（◯）	価値（×）	価値（◯）
期待（×）	拒絶！	あきらめ！ やったらえーことはわかるけどでけへん	拒絶！ みんなやさしいけどでけへんことはでけへん	傷つきやすい！ やったらえーことはわかるけど失敗すんで、そしたらやばいやん
期待（◯）	回避！ やればやれるけどやるいみないやん	反抗！ やりたいねんけどなんやこのかんきょうは！ へそまげたるわ	回避！ やればやれるけどやるいみわからん	◎ パンパカパーン

Anbrose et al *How learning works*（2010）より中原

続いて、先行研究によりますと(3)、社員が理念の実行に至るプロセスには、3つの関門があります。まず1つ目の関門は、**組織が本気かどうか**です。きちんと投資を行い、充実した教育制度があるかどうか、経営陣が率先垂範しているかなどを指します。2つ目の関門は**職場のマネジャーが本気かどうか**。つまり自らが理念を実践しているかどうかを指します。ここまでがクリアされると3つ目の関門、**社員が内容に共感できるか**に進めます。

そしてこの関門が無事に突破されて初めて**行動に反映**されたり、**成長実感**が出てきます。つまり理念自体は社長やマネジメントが考えますが、**職場のマネジャーが動かないと話にならない**ということです。

理念が実行に至るプロセスには職場と、職場のマネジャーがキーを握っているのです。

さて、では理念浸透の先にあるモティベーションについても考えてみましょう。

理念によるモティベーション喚起はきっかけのひとつに過ぎません。それでは、一般に人がモティベーションを喚起されるのはどのような瞬間でしょうか？　先行研究によりますと、それは3つの要因から説明がつくと言われています。**図表4－5**は動機研究のメタ分析ですが、価値と期待と環境の変数だというのが最近の定説です(4)。

たとえば非協力な環境ではいくら価値が理解できても、期待されないと人はあきらめてしまいます。**人がモティベーションを持って行動できるのは、やったら得られるメリットが理解でき、やればできる感覚があり、それらが職場によってきちんと支えられている時です。**つまり、**モティベーションのキーは、マネージャーのひとが「やればできるよ」「うまくできるんだよ」と期待し、さらに職場環境が「支援環境」であることが握っているのです。**

続いて理念を浸透・共有していくための仕組みですが、学問の世界では大きく分けて4つのモ

■注

(3) 髙巖（2010）経営理念はパフォーマンスに影響を及ぼすか－経営理念の浸透に関する調査結果をもとに、*Reitaku International Journal of Economic Studies*. pp.57-66

(4) Ambrose, S. A., Bridges, M. W., DiPietro, M., Lovett, M. C., Norman. M. K. and Richard E. Mayer（2010）*How Learning Works: Seven Research-Based Principles for Smart Teaching*. Jossey-Bass

デルがあると言われています。

1．リーダー言語モデル

トップやマネジャーが「自分の言葉」で会社の理念を学習者に物語る。そして、同じことを違った言い方で繰り返す。

2．リーダー実践モデル

トップやマネジャーが、理念を啓蒙し、実践を行う。言行一致しているところを見せ、自らがロールモデルとなる。

3．職場教育モデル

マネジャーの提示する「理念」に即して、学習者に実際の業務を行わせる。それに伴って、学習者の具体的行動に意味づけを行う。現実味のある親身な対話が欠かせない。

4．職場育成モデル

マネジャーが日々行う人材育成（コーチングやフィードバック）に「理念」を織り込んでいく。

こうして見ていくと、スターバックスで行われているミッションマネジメントは、学問の世界で言及されているモデルとピタリと一致することが確認できますね。

【スターバックスでの実践】

1．組織が明確な理念を持つ。
自社と他者を隔てるメッセージ・ストーリーを持っている。

2．組織が本気で取り組む。
言行一致させる新人導入カリキュラムを工夫し、独自の手法として確立している。

3．店長（ストアマネジャー）さんの新人教育
常に言行一致させ、新人に意味づけを行う対話をする。組織と個人のベクトル合わせ（＝エンゲージメントの創出）を行う。

4．店長（ストアマネジャー）さんの担う人材育成
日々ポジティブなフィードバックを行い、内発的な動機付けを行う。

理念はただ「掲げる」だけでは意味がなく、実践されて初めて意味を持つものです。そしてその実践において大切なことは現場での学びにあり、現場マネジャーがいかにして支援するかにかかっていると言えるでしょう。

現場を何よりも重視するスターバックスの実践は、まさに生きた理念浸透を実現する理想的な

方法です。そしてこの理想を実現しているからこそ、スターバックスが唯一無二のスターバックスエクスペリエンスを提供し続けることを可能にしているのでしょう。

SESSION 5

ネットワーカーとしての人材開発部門のあり方

SAPジャパン株式会社常務執行役員人事本部長
横浜市男女共同参画推進担当参与
NPO法人GEWEL副代表理事
アキレス美知子

●講師プロフィール

上智大学比較文化学部経営学科卒業。米国Fielding Graduate Institute組織マネジメント修士課程修了。富士ゼロックス総合教育研究所で異文化コミュニケーションのコンサルタントを始め、シティバンク銀行、モルガンスタンレー証券、メリルリンチ証券、住友スリーエムなどで人事・人材開発の要職を歴任。あおぞら銀行常務執行役員人事担当、資生堂執行役員広報・CSR・環境企画・お客さまセンター・風土改革担当を経て、現在に至る。

2010年APEC女性リーダーネットワーク、2011年APEC女性と経済サミット、2012年APEC女性と経済フォーラムに日本代表メンバーとして参加。

日本生産性本部女性パワーアップ会議推進委員およびメンター研究会座長、文部科学省中央教育審議会高等教育部会委員、神戸大学グローバル人材育成推進事業の外部評価委員も務めている。プライベートでは、米国人の夫をもち、2女の母でもある。

INTRODUCTION

人事・人材開発担当者の本当の仕事とは？

こんにちは、中原です。わたしたちは、今までのレクチャーで、学習の原理や戦略の原理も理解し理念という観点から、モティベーションの大切さも学びました。ここまではいわば理論編ですね。理論というと、なんか仰々しい気もしますが、それをきちんと踏まえておくことは、実務をやっていく上では大切なことです。住宅やビルなどの建造物を建てるときも、基礎が大切でしょう。それと同じことです。

それでは次に問いを進めて、実際に人事・人材開発の担当者として、付加価値の高い仕事のやり方とはどういったものなのかを考えていくことにしましょう。一般に、人事、人材開発の担当者は組織の長期的ビジョンを考えて仕事をしていきます。守島先生は、そうした人材マネジメントを「組織力強化」という言葉で形容なさっていました。しかし、長期的な視野で組織力を強化する、と言うのは簡単ですが、実際にはなかなか難しいものです。

経営者にどのように施策を理解してもらい、応援してもらうのか。現場をどのように巻き込むか、現場のマネジャーとどのように対話をするかがいつも悩みの種になっていると思います。

では、実際の人事や人材開発の担当者としては何を実践すればいいのでしょうか？　それこそが今日の学びです。多数の組織で、人材開発のお仕事をご担当されてきたアキレス美知子さんが、この問いを考えるきっかけを与えて下さいます。

WORK

アキレス美知子です。よろしくお願いします。今回のレクチャーでは、人事・人材開発の担当者が「ネットワーカー」として仕事をするために役に立つ、いくつかのアプローチやノウハウをお話しします。まずはその根本となる「課題の捉え方」について理解を深めましょう。考える材料として、サンプルワークを用意しました。

ワークのテーマは「女性の活躍推進」です。ご存知の通り、安倍政権は女性の活躍を初めて成長戦略の柱として位置づけました。企業にも女性の活躍を後押しする施策を強く求めています。こうした背景を受け、経営者には「なんとかしないとな。でも、何をすればいいのか?」といった漠然とした焦りがあります。具体的にどうすればいいかを、考えあぐねている経営者も少なくありません。

さて、こうした女性活躍推進の相談を経営者から受けた時、あなたが人事部長だったら、どのようなアクションを起こしますか？　Q社のミニケースを題材に考えてみてください。

【ミニケース：Q社】

Q社は日本の中堅消費財メーカーです。Q社は高い技術力をもち、開発・製造・販売をしており、製品群ごとに4つの事業部を持っています。製造拠点は国内に3ヶ所、中国に1ヵ所あります。

販売ルートは主に大手流通です。年商3000億円で、5000人の社員がいます。ここ数年、新規参入の競合が増え、業績は横ばい状態が続いています。このままいくと今年も厳しい状況が予想されます。

あなたはQ社の人事部長です。ある日の夕方、あなたは社長に呼ばれ、次のように言われました。

「君も知ってのとおり、業績が頭打ちの中、いろいろな手を打ってきた。しかし、どれも中途半端で実績に繋がっていない。事業部長たちと話しても、相変らず『人が足りない』、『新製品がない』と言うばかりだ。従来の発想では何も変わらない。そこでこの際、女性社員の力を活用したい。ウチはお客さまの7割、社員の4割が女性だ。ところが、管理職の割合は5％にも満たない。育児休業を3年にし、育児時間も取りやすい制度にしたが、大半は出産を機に辞めてしまう。アベノミクスでも女性活用を成長戦略の柱に挙げている。女性の活用を起爆剤にして、今の閉塞感をブレイクスルーしたい。どうしたらいいか具体的な案をまとめてほしい」

【問】あなたは社長の要請を受けて、どう動きますか？　具体的なアクションとその狙い、根拠を考えてください。

LECTURE

ネットワーカーとしての人材開発部門のあり方――アキレス美知子

どう伝える？　現場の空気感

人事・人材開発担当のミッションとは何か。それは端的にいえば採用、研修、人事異動、制度改革などの施策を通し、組織が直面する課題を解決することだと思います。

今回は実践者としての経験から、ネットワーカーとして組織プロセスを構築し、社内外に信頼されるパートナーとしての人事組織・人材開発部門のあり方についてお話したいと思います。

まず、組織が直面する課題をどのようにして捉えていくか、そのプロセスについてお話します。先にサンプルワークとして、女性活躍推進についてのミニケースを考えていただきました。ここで、どのようなアクションを起こすべきかを、受講生に聞いていきましょう。

読者の方も、自分の考えを振り返りながらいっしょに見ていきましょう。

受講生A：この会社はお客様、社員双方のニーズを汲み取れていないのではないか。たとえば女性社員が結婚のタイミングで辞めていくのであれば、働きにくいと感じており、さらには魅力を感じていないのではないだろうか。そうした風土の会社であれば、商品の販売戦略においても、お客様ニーズを上手く取り入れられていないのではないだろうか。

そこで私は社内外に対してアンケート調査を行い、経営戦略を立て直すべきではないかと考える。そして、そのための調査については、女性だけに限らず、男性にも行うべきであると考える。実体験からも「女性を活用しよう！」と女性中心の調査を行い、施策を講じると、何らかの不平等が生じる可能性が高い。最終的なアウトプットは女性の活用でも、調査に関しては男女混合で行われるべきだと感じる。

女性活用の前に、そもそも社内のニーズ、社外ニーズがきちんと把握できていないという指摘がありました。また、女性社員だけにアプローチすると男性社員の不満に繋がりかねません。全体アンケートは効果的な施策のひとつです。

受講生B：Q社の事業部長さんたちには主体性があまり感じられず「会社のせい、組織のせい、景気のせい」にして思考停止しているように感じる。そうした文脈とは異なる、若手を中心とした社内横断的なプロジェクトをつくることを提言したい。いきなりプロジェクト組織をつくって、人事異動を行ってしまうとその部門の〝仕事〟になってしまい、〝他人ごと〟のように感じられがちになってしまうため、横断型のプロジェクト形式で行うのがいい。

そしてそのプロジェクトの半分を男性社員、もう半分を女性社員で構成し、斬新で今までと違う発想を求めたい。具体的な手法としては、たとえば、表テーマは「当社の戦略的新商品の開発テーマを探す」「人材育成の方法を若手にヒアリングする」等の場としておき、裏テーマとして、「リーダーシップのある次世代の人材発掘」を設定すればいいのではないか？既存の仕組みでは得られない人材を発掘することが大切だという姿勢で、社内の理解を促したい。

組織横断でプロジェクトを立て全部門に関与してもらうのも良い方法ですね。特に若手をプロジェクトに入れると従来の発想とは違うアイデアも出てきそうです。男女半々というのもいいですね。

重要なポイントがもうひとつありました。例えば、みなさんの会社には「ダイバーシティ推進室」と呼ばれているものはありますか？　社内での見られ方はどうでしょう？　こうした推進室は多様な人財の活躍などを全社に周知する重要な役割を担っていますが、社員から見ると「これはあの推進室がやることだよね」と、変革の必要性を自分事として捉えにくくしてしまうことがあります。この点は、変革を進めようとする企業で起こりがちな問題でもありますので、留意しましょう。

さて、先ほど発表していただいた2人に共通しているのは「女性を前面に出さない」、「女性だけで課題解決しない」ということだと思います。女性だけにしてしまうと、社内男性だけでなく、女性からの反発にも遭うという危険性がありますからね。

しかし、社長はこれとは逆のことを言っています。「女性を前面に出していきたい」と言うわけです。つまり、今発表いただいた2人の施策を実施するためには、社長に対してある意味「異論を唱える」ことが求められることになります。と、言われると誰しも「下手すると、まずいことになるんじゃないかな…」という一抹の不安が脳裏をよぎると思います。

ただ、私の経験に照らし合わせますと、もちろん勇気はいりますが、案外経営者は耳を傾けてくれるものです。大切なのは「言い方」と「タイミング」です。そもそも、**経営者の資質は自分以外の人の意見をいかに聞けるかにかかっている**

とも言えます。そして何より、**現場の空気感を上層部に伝えるのは人事の大切な仕事**です。

受講生の皆さんは、人事部の方が多いと思います。そして、このセッションから、「ネットワーカーとしての人事のあり方」を学びたいと願っています。真っ先に把握しておかなければならないことは、「現場のことを経営者に理解してもらうこと」の大切さであり、人事部の存在意義のひとつは、そこにある、ということです。

効果的な「異論の唱え方」のためのフレーム

ではいかにして経営層に意見を伝えるかについてです。先ほどの事例では、ある意味で、経営者に「異論を唱える」ことになる状況がありました。そうした場合、激昂を買ってしまうだけならリスクが大きいですね。そういうときには、ふだん社長が触れない生の情報やマクロな情報を整理したうえで、フレームワークを使って説明し、社長に理解を促すことが有効です。ここからは、もし私が人事部長だったら、こんな「整理された情報」をディスカッションの素材として持って行くだろうな、ということで作った資料をいくつかお見せします。もちろん、これだけが正解ではありません。

まず、**図表5-1**をご覧ください。

経営層に話を聞いてもらうための課題の捉え方には4つの視点が必要です。まず、**現場を視る**

図表5-1　課題の捉え方：4つの視点

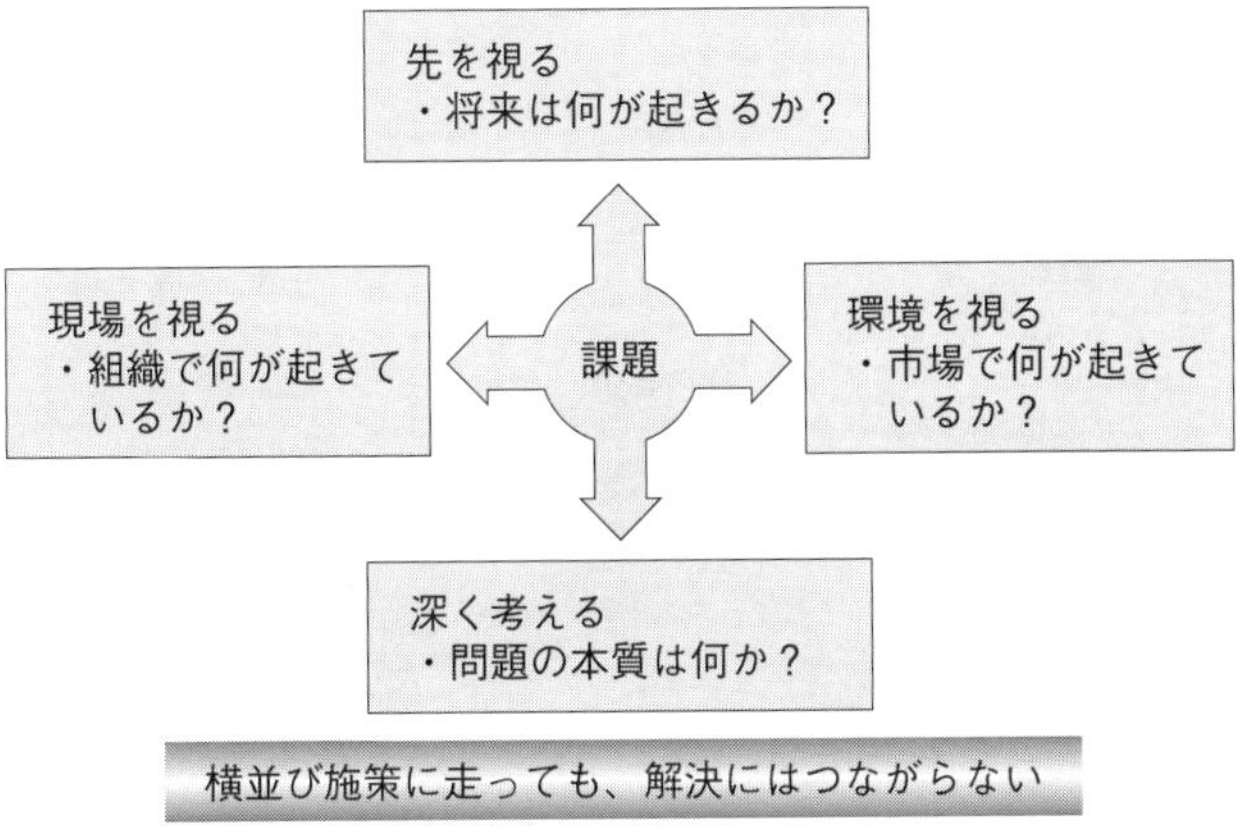

ということです。

私の場合であれば真っ先に自分の足で現場に行きます。「この課題、どうなってるんだっけ？」と、いろんな人に直接話を聞いていきます。人事のいいところは、**現場に行く言い訳はいくらでもできる**ということ。「ちょっと人材開発部のニーズを聞きにきました」、「新人さんたちを見にきました」といった口実をうまく利用するのです。

それと同時に重要なのが**環境を視る**ことです。「うちのプロダクトの競争力って、実際どうなんだろう？」、「新製品が出ないのが痛手だ」といった現場の生の議論は、意外と経営者には届かない。このあたりの**現場の声を聞きつつ、実際の市場で何が起こっているかを客観的に視て話をする**わけです。この2つをきちんと行うだけでも、社長は

図表5-2　日本企業における女性活躍推進

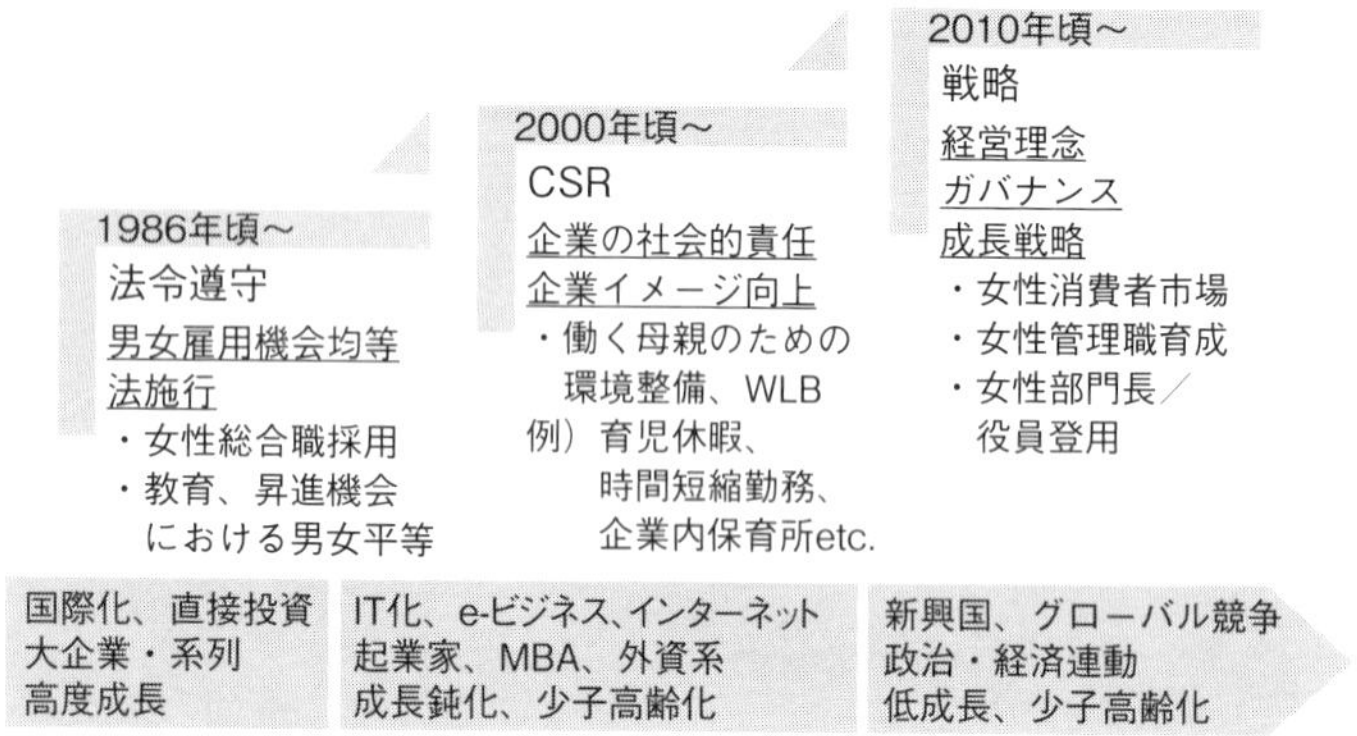

関心をもってくれます。経営層には普段、あまりこうした情報が入って来にくいことを彼らも知っているのです。

そしてさらに問題について**深く考える**ことが大切です。問題の本質は何かということを、客観的に分析します。そうした上で**先を視る**のです。ビジネス的なことはほとんどの経営者は考え尽くしています。しかし、組織に何が起きるかは意外と見きれていない。例えば、このままの社内年齢構成でいくと、5～10年後はどうなるのか、といったことは人事が社内で一番データを持っています。しかし、経営層には案外見えにくい。そこを逆手に取るのです。

この4つの視点から最も重要な問題を指摘し、提案をもっていけば、**社長も自分の知りたかったことを提供してくれているという実感を持って耳を傾けること**

ができるのです。

続いて**図表５-２**をご覧ください。これは、これまでの日本企業における女性活躍推進をマクロな視点で３段階に分けてまとめた資料です。

図表５-３　女性活躍推進上の課題

トップ５

1.	女性社員の意識	76.2%
2.	管理職の理解・関心が薄い	58.7%
3.	育児等家庭負担に配慮が必要	49.2%
4.	男性社員の理解・関心が薄い	41.3%
5.	経営者の理解・関心が薄い	23.0%

コア人材としての女性社員育成に関する調査
2012年日本生産性本部より

制度はつくったが、意識、行動の改革は？

たとえば、こうした資料を持って社長とのミーティングに臨み、「私たちの会社は今、どの段階にいるでしょう？」と話を持ちかけることができますよね。持っていきたいのは**ディスカッションのためのフレームワークなのです。社長であっても、業績が厳しい時ほど短期的に物事を考えがちです。そういう時こそ、マクロな視点をもたらすことが必要**です。

続いて、**図表５-３**です。こちらは「女性活躍推進上の課題」として、４年連続で日本生産性本部が実施されているアンケート結果ですが、常にトップは女性社員の意識です。制度が整備されても、意識の改革はまだまだということを示しています。そして、こうした女性を上司がどのように見ているかを示したものが**図表５-４**の「上司の見方」です。トップは「昇進や昇

図表5-4　上司の見方

	項　　目	
1	昇進や昇格することへの意欲が乏しい	72.9%
2	難しい課題を出すと、敬遠されやすい	64.5%
3	仕事に対する責任感が乏しい	35.5%
4	感情的になりやすく、注意を受け入れない	30.1%
5	女性だけでまとまってしまう傾向が強い	24.7%

コア人材としての女性社員育成に関する調査2012年日本生産性本部より「女性社員の意識」と回答した企業の声（上位3回答）

こういう人材は男女を問わず、期待されない

格することへの意欲が乏しい」で、これも4年連続トップです。また、5位の「女性だけでまとまってしまう傾向が強い」というのは、女性だけではなく男性もそうなのではないか、という分析もできそうです。

こうした社外の調査資料、社内の意識調査の結果などを通して、**現場の実情をきちんと把握しておくことで、経営層との会話は弾みます。**

また、経営者が「女性の活躍を支援したい」といっても、人によって仕事観は異なります。それを「女性」とひとくくりにして均一的な施策・制度を講じてしまうと、いい結果は得られません。それぞれの仕事観に応じたインセンティブとモチベーションを設定していくほうが効果的です。ここで、F．ハーズバーグのインセンティブとモチベーション理論のおさらいをしておきましょう。

・インセンティブ（誘因要素）

最初は動機づけになるが、慣れると当たり前になり、少しでも欠けると不満につながる（既得権意識）

例）報酬／給与、地位、職場環境、職の安定、福利厚生・人事制度、管理手法 など

・モチベーション（動機づけ要素）

仕事への愛情を心から感じ、自ら積極的に達成することで、継続的に深い満足感、成長実感を得る（エンゲージメント）

例）自分の強みを活かせる仕事、成長につながる仕事、尊敬する人たちとの協働、尊敬する人からの期待と評価、失敗を乗り越えた体験、感謝される経験 など

こうしたことにひと通り目をとおし、「本当に男女を問わず能力を発揮してもらいたいと思っていらしたら…」と切り出せば、上司や経営層とのディスカッションもより有意義なものになります。

対話の前にまず**問題意識を共有するプロセスを上手くこなせるかどうかで、経営層に話が聞いてもらえる、頼りになる人事・人材開発担当者になれるかどうかが決まってくる**ということです。

問題の本質を捉え、的確な施策を行うための思考ツール

では、具体的に人事・人材開発担当者としてどんな施策提案の仕方をしていくかを見ていきましょう。ここでは、私がよく使う「人財開発マトリックス」をご紹介します。

人材開発には組織ニーズ、個人ニーズそれぞれに、**短期・具体的アプローチ**と、**中長期・戦略的なアプローチ**を使い分けることが必要です。

短期的・具体的なアプローチとして、個人に必要なスキルや知識を習得してもらうのが**コア能力研修**です。日本企業の階層別教育ではこの研修に特化するケースが多いですね。

続いて、短期的・具体的なアプローチが組織に必要な場合は、**部門課題達成**のための**テーラーメードの研修**です。たとえばある部門の営業力を強化する必要がある場合、お客様の変化に合わせた新たな営業スキルのトレーニングを開発し、実施するといった施策を講じます。

図表５-５　人財開発マトリックス

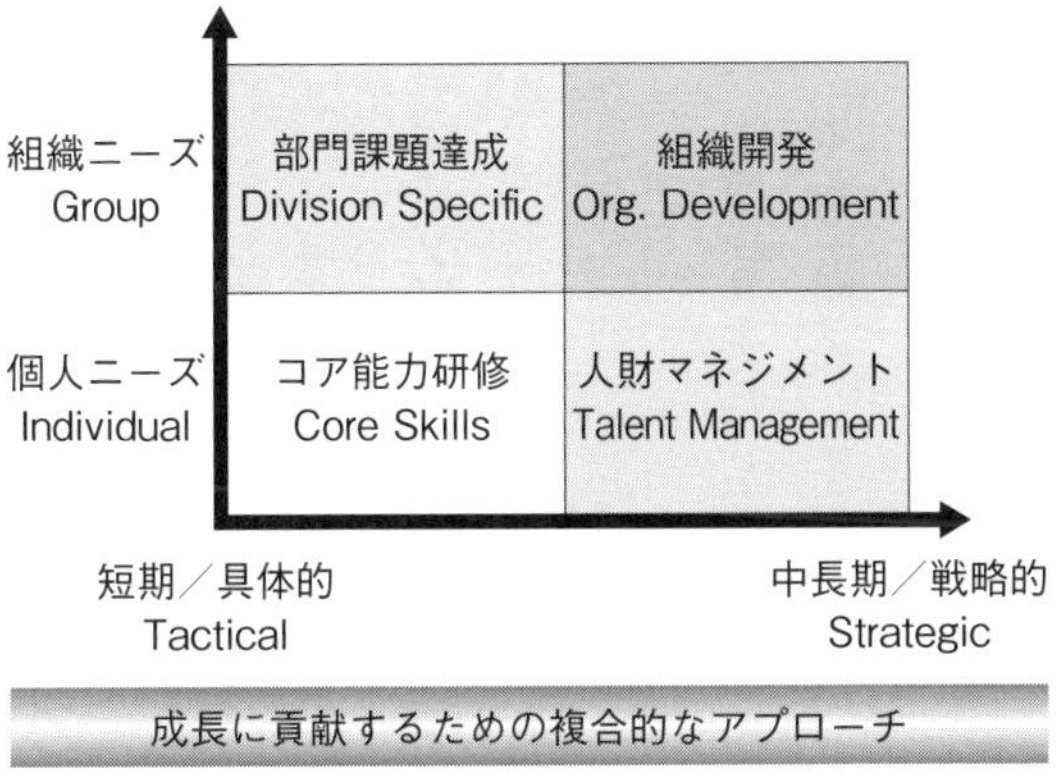

そして中長期・戦略的なアプローチで個人に焦点を当てる場合には**人財（タレント）マネジメント**です。将来企業を背負っていく、部門長候補以上、役員候補のリーダーを早期に見つけて育成します。様々なプロジェクトや任務、エグゼクティブコーチングなどを組み合わせて、**経営層と人事、部門長、直接の上司などがチームとなってその人の育成を計画的に担っていくことが大切**です。

最後に中長期・戦略的なアプローチが組織に必要な場合というのが**組織開発**です。組織全体を見て、これまでと1年後、さらに5年後、10年後の組織図を思い描き、組織をデザインするアプローチです。

ここで、組織デザインについても的確に押さえましょう。J.ガルブレイスによると、組織を効果的にデザインするためには5つのポイントを押さえる必要があります。

まず**戦略**です。組織のビジョンを達成する指標であるため、しっかり策定されていないと社内が混乱します。

次に**構造**です。役割や権限、指揮命令系統がきちんと整備されていないと、部門間等で摩擦が起き、せっかくのリソースが効果的に活用できない等の問題が起こります。

そして**組織プロセス**。部門間の横の繋がり等、仕事のプロセス、ネットワークの整備です。これがきちんと整備されていないと、組織の中に壁をつくってしまい、イノベーションが起こりにくくなります。

また、**報酬システム**も重要です。個人のゴール達成のサポートを含め、どのように社員は評価されていくかが明確になっていないと、内向きの社内競争を誘発し、エネルギーを浪費します。

最後に能力の発揮できる仕組みをつくる、**人事の仕組み**です。これが機能していないと、社員のモチベーションの低下を招きます。

こうしたポイントに分解して、様々に必要な施策を講じ、問題があれば〝治療〟していくこと

図表5-6　組織の問題：4つの処方箋

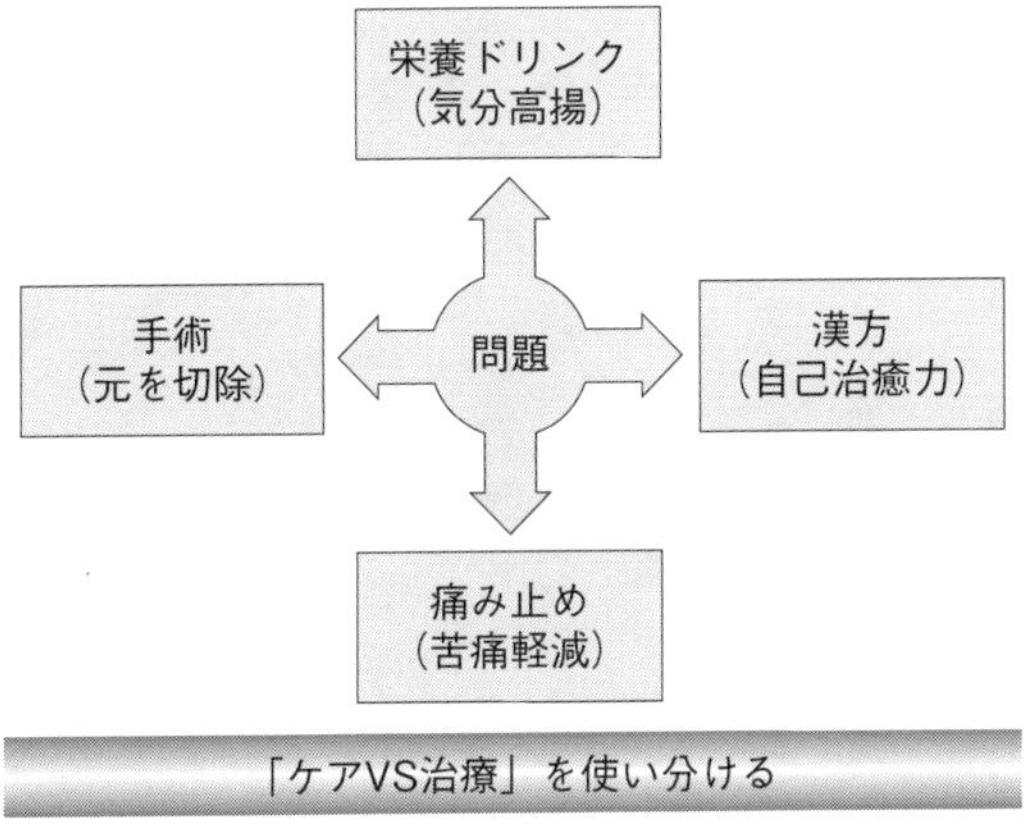

が必要になってきますが、その際の治療方法も使い分ける必要があります。

図表5-6をご覧ください。一時、気分爽快になればいいという**栄養ドリンク**のような対処で済むこともあります。例えば、あるマネージャーをリーダーシップ研修に送り込んだら翌日、モチベーションアップに繋がった、といった効果が期待できます。ただし、効果は一時的かもしれません。

または「とにかく人が足りていないから人を送り込もう。人事からも応援を出すぞ」といった、人を増やすことでなんとかしようとする**痛み止め**の対処。応急処置が遅れると大変なことになるわけですから、傷口を的確に分析し判断することも求められるということです。

そして、本質的な問題を直しておかないと再発することが確認された場合、自己治癒力を高めるために必要な対処をする**漢方**的な対処が求められます。小さな問題ばかりの対処に追われていて、結局大きな結果に結びつかない場合はこの漢方的な治療が必要です。

さらに、栄養ドリンクも痛み止めも漢方も効かないのであれば、思い切って**手術**して元を断つことも時には求められるでしょう。

何が本質的な問題かということをしっかりとらえてから、ケアか治療かを使い分けていくことがいちばん重要です。また、これも経営陣と話すときのツールとして便利です。「今まで我々がやってきたことは栄養ドリンクにすぎなかったのか」と共感を促すこともできるでしょう。

具体的な施策を考えるときに、こうした思考ツールを使い、一歩引いた位置から客観的に問題を分析することで答が見えることがあります。そして**的確に思考するためのツールを持っていると、施策提案時にも抜群の効果を発揮します。**

「人財開発マトリックス」であげた4つの領域は人事・人材開発部門だけでは成果をあげることはできません。部門を越えたネットワークをつくり、経営層や現場の人たちと連携して、中長期的な組織の成長を考えた複合的なアプローチをしてくことが何よりも大切です。

組織文化づくりは人事ができる戦略的貢献

続いて組織文化のお話に入っていきましょう。JALの再生でも強力なリーダーシップを発揮された経営者の稲盛和夫氏は**「目に見えない社員の意識や企業文化の改革」こそが強い組織文化を生み出す**としています。

では、そもそも組織文化とは何でしょう？　次頁の**図表5-7**にあるように、組織文化は氷山に喩えられます。まず水面から出ていて、実際に目で見える行動や制度などの**現象**はごく一部です。そして水面下の見えない部分の奥深くに企業の**価値観**があります。どの企業にも明文化の是非にかかわらず企業の価値観があり、それが目に見える企業の仕組みや行動を根底から支えているということです。

そして企業の慣習、思考パターンなど、就業規則には明文化されていない**風土**は氷山の真ん中にあり、現象と、価値観を支えているのです。どんなに素晴らしい価値観があったとしても、風土の部分でミスマッチを起こしてしまうと、実際の現象の部分に反映されないことになります。

組織文化と聞くと、ついつい風土と同義で扱ってしまいがちですが、実際には価値観、風土、現象の総和が組織文化であると私は考えています。

図表5-7　組織文化とは

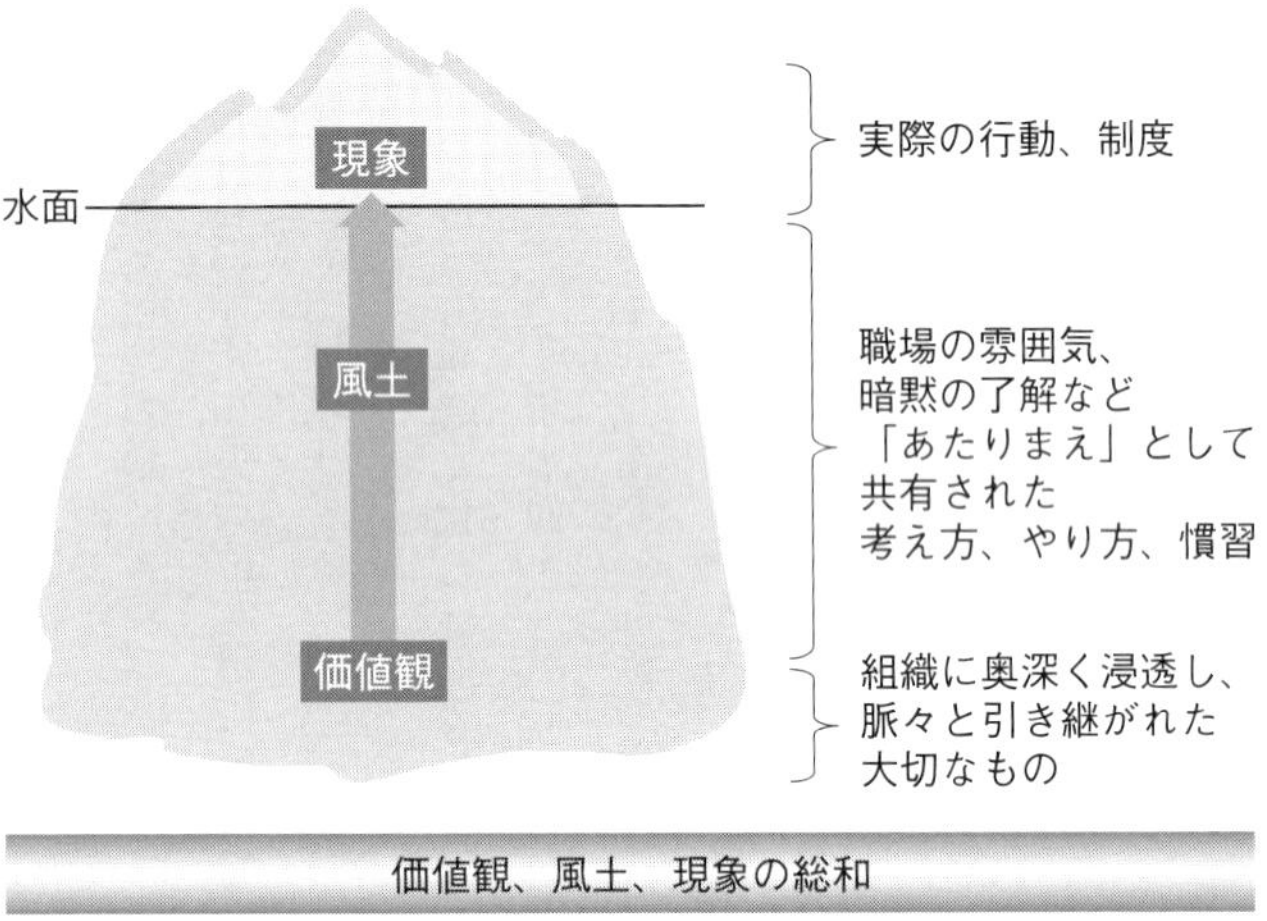

また、古典的名著として知られる『イノベーションのジレンマ―技術革新が巨大企業を滅ぼすとき』でも広く知られるハーバード・ビジネス・スクール教授、クレイトンM．クリステンセンは、組織文化について以下のように述べています。

・文化は社内の規則や指針という形をとり、従業員はこれをもとにして選択をくだすようになる。どのようにして力を合わせるか、どのような物事を優先すべきかを決める枠組みが繰り返し使われる。

・やがて従業員は問題に直面した時、いちいち手を止めてどのように取り組むべきかを相談する必要がなくなる。そしてこれまで行ってきた方法こそが「唯一正しい」方法だと決めてかかるようになる。

・このことの何が良いかと言えば，組織が自己管理型になることだ。従業員に規則を守らせるために，管理職が逐一監視する必要はなくなる。全員がなすべきことを直感的に進めていく。文化は望むと望まざるとにかかわらず生まれる。重要なのは，文化が生まれる過程にどれだけ積極的に影響を与えられるかだ。

（C. Christensen. "How will you measure your life?" 2012より）

敢えて現場目線で補足するとすれば，クリステンセンの言う「唯一正しい」方法には自律的なアップデートが行われる必要があるということでしょうか。10年前は正しい方法であったとしても，今もそうだとは限りません。検証がなされないままに方法が継承されてゆくと，気がつけば今のお客様が求めているものと違う価値を提供していたり，本当の競合を見失ってしまうこともあります。組織文化にはそんな落とし穴もあることを認識しておく必要があります。

とはいえ，いかに組織文化が正しく形成されたとしても，企業はある一定の大きさになると大企業病的な現状維持・守りに入る傾向があります。よって，社員とコミュニケーションをしながらその都度望ましい組織文化を築き，意思決定をして実行していくのが経営です。そうした中で，人事部門・人材開発部門には何ができるのでしょうか？

デイビッド・ウルリッチは自著『人事が生み出す会社の価値』の中で、戦略に貢献する人事部門のあり方を4つの要素であらわしています。

まず重要なのは**変革の推進**です。つまり人事部が自ら組織のチェンジ・エージェントたる役割を果たすことです。続いて**市場との連携強化**に努めること。経営者や事業部の目の届きにくい市場で何が実際に起きているかをきちんと把握する目を持つということです。そして実務としての**組織文化のマネジメント**を的確に行い、**戦略決定に貢献**します。**決められたことを行うだけではなく、戦略を決めるテーブルからいっしょに座る**ということですね。

組織文化づくりは人事ができる戦略的貢献です。みなさんは日頃の業務の中で、どのくらいの時間をこの4つに使っていますか？　むしろこの4つにもっと時間を使いたいと思いませんか？

ここに時間を割けるようになると、単なる経営のサポートファンクションではなく、本当の意味での**企業経営のパートナー**になっていけるのではないかと思います。もちろん、今日明日でいきなりこれらを実践することは難しいかもしれません。しかし前述したいろんなツールやアプローチを使い、積極的に対話・コミュニケーションを行うことで、徐々に同じ土俵で話ができるようになるはずです。

そのためにはまず、**今日からでも自ら行動し、現場のムードを知ることから始めましょう。今、市場で何が起こっているかも常に把握し、いろんな人と交流しましょう。そこからネットワーカーとしての人材開発部門としての「あなた」が始まります。**

「楽しさ」を広げる人材開発部門の仕事の仕方

ネットワーカーとしての人材開発部門の仕事の仕方は、ただ人と会って「よろしくお願いします」と名刺交換をするだけではもちろんありません。きちんとコミュニケーションをするのが大切です。

そこで、組織におけるコミュニケーションの方法を整理しておきましょう。

1. 日常会話…休み時間の世間話から飲み会までを含む日常のコミュニケーション。仕事について話したり、あるいは仕事から離れてざっくばらんに会話することで、お互いの距離を縮める。
2. 対話…日常会話よりも少し深い意味合いを共有していくためのコミュニケーション。ただし「答え」を早急に求めない。日常会話で距離を縮めてから、お互いのより深い理解に繋げるために行う。

3．議論…ミーティングなどでのやりとりを含む、具体的な目的や結論などの「答え」を求めるためのコミュニケーション。参加者の論点が明らかになる。ただし、結論が出るとは限らない。

4．討議…自分の意見と相手の意見、どちらを採用するかを具体的に決定するために必要に応じて行うコミュニケーション。率直に対話し議論できる関係性を築き、互いに相手の思いや考えに耳を傾けられる条件が整った上で初めて効果が最大になる。

これらのコミュニケーションは、必ず1から順番にステップを踏むことをおすすめします。逆は難しいと思います。

加えて重要なのは**ファシリテーターの役割**です。ファシリテーターにはいろんな意味合いがありますが、**メンバーの個性を尊重しながら、自由闊達な議論を通じて共通の目標を達成していくための道案内役**というのが私の定義です。人材開発部門がミーティングやプロジェクト運営などで、有能なファシリテーター役であれば、ただの「聞き上手」にはできない、一段上の関係性を築くことができるでしょう。

ここで、ネットワーカーとしての人材開発部門に求められることをまとめておきます。あなた

図表5-8　"DOLCE"モデル

■Deep organizational knowledge
事業、組織、人、風土についての深い知識
■Open dialogue based on trust relationship
社員や部門、経営層と信頼関係に基づいた率直な対話
■Leveraging internal and external service providers to get the best quality, speed and price
様々な社内外リソースを駆使して質・スピード・費用対効果の高いサービスを提供
■Customized solutions to specific needs
具体的なニーズに対してカスタマイズした解決策を提案
■Ensuring execution and effectiveness by following up
継続的なフォローアップを行い、実行後の効果を高める

明確な付加価値を提供する

は今どれだけのことができているか、チェックシートとして活用してください。

現在、いろんなことをアウトソースできる時代になっています。それは人事も人材開発も含まれることでしょう。たとえば、研修ひとつとっても事業部が人材開発部を通さずに、直接業者さんに依頼することもできます。そうした時代において、**社内の人事・人材開発部門は、外部の人間には決して代行できないポイントを押さえておく必要が**あります。これが**図表5-8**の"DOLCE"（ドルチェ）モデルです。これらが完遂できれば、企業に明確な価値を提供できていると言えるでしょう。

最後に、本日お話したことのエッセンスをまとめると、次の「ネットワーカー7つのアクショ

ン」になります。

1. 企業のビジョン、ゴール、戦略を、様々な場で、わかりやすく語る。
2. データや報告だけに頼らず、自ら現場に出かけて観察し、対話する。
3. 組織全体を複眼的に分析し、問題の本質を見極める。
4. 問題、課題によって解決手法を柔軟に使い分ける。
5. 周りを巻き込み、元気づけ、「同じ船」に乗ってもらう。
6. 最優先の課題に取り組み、成果をあげる。
7. 「楽しむ」輪を広げる！

注目していただきたいのは、**『「楽しむ」輪を広げる！』ということ**です。やはり社内に楽しさがなければ、会社は元気になりません。会社がどんな状況に置かれていても、仕事自体の楽しみを一緒に見つけていけるような存在になりましょう。そうすることで、社内が将来に向けた前向きな会話に満ち、風土もより良いものに変わります。

昨今はグローバル化、少子高齢化、労働人口の減少など、企業にとっては難題が山積みです。でも、そういうときに、人事・人材開発部が「下」を向いていてはだめなのです。そういうときこそ、顔を上げて、前に進む。それが人事・人材開発の仕事です。

部内を含め、新入社員から社長に至るまで、「楽しむ」輪を広げること。それは人材開発部門ができる大きな仕事であり、あなたに期待されていることなのです。

WRAP UP

中原です。今回は人事・人材開発部門の果たすべき役割について、アキレスさんからの実践者としての目線を交えた具体的なお話がたくさんありました。

大きくまとめると、アキレスさんが実務をなさっていく上で留意されていることの中に次の3点が重要であると感じました。

1．軽いフットワーク

…「問題解決」に入る前に、フットワーク軽く問題が何かを見定める「問題定式化」に注力している。

2．豊富なツールボックスと対話

…対話を促すような概念ツールを持ち、実践することが重要。そして外向きのアンテナを常に高く広げ、対話に必要な情報収集を怠らない。

3．オーナーシップを持たせる

…「関係する人たちを巻き込む」＝「同じ船に乗ってもらうこと」。同じ船に乗っているというオーナーシップの醸成がよりよい関係性を築く。

もう少し深めてみましょう。まず**1．軽いフットワーク**の部分での問題解決のプロセスですが、陥りやすい失敗としては、手法ばかりを求めて問題解決に入ってしまうことです。先行研究によると、よい問題解決者とは、“IDEAL”とよばれる次のプロセスを回すことのできる人です(1)。

【I】identifying problem…トップと現場に自分の足で行き、何が問題かを見極める。自分の足を使うということが重要。現代は情報収集がしやすく、高効率化されているため、自分の目で見なくても「知ったつもり」になる機会が増えている。これは便利な反面、意外と問題の本質が何かを分かりにくくする原因にもなっている。

【D】Defining problems…HR自身が、問題を定義する。問題は現場では決まらない。書斎で

■注

(1) Bransford, J. & Stein, B. (1984). *The IDEAL problem solver*. New York: W. H. Freeman

決まる。

【E】Exploring alternative approaches…トップと現場を調整しつつ、外部ネットワークを駆使し、様々な方略・手法を検討する。

【A】Acting on a plan…実際にやり抜く。

【L】Look in at the effect and learn…結果を見て、さらに改善する。

とにかく解決すべき問題・課題は何かを見極めることにしっかり時間をかけることが大切です。ここがブレると後に続くプロセスの全てがブレてしまい、曖昧なアウトプットしか得られません。あくまでも「問題定式化＞問題解決」を念頭に置きましょう。

3．オーナーシップを持たせるでは、研修の効果測定のことを想定すると分かりやすくなります。

よく言われるように、企業における研修効果測定とは非常に難しいものです。みなさん経験がおありだと思いますが、企業の研修効果測定では測定のためだけに、統制群（全く研修をしない群）をつくったりすることはできません。ということは、いざ研修効果の測定という段になると、どうしても客観的なデータを得ることはできませんので、どうしても「ツッコミどころ満載」のデータや分析しかできないものです(2)。つまり**人事にとっては、経営陣から研修の効果測定の話が出た段階で負けが確定する**試合になってしまうのです。

そこで研修の企画立案段階から現場の人を巻き込んでおくと、施策自体に経営陣のオーナーシップを持ってもらえ、「身内化」することができます。こうして研修を「人事がやること」ではなく「同じ船に乗ってもらってみんなでやること」にしてしまえば、評価時のリスクを低減させることができるのです。

そして、現場の人に同じ船に乗ってもらうためには、まさに**2．豊富なツールボックスと対話**を柔軟に用いて、現場と同じ目線と言葉で対話することが求められると言えるでしょう。

ちょっと前になりますが、僕がアキレスさんと初めてお会いしたのは、まだ3Mで人材開発部長をされていた頃でした。そしてお話をした時の忘れられない一言があります。

What kind of additional values do we get from HRD professionals?（どんな付加価値がＨＲＤのプロフェッショナルからは得られるの？）

■注

(2) 企業における教育評価の困難については、下記の書籍に詳しい。中原淳（２０１３）『研修開発入門』ダイヤモンド社これは、ラインの人が直接ベンダーの人に研修等を持っていった場合と、自分たちの部門である人材開発部門を通した場合とで、得られる付加価値にどんな違いがあるのか、ということを意味しています。

そしてアキレスさんは「この問いに答えるために私は今3Mでがんばっているんです」ともおっしゃっていました。大変印象的でした。

人事・人材開発部門のコアコンピタンスは、まさに「組織内部にいること、組織内で動くことができる」ということに尽きます。それは現場である**事業部、そして経営者と対話**ができ、**具体的なニーズに対する解決策の提案**ができ、**継続的な社内フォローアップ**できるということに繋がります。

難しくはありますが、こうした付加価値を提供することが、社内における人事・人材開発部門の**存在証明（レーゾンデートル）**でもあるでしょう。

SESSION 6

提供価値（デリバラブル）と支援を手がかりに人材開発部門のあり方を考える

神戸大学大学院 経営学研究科
教授
金井壽宏

●講師プロフィール

1954年生まれ。89年MIT（マサチューセッツ工 科大学）でPh. D.（マ ネジメント）、92年神戸大学で博士（経営学）を取得。現在、神戸大学大学院経営学研究科教授。著書に、『変革型ミドルの探求』（白桃書房、1991年）『働くひとのためのキャリア・デザイン』（PHP研究所、2002年）、『組織エスノグラフィー』（有斐閣、共著、2010）など

INTRODUCTION

仕事の「宛先」

皆さんこんにちは、中原です。前回のアキレスさんの講義に続き、今回も、企業における人事・人材開発部門は実際にどのようなスタンスで仕事に向かうべきなのか、その実践編を学んでいきましょう。

今回、講師である金井先生にお話いただくのは「人事・人材開発部門の提供価値のあり方」についてです。

お聞きになったこともあるかもしれませんが、主に教育や人材開発・組織開発等の文脈で引用される言葉にDoable（ドゥアブル）、Deliverable（デリバラブル）という言葉があります。金井先生と岸良裕司さんの著書『過剰管理の処方箋　自然にみんながやる気！になる』（金井壽宏、岸良裕司著）にも引用されています。まずこれら言葉について、整理をしていきましょう。

たとえば、ある研究者が「あなたの仕事は何ですか？」と、第三者に問いかけられたとしま

しょう。その時に、

「開発研究をやっています」

「調査をやっています」

と**「自分のできること」を答えるのが、ドゥアブル**です。ドゥアブルとは「できること」を表しているのです。

それに対して、〝**宛先**〟**があり、「誰か」に何かを届け、「誰か」の役に立つことが、デリバラブル＝提供価値**なのです。先ほどの例で言えば、

「現場の人に届くような開発研究をやっています」

「ポリシーメーカーに届くようなかたちで調査をやっています」

と答えることを指します。つまり**デリバラブルとは「誰かにもたらすもの」**であるわけです。

あなたが仕事を語る時のことを思い出してみてください。あなたは、自分の仕事を説明します。そのとき、あなたは、ドゥアブルを語っていますか？　それとも、デリバラブルを語っていますか？　すなわち、あなたは「今、やっている仕事」を答えられますか？　それとも「今の仕事によってもたらされている価値」を答えられますか？

ドゥアブルとデリバラブルは、自分の仕事のあり方に深い内省をもたらしてくれます。これは人事・人材開発部門の在り方や、施策等の宛先性を考える上でも、非常に有益なヒントを与えてくれます。

あなたの仕事の「宛先」は誰でしょう？　そしてその人にはどんな付加価値を提供しているでしょう？　あなたは仕事をしているかもしれない。しかし、それはドゥアブルです。そうではなく、あなたのデリバラブルは何でしょうか？　他の誰かに、何をもたらしていますか？　そんなことを考えながら読み進めてみてください。

LECTURE

提供価値（デリバラブル）と支援を手がかりに人材開発部門のあり方を考える ―― 金井壽宏

人事・人材開発部門の〝役立ち感〟を考える

こんにちは、金井です。今日みなさんといっしょに考えたいと思っていることは、日常語で言うと**「相手の助けになる」**ということに尽きます。簡単な言葉ですが、よく考えるとこれは難しいものです。意図せず相手の役に立っていれば言うことはありませんが、**自分はよかれと思ってやっていても、相手にとっていいものにならないこともあります**よね？

みなさんの会社を思い描いてみてください。とくにメーカーさんの場合は、研究開発部門の人は、〝役立ち感〟がすごく分かりやすいと思いませんか？ 社内報で革新的新製品の開発が報じられればそのプロジェクト担当者はちょっとした有名人です。エレベーターで乗り合わせたら「新製品、すごいですね。どうやって思いついたんです？」と話しかけてしまいそうです。世に役立つ新製品なら、他の仲間の社員も、自分も使いそうな製品、知っているひともお客さんとなって重宝だと思って買ってくれそうな製品なら、「これはいい、すごい」と言いやすいでしょう。

その一方でみなさんの人事・人材開発部門では「今回はダメだ、働く我々がうれしいと思うことをしてくれなかった」と「今回は素晴らしいことをやってくれた！」と言われること、どちらが多いですか？　よいことがなかったどころか、「なんということ（わるい、あるいは、困る）ことをしてくれたんだ！」と叱られることさえ、時にはあるのではないでしょうか？

Photo 6－1　助けになる提供価値について語る

現実として、人事制度改革の一大プロジェクトを立ち上げてリーダーになったとしても、先ほどの研究開発部門の人のように有名人になることは少なそうですよね。「あのとき、成果主義を導入して、大混乱の挙げく撤回したけれど、導入したのは、あいつだ」と悪名高い人物になることはあるかもしれませんが。どうして人事・人材開発部門は同じように役立っているはずなのに、〝役立ち感〟が分か

りにくいのでしょうか？　もちろん、伝統的な人事の人事、本流の人事（採用・選抜・配属、昇進・給与管理等）と比べて、人材育成（人材開発、教育）のほうは、本当によい研修プログラムを実現できれば、喜ばれることもあるでしょう。

まず、人材開発部門以外の、いわゆる本流の人事部の誕生について、具体的な例を用いて整理してみましょう。組織の中には様々な部門がありますね。もともと無かった部門が作られる時というのは必ず何かのためになるから作られているはずです。そして人事・人材開発部門もその例外ではありません。

少し極端な例ではありますが、2、3人で会社をつくったベンチャーの起業家が、ある日突然3人のうちひとりを人事部長にしたら、それは少し不思議な話だと思いませんか？　いつでも何でも話し合えて、さらにたくさん社員を雇う余裕もない中で人事部をつくるのは滑稽です。では会社の総人員数が何人くらいになったら人を扱う専門の部署を作らなければいけないでしょうか。

これから述べる数字を私はあまり信じていませんが、ヒューレット・パッカードのケースで言えば、1000人ということになっています。創業者のひとりであるデイビッド・パッカードは草創期に「人事部はいらない」と言っていますが、それは**人事部の仕事が全てマネジャーの仕事になっていた**からなのです。つまり、最初2人でガレージでヒューレット・パッカードを起業した時に、ひとを雇うか、そのひとにどのような仕事をしてもらうかの決定も、創業者の二人がやったはずです。まだ、10人ぐらいの規模のときに、創業者のどちらかを人事担当にしていたら笑い話ですが、社員が100人さらに200人と増え、先の語り継がれている数字のように従業員規模がとうとう1000人になった時、採用は、全部ひとりひとりのマネジャーの仕事にしていたら今度は混乱が起こるわけです。「あの人、個性的な人材ばかり採用してるけど、会社にとって意味があるのだろうか？」「あの人は元気のいい人材ばかり採っているけど、今欲しい職種に元気さって必要？」といった混乱が長くいる社員の間に生じるわけです。そうした時、つまり、ヒューレット・パッカード社のようにとうとう1000人にも規模になったら、あるいは、ふつうの会社なら、100人近くなったら、人事部とはいわなくても、総務部に人事担当を置き始めるでしょう。「会社で働いている人」について専門的に考え実施できる専門部署を持ったほうがよりよい人が体系的に採用できるし、より体系的に育てられる。これが人事・人材開発部門の出発点だと思います。

そして私はヒューレット・パッカード社に限らず、会社にせっかく人事・人材開発部門をつくったのだから本当にみんなから喜ばれる部門になっていくといいなと、心の奥底から常々思っています。だから、人事部が社員に、これから入ってくるひとにも、提供する価値に自信をもって、仕事に取り組んでほしいと願っています。

さて、みなさんに問いかけですが、人事・人材開発部門が会社で働くどんな人にどう役立っているかを、これまで社内で議論したことはありますか？　この問いに見事に「ＹＥＳ！」と答えられれば、きっといい人事担当者に違いありません。でも、「もちろんそれは常々当たり前のように考えているが、いざ言われてみると、業務に忙殺されていることに気づく」なんて人もいるかもしれませんね。

このように、**人事・人材開発部門の提供価値を考える時、デリバラブル、つまり誰に何をもたらすのかを考えると分かりやすくなる**のかもしれません。

そしてデリバラブル＝提供価値を考える時、**「Helping」つまり「支援する」**ということを得る必要があります。たとえば私が監修した『人を助けるとはどういうことか　本当の「協力関係」をつくる７つの原則』（エドガー・Ｈ・シャイン著、金井壽宏監修、金井真弓訳）には**「世の中にはUuhelpfulなhelpが満ち溢れている」**と書かれています。「Uuhelpful - help（アンヘルプフルヘルプ）」、〝非支援的支援〟です。なんだか不思議な言葉ですが、つまり**支援する側が相手のことを考えて助けているつもりでも、その支援を受ける側には助けになっていないという状況**です。この奇妙な状況は、**助けるというドゥアブルがあったとしても、デリバラブルがなければうまく支援として機能しない**ということです。

helpful - helpつまり〝支援的支援〟についてはみなさんが経営学等の教科書として使ったこともあるかもしれない『企業の人間的側面―統合と自己統制による経営』（ダグラス・マグレガー著、高橋達男訳）がヒントになります。企業が人間から成り立っている限り、ひとを大切にすべきだという人間観として、皆さんご存知のY理論を提示したからです。人事は、Y理論が提示するように、人間主義的に、働くひとにおおいに助けになるということ、その大切さをマクレガーは説いたわけです。

会社の人が元気をなくしていた時、**ただ側にいてくれるだけで元気を取り戻すことが出来る、少なくとも人材のケアプロセスが効率化・改善されるような提供価値＝デリバラブルを明確に持ってさえいれば、人事・人材開発部門の〝役立ち感〟も日の目を見る**はずなのです。いわば、親友や恋人ならやってくれるようなこと、そのひとがいるおかげで働くひとが元気になる人事部になっていますかという問いかけをしたいです。こうした表現では気持ちわるいと思われる人がいるかもしれませんが。

相手に役立つ、相手に喜ばれる形で支援できているかどうかによって、よりデリバラブルな提供価値に近づくのかなと思います。

企業を支える「メンテナンス」

ここからのセクションでは、より具体的に提供価値（＝デリバラブル）と支援を手がかりにして、人事・人材開発部門のあり方について考えるための思考ツールをご紹介していきましょう。たとえば『企業の人間的側面―統合と自己統制による経営』（ダグラス・マグレガー著、高橋達男訳）のスポーツのメタファーも有用です。

スポーツの世界には、選手がよりよいプレイができるように育てる「コーチ役」と、「アウトとかセーフとか」を判断する「ジャッジ役（審判）」がいますね。試合がきちんと行われるためには両方が大切です。しかしなんと、ダグラス・マクレガーの『企業の人間的側面』によれば**「人事・人材開発部はこの両方の役割を行っているため注意が必要である」**わけです。これは名言だと思いませんか？　コーチ役も審判役もやっているというわけです。（ちなみに、絶版になっている翻訳書では、これを、コーチの役と裁判官の役と訳されているので意味が通じません。ここのジャッジはスポーツのたとえでマクレガーが語っているから、審判と訳さなければならないのに、高橋達男さんの訳では、裁判官となっていました）

正しい訳で理解してもらえば、スポーツでイメージできるでしょう。できるかぎり人を大事にする会社であるというスローガンを掲げて、育成も行いながら、いざ昇進・降格判断の側面になると「セーフ・アウト」をジャッジする役回りもこなさなければならないわけです。

たとえば人材育成であれば、目の前の人材を育てるコーチ役なので共通してデリバラブルな価値に近い。一方で、「採用活動をやっています」「昇進のマネジメントをやっています」「給与体系の整備をやっています」。中には「(ここは文字通り、従業員にまつわる)裁判も実際にやっています(!?)」といったものは全部ドゥアブルな価値になりがちです。実務的にはどちらかというと後者の割合が多いのではないでしょうか？　こうした部分でも、働いている人にとってどういった価値を提供することになるかを考えることでよりデリバラブルな人事・人材開発部門の提供価値が模索していけそうです。

後述しますが、リーダーシップについて考えることも人事・人材開発部門の役割を考える上で欠かせません。三隅二不二先生の「PM理論」では、**リーダーシップはパフォーマンス(Performance：目標達成能力)とメンテナンス(Maintenance：集団維持能力)の2つの能力要素で構成される**としています。業績を達成するために集団を導くが、業績がうまく達成されない時も、「困ってることない？」「何か僕にできることない？」と、不安要素を洗い出してメンテナンスをするのが真のリーダシップのあり方です。

メンテナンスを説明するときに参考になるのが、私が尊敬している臨床心理学者、平木典子先生のエピソードです。平木先生がある会社の部長クラスを集め、ストレスマネジメントについて講義をされた時のことです。そこで彼女は「ビジネスの世界における行動の原理がタスク中心になりすぎていて、心配や心の面のメンテナンスが全然できていない」と言及し、ミシンを例に出したのです。

「お母さんが子どもの服を縫うためのミシンはただの機械だけれど、お母さんはちゃんと油をさしたりしてミシンのメンテナンスをするものです。普通のお母さんが機械に対してでもメンテナンスしているのに、みなさんのような部下を何十人も抱えている部長が、人材のメンテナンスをしていなかったら一大事でしょう?」

非常に面白いメタファーです。この喩えには、感動いたしました。人事・人材開発部門の仕事の中でも給与にまつわる部分などは完全にタスクという側面ですが、人に関わる部分、たとえばコンフリクトがあったりすれば調停や面談などのメンテナンスを行うことが大切ですね? 私はこの会社に働いてくれている人びとを大切にケアする**メンテナンスという役割、もしくは提供価値は人事・人材開発部門の仕事で欠かせないように思います。**

先ほどヒューレット・パッカード社の創業者のひとりであるデイビッド・パッカードの発言を

引用しましたが、あの言葉には続きがあります。

「わが社には人事部はいらない。人事というのはすべてのひとの責任であるべきだ。…その理由は、人事（personnel）というのは、すべてのひとの責任であるべきだとわたしは思っていたし、だれか（人事部みたいなもの）がそばにいて、その仕事をそこに回すようなことは、わたしの望むところではなかったからだ」という言葉です。この言葉に初めて、ふれたときに、わたしは感銘を受けました。HP社の人事部を訪ねたときも、これを第一に想い起こしました。

その一方でもう一人の創業者であるウィリアム・ヒューレットはこう語っています。

「人事部の役割は、経営の質を高めることだ」

ヒューレット・パッカード社はこの2人の創業者がガレージから作った会社であり、ある時期まで人事の問題も自分たちで受け持っていた時間が長いため、創業者のお二人はこうした大切な思いを語っています。その一方でHPのHの方、つまりヒューレット氏は、わざわざつくるのであれば経営の

Photo6-2　経営の質を高める人事部

クオリティーそのものを高めるものであるべきだと主張しているわけです。つまり**メンテナンス的なことを行う人事が、タスク的な企業戦略としっかり結びつくことが大切**だと説いているわけです。つまり、経営にも資する人事というわけです。今も大切な発想ではないでしょうか。

また他方で、GEの最高経営責任者であったジャック・ウェルチは、ひとの問題に関して、

「CEOの仕事の8~9割は、ひとの問題だ」

と語っています。CEOレベルになると、一般的には持ち時間の8~9割は戦略などのタスクに配分されていそうですが、ウェルチの考えは全く逆で、**メンテナンスこそが企業を支えている**と説いているかのように、CEOは大半の時間をひとの問題に費やしていると明言したのです。

これらの言葉は人事・人材開発部の役割について考える大きなヒントを与えてくれますね。

被支援者が陥りやすい罠と、支援者が陥りやすい罠

『人を助けるとはどういうことか　本当の「協力関係」をつくる7つの原則』(エドガー・H・シャイン著、金井壽宏監修、金井真弓訳)から少し引用したいと思います。同書では「クライアントが陥りやすい5つの罠」「支援者が陥りやすい6つの罠」と紹介されていますが、これをク

ライアント＝被支援者を会社の従業員、支援者にあたるのが会社の人事・人材開発部門、という観点で見て読み替え、さらに支援者側の目線から読み解きたいと思います。同書をお持ちの方はぜひ本を開いて読み進めていただければと思います。以下に述べさせていただくことについては、支援者は、人事部のひとたち、被支援者は、その会社で働く（人事以外の）ひとたちとお考えください。

さてまずは「クライアントが陥りやすい5つの罠」です。

① 最初の不信感
② 安堵
③ 支援の代わりに、注目や安心感、妥当性の確認を求めること
④ 憤慨したり防衛的になったりすること
⑤ ステレオタイプ化、非現実的な期待、（対人）知恵の転移

最初の不信感というものは、慎重な被支援者が不信感から真の問題を隠してしまうという罠です。たとえば医者のもとにやってきた患者が「先生、なんだかよく眠れないんですよ」と話す時は、実のところ、夜に激しい発作を起こして不安になっているということを伝えたいが、初対面での不安から本当のことにオブラートに包んで伝えてしまうというものです。こうした時は支援者が「どうしたんですか？」「何か思い当たる症状はありますか？」と対話しなければ、ずっと本質的な解決に結びつかない診断をしなければならないことになります。

安堵は、たとえば被支援者が、自分を支援してくれる人とようやく出会えたことで安堵感を感じること自体はネガティブではないのですが、過度に支援者に依存的になると結局、被支援者本人が救われないというジレンマに陥る危険性があることを指しています。

支援の代わりに、注目や安心感、妥当性の確認を求めることは、「我々には問題がありましたが、それに対処したことをとても誇りに思っています。そう思いませんか？」と自分への注目を求めること。「私が計画しているのは◯◯です。これは進めてもかまわないコースですよね？」とただ安心感を求めること。そして、「ここで私がやったことをあなたに判断していただきたい」と妥当性の確認だけを求めることなどに終始してしまうと、結果的に支援者への責任転嫁に繋がる恐れがあり、支援者が**憤慨したり防衛的になったりすること**を誘発してしまいかねないという罠です。

ステレオタイプ化、非現実的な期待、（対人）知恵の転移とは、被支援者が、過去の主観的経験から非現実的な期待を支援者に押し付けてしまうという罠です。たとえば新しい人事施策について、初期段階からいきなり否定的な態度をとったりしてしまう被支援者がこれにあたります。支援者はここでもやはり対話を通して、被支援者が過去の人事施策にどのような評価をしているかを最初に洗い出しておく必要があると言えるでしょう。

続いて、「支援者が陥りやすい6つの罠」です。見ていきましょう。

① **時期尚早に知恵を与える。**
② **防衛的な態度にさらに圧力をかけて対応する。**
③ **問題を受け入れ、（相手が）依存してくることに過剰反応する。**
④ **支援と安心感を与える。**
⑤ **距離をおいて支援者の役割を果たしたがらない。**
⑥ **ステレオタイプ化、事前の期待、逆転移、投影。**

支援者というものは、前提として、被支援者よりも上の地位です。よって、**時期尚早に知恵を与える**ことでさらにその立場関係を明確化してしまうことになり、人間関係に問題を作り出してしまう場合があるため、ここに注意が必要です。

支援者が助言を与えたにもかかわらず、被支援者がそれを実行していない時に、「私の提案を理解していないようですね。もう一度説明させてください」と被支援者の**防衛的な態度にさらに圧力をかけて対応する**と、支援・非支援の関係が破綻してしまうことがあります。こうした時は公平な支援関係の構築を振り返る謙虚さが求められるでしょう。

また、**問題を受け入れ、（相手が）依存してくることに過剰反応すると**、問題に被支援者が積極的に参加することを阻害してしまい、結果的に機能不全に陥ることがあります。そこでさらに**支援と安心感を与えると**、被支援者の地位の低さを助長してしまう場合もあり、ここでも注意が求められます。

このような罠を避けようとして**距離を置いて支援者の役割を果たしたがらない**のも、また、罠なのです。適度な距離感は、支援者と被支援者のベースとなる人間関係に依存します。つまり友人なのかビジネスライクな関係性なのかによって距離のとり方は変わるということです。客観的に見て距離をとっていかないと、「あなたの問題にはまったく関わりたくない」という意図しない不都合なメッセージを相手に伝えてしまうことにもなりかねません。

被支援者の罠にも似ていますが、支援者が過去の主観的経験から**ステレオタイプ化、事前の期待、逆転移、投影**をしてしまうと、被支援者にとって不利益なことになる恐れがあります。たとえば目の前にいる人が、以前関わった嫌な人と似たタイプの人だからといって、不適切な対応をしてしまうことなどが挙げられます。いかに似ている人であっても、その人はまったくの別人であり、支援者の主観的経験によって存在を定義されるべきではありません。

こうした罠を事前に知っておくことで、日頃の業務において自分が客観的になれるチャンスを作り出せるでしょう。ぜひチェックリストとして役立ててみてください。

バーンアウトの危機管理

罠とのつながりでお話を進めると、人事・人材開発部門で仕事をする時に注意しておかなければならないことがあります。それは「バーンアウト」つまり「燃え尽き症候群」の危機への理解です。なんと**燃え尽き症候群というものは人を扱う仕事から見つかったもの**なのです。人事・人材開発部門としてはまったく他人事ではありませんね。

以下、神戸大学の管理会計のグループから教わった研究を下敷きにしながらお話しますと、「原価企画（開発段階から原価の問題を取り扱う）」という考え方は日本の企業から出てきたといいます。原価企画で事業を進めていくと、事業を円滑に進めるため、数字だけを扱うはずの部署である経理部の人も、開発チームとして仕事を進めていかなければなりません。

そうなると、普段から経理部のやり方に批判がある事業部の人や、そもそも数字を開発に持ち込むこと自体を毛嫌いする技術者たちといっしょに仕事をしなければならないため、たくさんのコンフリクトが起こります。その時、普段はどれだけ煩雑な数字を処理していても大丈夫だった経理担当者が、次々とバーンアウトしていくといいます。数字で頭を使っても燃え尽きることはありませんが、対人関係がからむと事情は大きく違ってくるというわけです。

また、同様のことは、研究開発部門でも起こります。たとえば、たったひとりで、いわば机の下で隠れて行われる〝ヤミ研究〟を何年間も研究所長や研究リーダーに知られずに秘密裏に実施して、その長い間タスク面で試行錯誤を繰り返していてもバーンアウトは起こしませんが、事業部長とそりが合わない等の人的な問題が絡んでくると突然バーンアウトを引き起こすということもあるようです。

「ひとりでできないことがこのメンバーでならできる」といったポジティブな作用がある一方で、人間関係はモノとちがって気を使いだすときりがないのです。それは、長引くときには、バーンアウトにつながります。

こうしたことも、人事・人材開発部門として支援を考える上で考えるべきことのひとつでしょう。また、自分の部署が社内で一番バーンアウトの危機に直面しやすいことも念頭に置いておきましょう――なにしろ、ひとの問題を扱う専門職能部門ですから、燃え尽きやすい理屈です。いくら人事部が使命感をもって、わが社で働く人びとを支援していても、ひとの問題を扱うストレスから人事部のスタッフが疲れて燃え尽きてしまったら、「ミイラ取りがミイラに」なってしまいます。それでは、元も子もありません。

「サーバントリーダー」としての人事・人材開発部門

人事・人材開発部門のあり方を考えるための思考ツールをいろいろとお話してきました。最後のセクションでは少し観点を変えて支援を見ながら、まとめに入って行きたいと思います。

「支援する＝奉仕する」ということではもちろんありませんが、支援者は被支援者に対して助けになること・役に立つことを行うということと、その行為に対して卑屈にならないという点において、**支援は「serve＝奉仕する」面も持っています。**

「サーバントトリーダー」という言葉をご存知でしょうか。この「サーバント」というのは「servant＝奉仕する人」という意味で使われていますが、語義としては召使や奴隷に当たります。一見矛盾する言葉が並んでいるように思えることも人々の注目を集めました。リーダーというのはやはりトップに立って、組織を牽引するというイメージがありますよね。しかし**サーバントリーダーというものは、組織のメンバーに支援を与え、メンバーそして組織の潜在能力を引き出すために「奉仕する」マネジメントを行うリーダー**を指します。アメリカのAT＆Tでマネジメント研究センター所長を務めたロバート・グリーンリーフによって定義された概念で、1977

年に出版された『サーバント・リーダーシップ』（ロバート・グリーンリーフ著）はベストセラーになっています。

ロバート・グリーンリーフが在籍した当時のＡＴ＆Ｔは一番多い時には従業員が１００万人はいたと言われています。そんな会社なのでキャリアの最後の段階では、この巨大企業をどう経営するかを考えないといけないわけです。彼はＡＴ＆Ｔ社のマネジメント研究センターの所長であったため、様々な文献を読んだり、ＭＩＴなどの大学の理事も歴任し、教育にもとても深い興味を持っていました。

そして彼は、ちょうどベトナム戦争の頃、若い人々が「国のリーダーにはろくなやつがいない」と騒ぎ出したことを目の当たりにします。そこで、「リーダーシップ自体は悪くない、若い人にも興味を持ってもらわないと困る」と考え、いわばワクチンとして、それまでのリーダー像を覆すサーバントリーダーという考えに辿り着いたのです。

とはいえ組織が目指すミッションに繋がらない「媚びる奉仕」であればただのサーバントになってしまいます。**サーバントリーダーは、あくまで組織の目標やミッションを実現しようとしているフォロワーに奉仕する**というところがポイントです。

そして**人事・人材開発部門の役割が「組織が目指すミッションを実現する上での人の問題に尽**

くすこと」とした場合、提供価値はサーバントリーダーの側面を持っていると言えるでしょう。

また、ラリー・スピアーズによってサーバント・リーダーシップに求められるべきことが整理されているのでご紹介したいと思います。彼はサーバント・リーダーシップの概念をつくったロバート・グリーンリーフの考えを広めるためにつくられた「ロバート・グリーンリーフ協会」の理事長経験者でもあります。

これらはサーバント・リーダーシップ協会での中で議論されたことであり、サーバント・リーダーシップについて書かれた文献にも書かれていることです。

・Listening（傾聴）
・Empathy（共感）
・Healing（癒し）
・Awareness（気付き）
・Persuasion（説得）
・Conceptualization（概念化）〝dream great dreams〟
・Foresight（見とおし、予見力）
・Stewardship（管理責任）

・**Commitment to the growth of people**（人びとの成長にかかわる）
・**Building community**（コミュニティづくり）

サーバントリーダーにとって最も大切な素養はきちんと聴く耳を持ち、**Listening**（**傾聴**）をすること。そして被支援者がミッションにがんばっている時、嬉しい時は自分のことのように喜ぶように**Empathy**（**共感**）すること。そして、「この人といっしょにいると何だかほっとする」というような**Healing**（**癒し**）を与え、時に触発し合う**Awareness**（**気付き**）も与えること。また、奉仕をするわけだから、今やっていることの理由や意味合いを見出し、組織内の利害関係者に**Persuasion**（**説得**）することが求められます。

さらに、サーバントリーダーは、この会社をどうしたいかを常に考えなければただのサーバント、つまり召使になってしまいます。召使にならないために必要なことは、**Conceptualization**（**概念化**）を明確に行うことです。その上で、将来への**Foresight**（**見とおし、予見力**）をも持ち合わせなければなりません。

また、被支援者だけに任せるのではなく、自分で**Stewardship**（**管理責任**）を果たすことも求められます。そしてミッションに向かい、積極的に**Commitment to the growth of people**（**人びとの成長にかかわる**）ことを行い、人としてのつながりにも価値を感じられる場にするための

Building community（コミュニティづくり）に関わらなければなりません。

最後にまとめとしてロバート・グリーンリーフ自身の言葉も引用しておきましょう。「奉仕していながらもリードしているという自覚は持つべきだ」ということを明言しています。

・リードするという個人の側の意識的なイニシャティブ「I will go; come with me.」と言う。
・いったい何をやりたいかがわかっている。大きな夢、ビジョナリーなコンセプト、究極のコミュニケーション
・傾聴と理解（サーバントはまず第一に聞く）
・言語と想像力
・控えることをしっている（withdrawal）
・受容と共感（サーバントには断られない）
・知り得ないことを知り、予見し得ないことを予見する（しかし、この感知力、予見力は、超自然的なものではない）直観、信頼、決断
・見とおし（foresight・これがないと倫理的にもダメ）
・気付きと知覚　If the doors of perception were cleansed, everything will appear to man as it is, infinite.（William Blake, Jim Morrison）

・説得（まさにそのときそこにいてアクションを伴う）
・癒しと役立ち（healing and serving・尽くすこと）

キャリアの中で人事担当者になったり、ラインマネジャーとして人の問題を扱ったりする時、**ミッションの名の下にサーバントとして振る舞うことが結果においてリーダーシップを発揮する**という視点を持っておくと、提供価値を考えるヒントになるかもしれません。

WRAP UP

中原です。前回アキレスさんからいただいたお話は、一言で述べますと、「つなぐ」ということでした。人事・人材開発の仕事における「つなぐこと」の大切さを、アキレスさんは実践をもって明示してくれました。そして、今日の金井先生のお話と関連づけて考えるならば、人材開発の仕事とは、実際に自分が動き、情報を集め、適切な人・ラインを「つなぎ」、「相手が本当に求めている支援」を出来る限り提供していくということになりそうです。そうしたことを通し、組織や経営に付加価値を与え、デリバラブル、提供価値をもたらすことがネットワーカーとしての人事・人材部門のあり方だというお話でした。以前、トヨタ自動車の方に伺った話ですが、その方は、「人事の仕事を〝現場を回るようにする〟こと」と定義しておられました。ここで「回る」とは、現場の中を物理的に移動することではありません。現場を「機能」させ、成果がでる環境をつくるということです。様々なステークホルダーや情報を「つなぎ」、現場に「helpful help」を提供することが求められています。

そして、これらを実際に推進していくとき、金井先生のお話にあったサーバント・リーダーシップの理論の中にもある「ミッション」の位置づけというものがさらに重要になってくると感じました。

ところで、今日幾度となく出てきた「支援」という言葉ですが、考えれば考えるほどに難しい言葉です。僕は、極論的にはいろんな矛盾を抱えている言葉だとも思います。

支援というものは小橋先生（２０００）の『支援学』によると、下記のように定義されます。

「支援とは、何らかの意図をもった他者の行為に対する働きかけであり、その意図を理解しつつ、行為の質を維持・改善する一連のアクションのことをいい、最終的な他者のエンパワーメントをはかることである」

なるほど、と読み進めてしまえますが、よくよく読んでみると、支援の難しさが如実に感じられる定義です。

まず第一に、相手の**「何らかの意図」を理解しなくてはなりません**。この「何らか」を明確にしなければならないのです。そのためには先ほどのスピアーズの**Listening（傾聴）**が大切になってきますね。しかし時には、相手と同調したり、自分の価値観に変更を迫られることもあるでしょう。つまり、極論すれば**「自分は変わりたくない」という人は、支援そのものができない**のではないでしょうか？　自分が変われなければ、望まない形で支援をしてしまったり、支援の無理強いにも繋がりかねないからです。

さらに言えば、多様な人を相手に均等に支援を行うことも困難です。伸びていこうとする人、変わろうとする人など、様々な人に同じ効果をもたらす支援を提供することはほぼ不可能です。

第二の難しさは、**実際に行動をするのは支援している側ではなく、被支援者**であるということです。何らかの意図を持って動こうとしている他者を助け、組織のミッションに符合した行動を引き出すわけです。ここには様々な不確定要素があります。

第三は、定義には「エンパワーメントする」とありますが、**支援者がエンパワーメントするための手段や明確なビジョンを持ち合わせていないといけません**。いざ支援しに行って打ち手がないということになると、ただ情報を知っているだけの〝便利屋〟になってしまいます。

第四の難しさは、**支援は必ず解除され、支援者と被支援者は別れる運命にある**ということです。最終的には被支援者に自立的な成長が促されることが大切です。でなければ過剰支援になり、相互依存に陥ります。依存関係は心地よいこともありますが、自立を促されなければ、本質的には被支援者のためにならないのです。

「支援」、たった漢字2文字の言葉ですが、秘めている難しさとともに深さも感じていただけたかと思います。

次回は職場での人材育成を扱います。現在、人材育成の言説は、「職場・現場で人は育つ」ものということに大きく振られているように思います。それ自体は悪くないのですが、つまり、人材育成の責任がマネジャーに大きくのしかかっているということです。

そうした状況下で、現場のマネジャーはどう支援を考えていくべきでしょうか？　わたしたちの「学び」の旅は、まだまだ続きます。

SESSION 7

「職場の学び」を科学する

東京大学大学総合教育研究センター
准教授
中原　淳

●講師プロフィール

東京大学 大学総合教育研究センター 准教授。東京大学大学院 学際情報学府(兼任)。大阪大学博士（人間科学)。北海道旭川市生まれ。東京大学教育学部卒業、大阪大学大学院人間科学研究科、メディア教育開発センター（現・放送大学)、米国・マサチューセッツ工科大学客員研究員等をへて、2006年より現職。「大人の学びを科学する」をテーマに、企業・組織における人々の学習・コミュニケーション・リーダーシップについて研究している。専門は経営学習論(Management Learning)。

著書に『職場学習論 ― 仕事の学びを科学する』(東京大学出版会)『経営学習論 ― 人材育成を科学する』(東京大学出版会)『研修開発入門 ― 会社で「教える」、競争優位を「つくる」』（ダイヤモンド社)『駆け出しマネジャーの成長論 ― 7つの挑戦課題を「科学」する』(中央公論新社)、共編著に『職場学習の探究 ― 企業人の成長を考える実証研究』(生産性出版)、『活躍する組織人の探究 ― 大学から企業へのトランジション』(東京大学出版会)『リフレクティブ・マネジャー ― 一流はつねに内省する』（光文社）などがある。

研究の詳細は、

Blog：NAKAHARA-LAB.NET（http://www.nakahara-lab.net/)。

Twitter ID : nakaharajun

INTRODUCTION

時に悩ましい横文字の「根っこ」

今回は僕のセッションです、どうぞよろしくお願いします。今までのセッションを振り返りながら、「職場の学びを科学する」というテーマでお話したいと思います。

実際の講演にはいるまえに、ここまでの講義も含め、人材育成や学習研究の分野等で度々出てくる横文字について少し触れておきたいと思います。前回の金井先生のセッションでは、エドガー・H・シャイン先生の「支援」に関する議論がでてきましたが、この「支援」の具体的な手法として、「ファシリテーション」とか「コーチング」などの横文字ワードがたくさんでてくるのですね。

たとえば、本の向こう側におられるみなさんの中には「コンサルテーションとファシリテーションは何が違うのか?」と考えたことがある人もいるかと思います。また今日の話題の中にも、「メンタリング」といった言葉がでてくることと思います。読者の方々の中には、これに類する概念でファシリテーション、コーチング、メンタリング、ダイアログといった横文字の多用に悩まされることもあるかもしれません。

これらの言葉の根底には、**社会構成主義**という考え方があります[1]。これは「**端的に述べるならば、真実や問題解決は、人々の相互作用の中から生まれる」という考え方**です。21世紀を代表する哲学的立場であり、今を生きる人々、様々な物事は、この思想の影響を知らず知らずのうちに受けていています。「人々の相互作用から何らかの問題解決をしていこう」という根っこは共有しながら、それぞれのニュアンスによって派生していった言葉たちが、先ほど僕たちが掲げた横文字なのです。

たとえば**ファシリテーション**というものは、人と人とのやりとりやプロセスをケアすることです。似ている言葉に**コーチング**というものがありますが、コーチングはある人の課題や目標をともに見出し、さらに現在の立場にコーチ役が関わることによって、ある人のアクションを決定することをいいます。

さらに**プロセスコンサルテーション**という言葉もよく目にするかもしれません。これは、**コンテンツコンサルテーション**の対義語です。コンテンツコンサルテーションというものは、たとえば僕が他の人には持ちえない特殊な知識・スキルを持っていて、それを持っていない人にそれらをそのまま提供するということです。これに対し、プロセスコンサルテーションは、どこかの企業の会議などで人々が対話したり、議論したりする過程に参加し、人々が協力的に問題解決することを支援します。

メンタリングは、上位者―下位者の発達支援を指します。一対一だったらメンタリングになりますし、「一対n」、つまり僕ひとりに何人もの人が割り当てられる場合は、**発達ネットワーク(Developmental Network)** と言ったりもします(2)。

ダイアログというのは「**ディスカッション**」と対をなす言葉ですね。ディスカッションというのは人々で話しあい、意見をたたかわせ、最終体には意思決定をすることです。一言で言うと「決める」ことを指します。一方で、ダイアログ（＝対話）は参加者がフラットな関係のもとで、お互いの意見を述べ、各人・自分の前提（Assumption）について探り、理解を深めることをさします。ひと言で述べるならば「前提の探究」です(3)。

こうした横文字は無限にあり、さらに無限に生まれてきますが、その細かいちがいに躍らされ

■注

(1) Gergen, K. J.（著）、東村知子（訳）（２００４）『あなたへの社会構成主義』ナカニシヤ出版。中原淳・長岡健（著）（２００９）、『ダイアローグ：対話する組織』ダイヤモンド社

(2) Higgins, M. C. (2000) The more, the merrier? : Multile developmental relationships and work satisfaction. *Journal of management development*. Vol.19 No.4 pp. 277-296

(3) Mezirow, J. (1991). *Transformative dimensions of adult learning*. San Francisco, CA: Jossey-Bass

る必要はありません。「決めること」は必ずしも求められていません。求められているのはお互いの「前提」を知ることです。常に根っこは同じなのです。**社会構成主義**という哲学的立場を基盤として、現象としてあらわれうるものが、それらの概念だ、と考えて頂ければ結構です。そして、今日の職場の人材育成を考えるうえでの根幹も、社会構成主義の影響を受けているともいえます。

LECTURE

職場の学びを科学する —— 中原淳

失われた職場、いかに取り戻すか

それではレクチャーに入って行きましょう。今日のテーマは、テーマは職場の人材育成です。まずは少し遠回りになるかもしれませんが、今、職場ではどんな人材育成の問題が生まれているのかについてお話していきましょう。

図表７-１

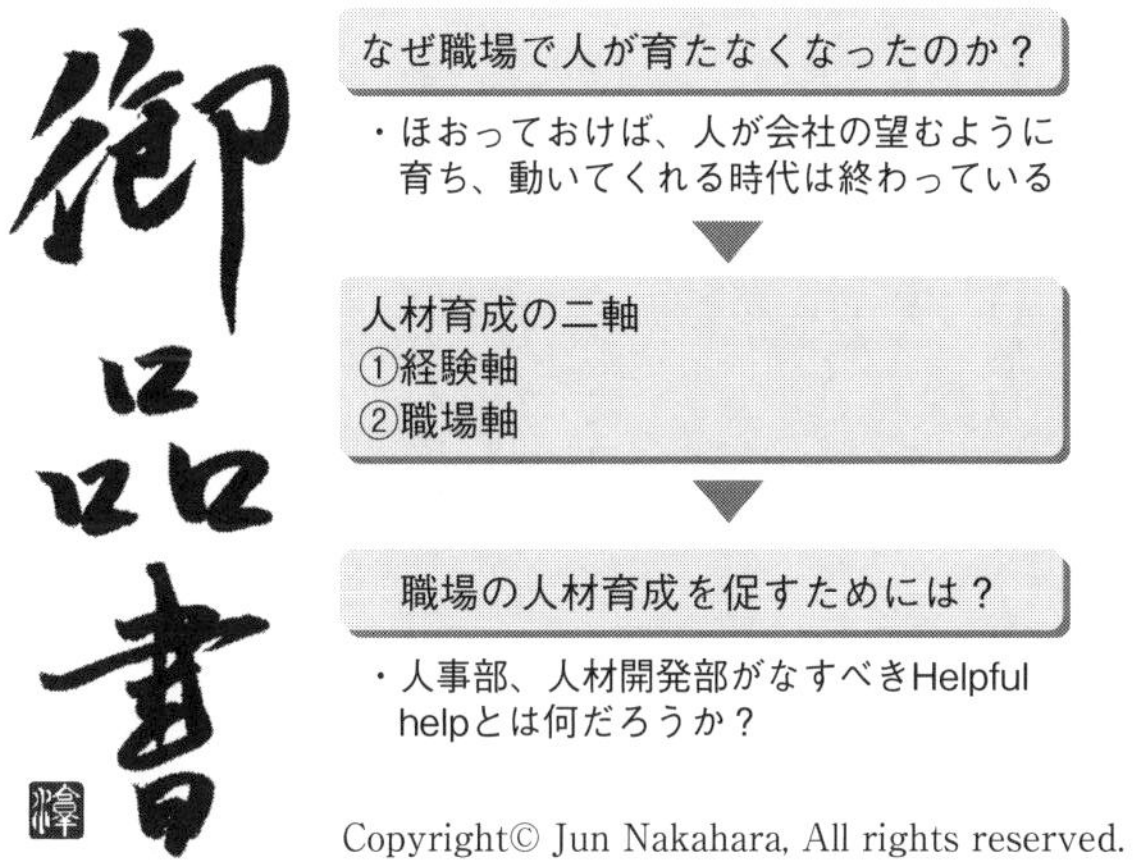
御品書
なぜ職場で人が育たなくなったのか？
・ほおっておけば、人が会社の望むように育ち、動いてくれる時代は終わっている
人材育成の二軸
①経験軸
②職場軸
職場の人材育成を促すためには？
・人事部、人材開発部がなすべきHelpful helpとは何だろうか？
Copyright© Jun Nakahara, All rights reserved.

今日の僕のお話は**図表７-１**のスライドのような流れでいきたいと思います。折にふれ、今までのセッションで各先生から頂いた話を少し振り返りながら考えていきたいと思います。

さて、まずなぜ今職場での人材育成がうまくいかなくなったのかについてですが、わたしはいくつかの仮説を掲げて、この理由を探究しています。これらは実証することが難しいのですが、実際はいくつかの理由が絡み合い、現在のような状況が生まれているのだと思います。

まず、知っておきたいのは**職場変化仮説**です。これはワンワードで言い切ってしまえば「**職場が暗に果たしていた制度化されていない人材育成の機能が弱体化**」したということですね。守島先生の議論と関連づけるのならば、「**職場の寒冷化**」とも無縁ではありません。

かつての日本企業における人材育成は、**デザインしなくても、結果として、職場人材育成ができてしまうような諸条件が揃って**いました。つまり年功序列や終身雇用といった日本的経営があり、人間関係が密接な職場、という三要件が揃っていたのです。それが、うまく整合していたのですね。この環境さえあれば、人材育成を制度としてデザインしなくても人が現場で育っていたのです。具体的には、

・「長時間労働」をしていればPedagogical Moment（教育的瞬間）に居合わせることができた。

・「密接で面倒見のよい人間関係」が存在する＝組織フラット化の前の「次長」などの存在。先輩社員が勝手にロールモデルを担ってくれていた。

こうした条件が揃っていれば、**ＯＪＴが意図的にデザインされていなくても、また、人材育成が施策や制度として確立していなくても、人を職場に放り込めばおのずと仕事ができるようになっていたのです**。つまり、**かつての人材育成は偶然の産物として成立**していたのです。

しかし、これは職場寒冷化もそうであるように、職場が変化した今、失われつつあるのです。それが職場変化仮説ですね。

一番大きなものは雇用慣行の崩壊が挙げられるでしょう。リストラによって組織から人がどん

どんいなくなっていくというのも大きな社会問題です。

・「終身雇用」「年功序列」などの雇用慣行の崩壊

・リストラクチャリング（いわゆるリストラ）の進行

・面倒見のよい先輩、次長、教育係の不在

人材教育においていちばん大きな問題は、職場が多忙化し、マネジャーの時間がどんどんなくなり、進捗管理や育成に手が回らなくなってしまうということでしょう。しかし忙しくなったとはいえ、成果は出さなければいけないので、**マネジャーが仕事ができる人に優先して仕事を振っていく**という状況が生まれます。

仕事ができる人に仕事を集中させていくと、**当然仕事が出来る人はどんどん成長しますが、振られない人、つまり仕事ができない人はいつまでたってもできない**という状況が生まれます。ちなみにある調査によると、日本の企業における55・６％の人が「仕事ができる人に集中している」という質問に「Ｙｅｓ」と回答しています(4)。

こうした状況が進行すると、人材の育成に陰りが見え始めます。すなわち、

■注

(4) 労働政策研究・研修機構（２００６）『変革期の勤労者意識』労働政策研究・研修機構

1．できるかもしれないし、できないかもしれない人（≒あぶなっかしい人）に、敢えて、仕事を振ることが難しくなる。
2．適切な経験者からフィードバックをもらうことが難しくなる。

という状況が生まれるわけです。

みなさんもお分かりのように、誤解を恐れずに言えば、**人材育成というものは非常にリスキーなものです**。なぜなら、業務達成を第一義として捉えれば、出来る人に仕事を振ることは簡単であり、アウトプットも安心です。出来ない人に仕事を振ると、ディレクション等にも手間がかかり、アウトプットも不安です。

しかし、できるかもしれないし、できないかもしれない状況で敢えて「やってみるか」と仕事を振られ、**適切な経験者からフィードバックをもらうからこそ人は育つ。業務達成ばかりを優先して、できる人にばかり仕事が集中すると、だんだん人が育たなくなるのです**。このように、かつては整合していた雇用条件をふくめた様々な要因が見直され、職場が変化していく。それによって、人材育成が機能不全に陥ったとするのが職場変化仮説ですね。

さて、セッション1のワークではレゴを使って昔の職場と今の職場を作っていただきました。つくっていただけた方、自分がどんな職場を作ったか覚えておられますか？

昔の職場はわりと人が多く、レゴ人形（＝人）全員が同じ方向を向いていて、人形の間隔が狭く作られる傾向があると言われています。一方、今の職場になると、倒れている人が出てきたり、レゴ人形がばらばらな方向を向いていたりするものです。職場が多様化しているのです。

こうして職場での人材育成がうまく機能しなくなっていき、２０００年に入って、「なんとかしなきゃ」ということで、戦略的に人材開発を進めていく機運が生まれ、今に至っています。

ちなみに企業内教育の歴史を少し振り返っておくと、戦前はそもそも体系化された企業内教育はなかなか見出せません。住み込みや徒弟制によって技術や文化が継承されていました。それが１９５０年代に入り、管理者教育、リーダーシップ教育が官庁主導によって、教室での座学形式で行われていきます。制度が生まれたのです。

その後、日本が高度経済成長期に入り、大量の労働者を必要とするようになるとＯＪＴの考え方が導入され、人材育成が本格化していきます。

そして１９８０年代にはＭＢＡ教育なども推進されていき、90年代以降は、ロジカルシンキングやコーチングのブームがおきます。これらの多くは「教室」での学習でした。

そして今、「現場や職場での人材育成」に再び注目が集まっています。ここだけ見ますと高度経済成長期に逆行しているようにも見えますね。ただの一過性の温故知新ではなく、時は流れ、歴史は繰り返していくかのようです。

松尾先生のセッションを思い出してみましょう。松尾先生のセッションでは、

仕事経験から学ぶ：他者から学ぶ：研修・書籍等から学ぶ＝70：20：10

というモデルが紹介されていました。人が仕事をしていく上での能力や知識を向上させていくには、何よりも仕事経験が必要だということです。**7割の現場の実務経験から人は学ぶ**のです。

では、そもそもなぜ歴史の中で職場での学びが見失われたのでしょう？　その背後には、現場をブラックボックスとした「施策－成果」の関係を探究する研究・実践の隆盛があります。

1980年代SHRM（戦略的人的資源管理論）が日本に導入されました。このフレームワークでは、人材施策を行う時にどんなベネフィットが得られるか、つまり人材施策と得られるベネフィットの間だけが注目されました。ここまでは守島先生のお話にも会った通り、人材育成は**戦略に人材マネジメントをフィットさせる**使命を負うわけですから当然なのですが、ともすれば、人材施策と結果だけを見つめることにもつながりました。その場でもっとも見落とされていたのは、人々が日常の仕事をする**「職場」であったと思います。そこがブラックボックスとされる傾向がありました。**

先述した通り、80年代以降の企業人材育成はともすれば、教室での知識偏重主義に陥っていました。そのような影響もあり、能力形成の中心地である職場があまり注目されなくなったのかもしれませんね。

経験軸で見る職場の人材育成

では、実際にどのように職場での人材育成を推進していくかを考えていきましょう。まず現場で人を育てる時に大切にしたい2つの軸、**経験軸と職場軸**があります。このあたりは、拙著『駆け出しマネジャーの成長論』を一部参考・引用しつつ、お話しをいたします(5)。

「経験軸」…どんな仕事をふるか?

・人はストレッチ（背伸び）のある業務経験から学ぶ

①誰にどんな仕事を振るのか?

②仕事をどのように説明するのか?

③どのようにして振り替えさせられるのか?

■注

(5)　中原淳（2013）『駆け出しマネジャーの成長論』中公新書ラクレ。なお、このセッションでは、随所に同書より引用されている部分がありますが、本書の趣旨にあわせて一部補足・改変している部分があります。

図表7-2　経験軸の基本にある考え方

経験軸の基本にある考え方…経験学習サイクル
「仕事をこな」していないか？
背伸びの経験から学ばせているか？

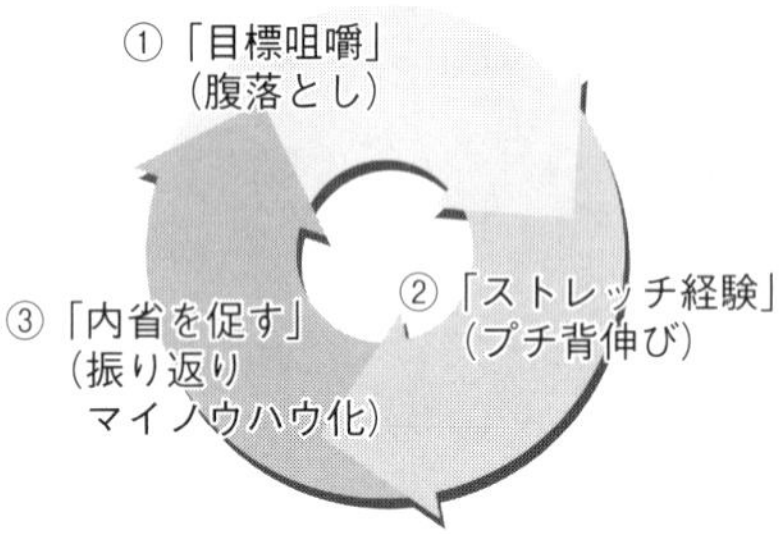

①目標咀嚼
仕事の意義／全体像
目標／前工程・後工程
などを意識させる

②ストレッチ経験
どんなにプチ工夫でも
プチ背伸びでもいい日
常を超えるストレッチ
経験をしているか？

③内省を促す
振り返りを促す

皆さんの職場の部下は、このサイクルが回っていますか？
大切な二軸：ストレッチ、振り返りからまずは説明します

「職場軸」…どんな職場をつくるか?

・人間の学習は他者とのコミュニケーションによって生まれる
・職場メンバーにいかに支援させるか?
・いかに職場コミュニケーションをよくするか?
・そこでいかに支援やフィードバックを受けるのか

人材育成は常に経験軸と職場軸2つで考えることが必要です。人材育成の課題に直面した時、常にこのバランスを取ることを必ず意識してください。片方に寄ってしまうと、かならずアウトプットも偏ります。

本セクションではまず経験軸からお話をしていきます。これは松尾先生のセッションでもお話さ

図表7-3 ストレッチ経験(背伸び経験)とは?

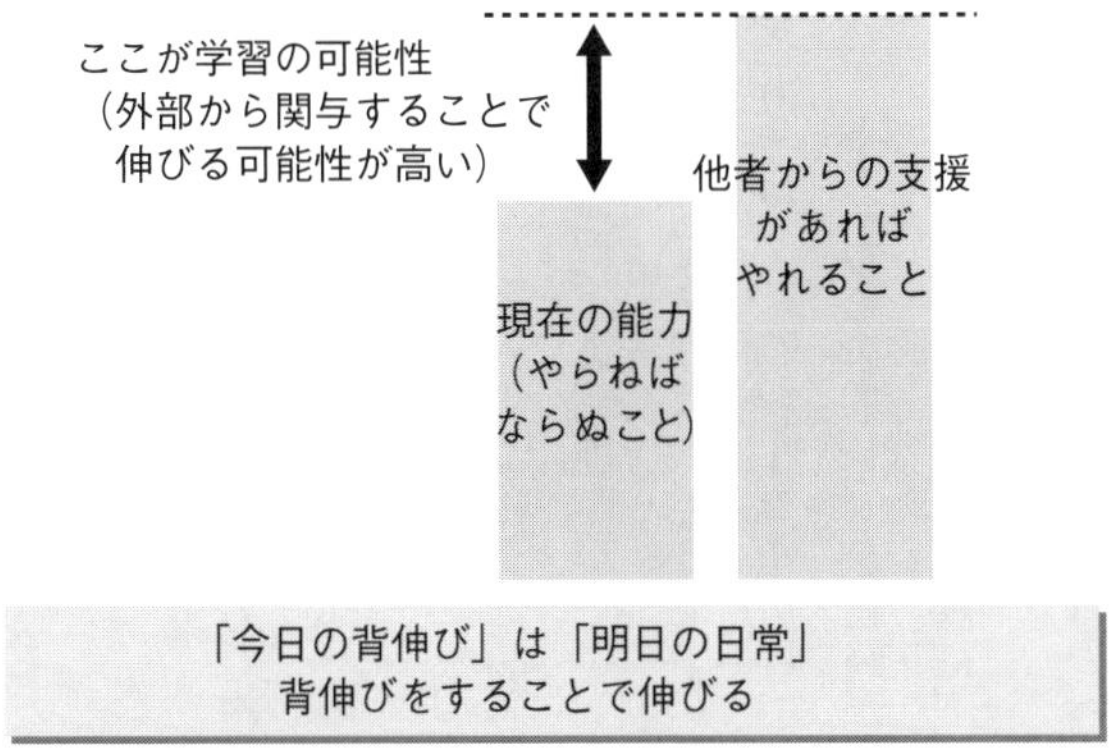

れていましたが、経験学習では**図表7-2**のモデルを回すことが大切でした。少し松尾先生のモデルと違うところもありますが、言いたいことは同じです。

「なぜ仕事をするんだろう?」「どんな全体像なのか?」「何を目指せばいいか?」など、仕事の意味付けをしていくのが**①目標の咀嚼**です。それが基盤となって、ではどんな仕事で背伸びをさせるかが**②ストレッチ経験**、そして振り返って持論を形成する**③内省を促す**です。このサイクルがぐるぐる回っているのが人材育成の良好な状態を保ちます。人材育成の健康診断としても使えるモデルです。

ここでひとつ思考実験ですが、みなさんが部下を持っていると仮定して、どのくらいのストレッチを与えますか? 能力を開発するためには、「現在の部下の能力」から「背伸びした経験(ストレッチ)」

が必要になります。どのくらいの背伸びが適当かは、職種・業種によって違うと言われています。
さて、あなたはどのくらい（何％プラス）が適当だと思いますか？　また、それはなぜですか？

ストレッチ経験についてもおさらいとしてイメージは**図表7-3**にまとめてあります。

対象者が**現在持っている能力で達成できることと、他者の支援があってはじめて達成できることの差に学習の可能性**が眠っています。よってストレッチはこの差の分を負荷として対象者に与えることが大切です。

難波先生のセッションでは心理的空間「C（comfort）ゾーン」という概念が出てきましたね。信頼と安心、自信が兼ね備わったCゾーンの中にいる時、人は心地よく感じ、安心して物事を進めていくことができます。しかしこのCゾーンが広がらず、同じことを繰り返しているだけでは成長はありません。Cゾーンを広げていくことが大切であり、そのためには敢えてCゾーンから出る経験、すなわちストレッチ経験が必要です。いわゆる「Sゾーン」です。そして一度広がったCゾーンの中での出来事であれば、どんなことも安心してこなしていくことができます。

さてこうした様々な経験学習の考え方が実際の会社でも有用かどうか、僕はいろんな会社を訪問させていただき、いろんなマネジャーにヒアリングを行いました。いくつかご紹介しましょう。

たとえば、ある銀行に行った時のことですが、こんなエピソードがあります。

「Fさんと I さんがいます。Fさんは窓口はやっていたけれど、住宅ローンはやっていなかった。一方で I さんは、住宅ローンはやっていたけど、外訪はやっていなかった。

ちょうど I さんを昇格させようと思っていたので、今までやっていなかった外訪を担当させ、運用性の高い商品を販売できるかどうかを試させました。一方でFさんには、経験のない住宅ローンを担当させるようにしました。このように僕はジグソーパズルのようにして体制変更をし、未経験の仕事を割り振っていきます」

Fさんには慣れている窓口を離れさせ、住宅ローンをやらせることで、ストレッチを積ませ、I さんにはやっていない外訪をさせて昇格させる。新しいものに挑戦させることを考える時、「ジグソーパズルを解いていくような感覚」というのは参考になるメタファーですね。

続いて銀行のマネジャーTさんの例をご紹介します。

「うちのスタッフさんらは、自らスキルアップしようという意識が高かったんです。そして仕事にはローカウンター（住宅ローンなどの相談を行う場所）と、ハイカウンター（公共料金の振り込みなどをする場所）があってね。

図表7-4　経験だけでは能力は伸びない。内省（振り返り）とは何か？

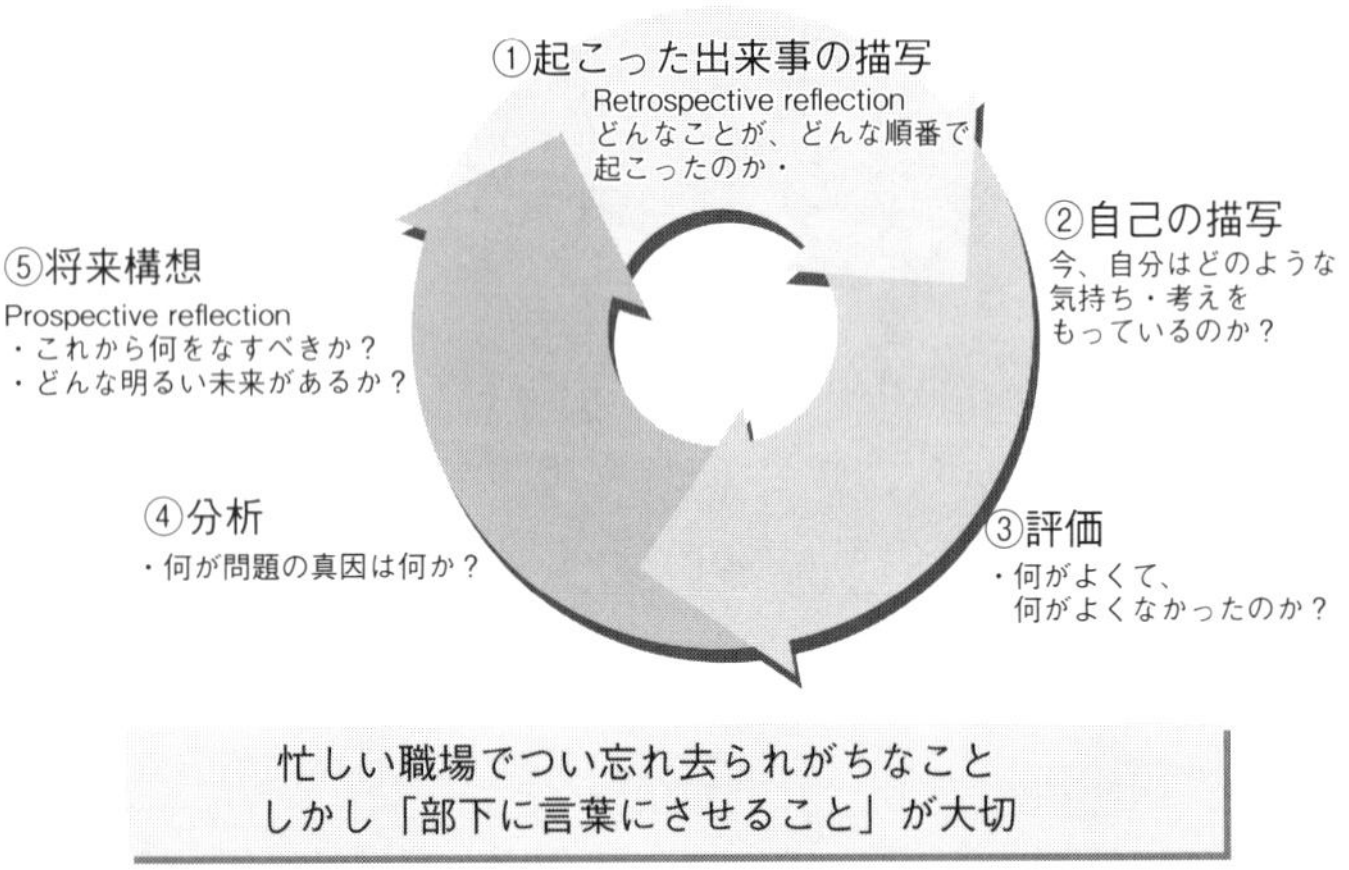

かつては、ハイしかできない人、ローしかできない人というふうに分かれていた状況だった。そこで、ハイができる人は、ローも出来るように、ローができる人はハイも出来るように体制変更をしていきました。すると、スタッフさんは固定されることがなくなってスキルアップもできるし、店舗としても人員配置を行うのが楽になりますね」

やったことのない仕事にいかにスライドさせるかをストレッチ経験にしている例だと思います。どんな些細なこともストレッチ経験に結びつけるのが大切です。

そして**内省（＝振り返り）**は常に大切です。内省はこのラーニングイノベーション論自体のコアコンセプトであり、本も講座自体も、イントロダクション、レクチャー、ラップアップを回していくことで何度も内省できるようにつくっています。

内省のポイントを整理していきましょう**（図表7-4）**。内省で大切なことは**起こったことをきちんと描写させること**です。**つまり自分がそのとき何を考えていたのかを口にさせる**のです。そして何がよくて何が悪かったかを評価し、分析し、これからのことを考える。よい悪いは、焦点を行動にあわせることが大切です。これをPDCAのサイクルを回すように行うことが大切です。忙しい職場では忘れられがちになりますが、**上司ではなく、部下の口で語らせるというのが大切です。**

内省についてもマネジャーの声を紹介しましょう。彼らは振り返りや内省という言葉は使っていませんが、概念としては同じようなことを話されています。

「僕は厳しいほうだと思うんです。でも、どなったり、詰めたり、しばくから、厳しいんじゃない。僕は部下に答を言わないで、問いかけて、自分の言葉がでてくるまで、1時間でも、2時間でも、待つのです。根比べです。

結局、部下ってのは、自分の口にできて、分かったことしか、できるようにならない。若い頃の僕が、そうだったから」

これはまさに振り返りですね。こんな方もおられました。

「僕は、記憶に関する限り、部下を「数字」で詰めたことはないんですよ。でも、そこ（悪い数字に）に至った行動は詰めるんですわ。〝起こったこと〟は詰めないんです。そんなん、詰められたって、しゃーないですわ。起こってしもうたんやろしねぇ。

〝起こったこと〟は詰めない、〝なぜ起こったのか〟を聞いてるんです」

聞くべきことは結果ではなく、プロセスであるということがうかがえる発言です。

しかし、部下が振り返ってどんどん言葉を出してくれればいいのですが、それが難しい人もいます。先ほどと同じ、Tさんというマネジャーはこう考えておられます。Tさんは大変厳しい方ですが、本当に良いことを言うマネジャーなんですよ。

「〝キャパ的〟に言葉にならない人はいるんですわ。そういう人は、ひとつひとつプロセスを見てやって、行動とか、考え方とか、〝かみこんで〟やらな変わりませんな。

1を聞いて10分かる人もいれば、分からない人もいる。そういうのは、かみこんでやらな、あかんのです。

ここまで分かっているか？　なぜ失敗したんや？　次、どうすりゃええねん？　そうやってひとりひとりに、かみこんでいくんです」

部下が自分の言葉にすることをどの程度助けるか、指導するかについて話されています。**振り返りの習慣はできるだけ早いうちにつけておくことが好ましい**ですね。**新人の頃に仕事をしていく上での習慣として身につけておかないと、一度身についた信念などはなかなか変えられないことが研究の結果、わかっています。**もちろん若い頃は経験さえしていれば能力は高まります。しかし、3年目くらいになると経験だけしていても頭打ちになることが分かっています。内省し、概念化、ノウハウ化してまとめることがすごく大切になってきます。

さらにマネジャーになると、新しい経験が能力の伸びに寄与する割合は新人の3分の1程度になります。ここで内省が大切になってくるわけです。内省による収穫がどんどん大きくなって、マネジメント力にも繋がり、自分の職場環境にもそれは大きく影響を与えていきます。

このように、内省は年齢が上がるにつれてどんどん重要になっていきます。そのことを新人研修時にプログラムとして組み込んでもいいくらいです。

さて、ずいぶん内省のお話が長くなってしまいました。図表7-2の①目標咀嚼に戻りましょう。重要ではないから飛ばしていたわけではありませんよ。**目標咀嚼はストレッチや内省の基盤になるのです。**

仕事の意義・全体像が分からない、さらにはなんで仕事をしているか分からない場合、何をやらせてもそもそもストレッチにならないのです。ストレッチや内省にもっとも大切なのは目標咀嚼なのです。

とはいえ、マネジャーのほうが大忙しだからなかなかこうしたことを言葉にできないものです。それゆえ「今すぐやれ」「黙ってやれ」ということになってしまいがちです。マネジャーの職場での役割をもう一度見なおしてみましょう。

ふたたび、先ほどのTさんのご登場です。

「（マネジャーの役割は）会社が、なんで僕らみたいなマネジャーに、カネ払ってるか、考えたら、そら分かりますわ。マネジャーが〝立て板に水〟っちゅうか、右からきたもん左に流し、左からきたもんを右に流すんやったら、そら、マネジャーいらんですやん。会社が直接、従業員に言うたらええでえすわ。

マネジャーに期待されてるのは〝翻訳機〟なんですわ。現場にはいろんな人がいる。メッセージを、かんでふくめて、現場に分かりやすく伝えるんです。それがマネジャーの役割です」

とてもいいメタファーです。**組織が持っている目標や、組織のベクトルの全体像を職場に伝える翻訳機がマネジャーの仕事**なのです。これはいろんな方が同じことをおっしゃっていました。

合わせてご紹介します。

「立ち位置はメンバーと同じにして、会社の方向性に顔を向ける。このねじれをキープすることが僕の仕事。立ち位置が会社で、顔も会社なら話は簡単です」（マネジャーYさん）

「会社の方針だからとか、O社長が言っていたからとか、A副社長が言っていたから、と職場に伝えると納得されないことが多いですね。いつも心がけているのは、なるべく『何のために』を、自分の言葉で伝えることです」（マネジャーAさん）

「僕がポジションで『やれよ』と強権発動したら、やることはみんなやりますよ。短期的には。そりゃ、サラリーマンだから。でもパフォーマンスは、強権に反比例しますね、長期的には」（鉄鋼・マネジャーAさん）

マネジャーが自分の言葉で語るということができているか、見直すべきはそこですね。ちなみに経験の浅いマネジャーが抱える課題は7つあります(6)。

① **部下育成**…危なっかしい人に、敢えて、仕事を任せてフィードバックする

② **政治交渉**…部門・部署の代表であり自部門に資源を導入し、他ともうまくやらなければな

らない

③ **意思決定**…実務担当者よりも少ない知識で、実務の意思決定を行い責任をとらなくてはならない

④ **戦略・目標咀嚼**…自分が決めたのではない会社の戦略・目標を上手くかみ砕いて、職場を動かさなくてはならない

⑤ **多様な人材活用**…**多様な雇用形態、年齢の人々をマネジメントしなくてはならない**

⑥ **マインド維持**…心が折れないようにしなくてはならない

⑦ **プレマネバランス**…**プレーヤーとマネジメントのバランスをとる**

ではみなさんに質問です。「経験の浅い頃の、お悩みベスト3」はこの中で何でしょうか？少し本を置いて考えてみてください。

日本生産性本部と東京大学中原研究室の研究では、①**部下育成**、④**戦略・目標咀嚼**、⑦**プレマネバランスプレーヤーとマネジメントのバランスをとる**、がワースト3でした。

この3つの要素はおそらく繋がっています。戦略や目標を咀嚼し、かみくだいて説明すれば部下育成ができるのです。この作業に割ける時間が少なくなると、結果として部下育成の失敗になるのです。

そして部下育成が失敗するからマネジャーは育成そのものに時間を割かなくなっていきます。さらに多忙化し、目標咀嚼する時間がますますなくなっていくと、さらに部下育成の失敗要因が増大する…**これが人材育成におけるマネジャーのデフレスパイラル**です。みなさんはどうでしょう？　このスパイラルを好転させる[illegible]か、職場での人材育成を好転させます。スターバックスのセッションでもお話がありましたが、**職場での人材育成の鍵はマネジャーが握っている**のです。

職場軸で見る職場の人材育成

さて、いよいよどんな職場を作っていくかの話に入っていきます。**人材育成に大切なのは経験軸と職場軸**。経験を与えるだけではだめで、職場も作っていかなければいけません。これからお話することは拙著『職場学習論―仕事の学びを科学する』（中原淳著）にも書かせて頂いております(7)。興味のある方はぜひご一読ください。

さて、人を成長させるのは上司たるマネジャーだけではありません。**マネジャーによる育成は**

■注

(6)　これらの知見は、日本生産性本部・東京大学中原研究室の共同研究「マネジメントディスカバリー：新任マネジャーの課題と育成」で得られたデータから生まれたものです。同研究では、これらのデータに基づき、マネジャー向けワークショップを開発しました。
マネジメントディスカバリー　https://jpc-management.jp/md/

図表7-5　分析結果：あなたの職場はどうか？

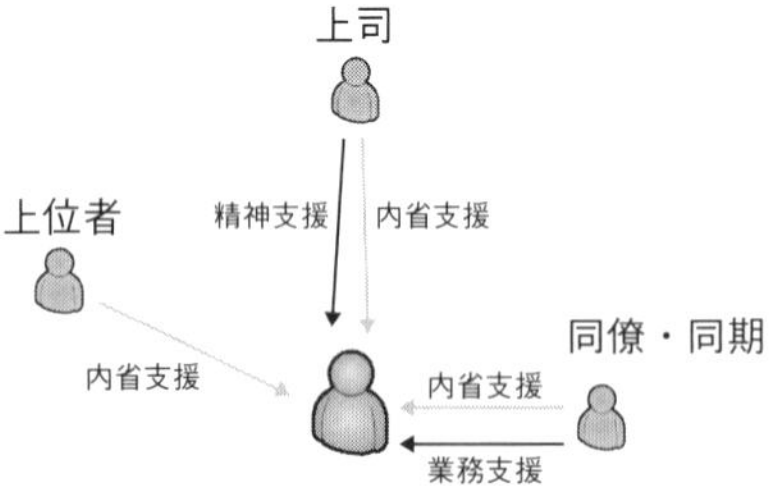

①様々な他者からの、異なる支援を受けながら、業務能力向上を果たす
②内省を促されることのパワフルさ＝内省を促す職場をつくること
※皆が相互の仕事に興味をもっているか？
※あなたの職場に「真面目な雑談」はあるか？

いわば「点」なのです。それに**対応して「面＝職場」で育ててこそ、人の成長は促されます**（図表7-5）。

職場における人の支援には3つあります。いわゆる「ザ・OJT」の座組を支援の観点から見ると以下のようになります。

・**業務支援**…指導・アドバイスをどの程度行っているのか？
・**内省支援**…どの程度、部下に振り返りを促しているのか？
・**精神支援**…部下に精神的な安らぎを与えているのか？

人は**いろんな人から異なる支援をもらっている場にいればいるほど成長できます**。理想的な職場とは、上司たるマネジャーからも、量は少なくてもいいけれど、たまに見てやって褒めるなどの支援があること。そして同僚の間でもほとんどの業務での助言指導が行われていること。さらに一番パワフルなものは、**いろんなひとから振り返りを促されることです**。内省が促される職場をつくることが、効果的な人材育成では何よりも大切です。

そして職場では、みんなが仕事、成果、プロセスに対して興味や熱意を持っているかがまず大切です。そうなると被支援者の間にも「今回のプロジェクトは本当にどうなるか分からないけれど、現場として成功に向かって一致団結することが大切だと思うんだ。答のない問いに向かうことが、人生でも仕事でも時には必要なのさ」といった、**真面目な雑談が生まれる**のです。

こうした雑談が生まれることで、学びはより一層深みを増します。みなさんの職場には、仕事に関する真面目な雑談が存在するでしょうか？

さて、こうした職場の「面」としての特性を、かつて僕の研究室の院生だった関根さんがＯＪＴ指導員の研究で行いました(8)。多くの職場ではＯＪＴ指導員が制度として組み込まれていますね？　関根さんは「ＯＪＴ指導員というのは、ただの教官ではなく、職場のメンバーを巻き込む

■注

(7) 中原淳（２０１０）『職場学習論』東京大学出版会

(8) 関根雅泰（２０１２）『新入社員の能力向上に資する先輩指導員のＯＪＴ行動』中原淳編（２０１２）、『職場学習の探究－企業人の成長を考える実証研究』生産性出版 pp143-169

〝面〟をつくる人なんです」という視点から研究を進めていきました。

結論から申しますと、彼女の視点に立てば、**「デキるＯＪＴ指導員」というものは、ＯＪＴにみんなを巻き込むのが上手い指導員**だということです。

ＯＪＴ指導員もそれぞれ自分の仕事を持っています。よって彼らはそもそも、すぐれた教育能力を持ったＯＪＴ指導のプロフェッショナルではないのです。では何によって「デキる」ようになるかといえば、**職場全体を使って、仕事を円滑に回しながらＯＪＴをアレンジできる人がそうなのです**。

ＯＪＴのための、やさしく簡単な仕事というものは職場にそうそうあるものではありません。みなさんご経験のある通り、簡単な仕事というのは必ず枯渇します。そうするといろんな人から仕事が振られてきます。そしてそれらはすべからく実戦です。ここで仕事を簡単化していく役を買って出るのではなく、面を作りながら、ＯＪＴとともに回していくわけです。

彼女の研究によると、デキるＯＪＴ指導員というのは、年齢・背景の異なる２人のメンバーを巻き込んで新人に当たるとされています。ひとりが人脈や実務を指導し、もうひとりは振り返りを促すといいます。

いかにして巻き込んでいくか、つまり**自らネットワーカーとして動き、人も同時に育てるのが、デキるＯＪＴ指導員の仕事**なのです（図表7-6）。

図表7-6 職場で育成を行う体制（某IT企業）

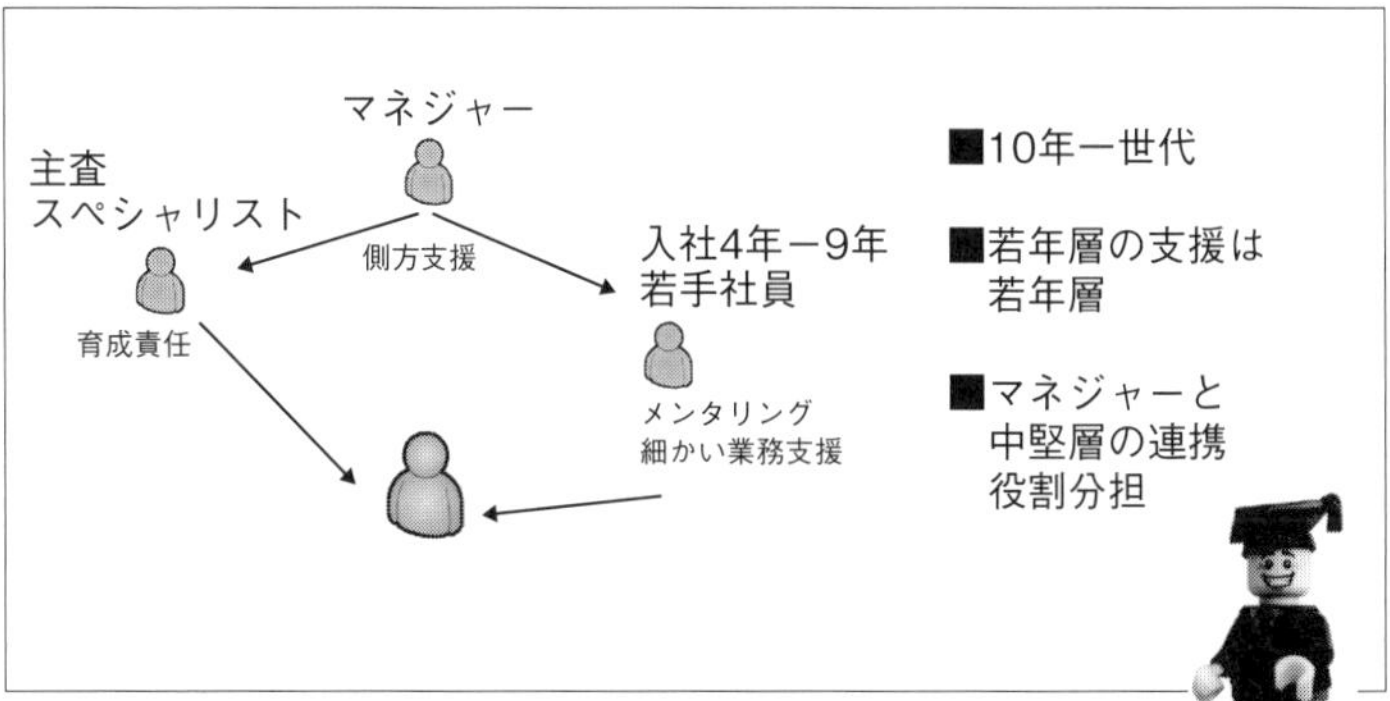

これはある証券会社に行ったときに聞いた言葉です。

「ようやく、1年目・2年目を教える指導員（制度）が回り始めてね。でも、指導員がひとりで教えるのは無理なので、同期の近い世代の連中が集まって、〝束〟になって教える状況がようやくできましたね。『ちょっとおれのいないとき、面倒見てやってくれや』とか。会社は〝教える人〟を雇っているわけじゃないから、それぞれ仕事をしている。〝教える人〟だって数字を持ってるわけです。だから、育成には、自発的に束になってくれる〝第三者〟〝第四者〟が必要なんだ」

このOJT指導員ではない育成に関与してくれる、第三者、第四者を作っていくことが大切なのだと思います。

また、『職場学習論』に書いてあるもうひとつ大き

図表7-7　職場の人材育成を支えるものは、結局、何か？

信頼・互酬性風土：これらは社会関係資本といいます
それが、人材育成の「資本」である
守島先生は「組織力を強化する人材マネジメント」と
おっしゃっていましたね？

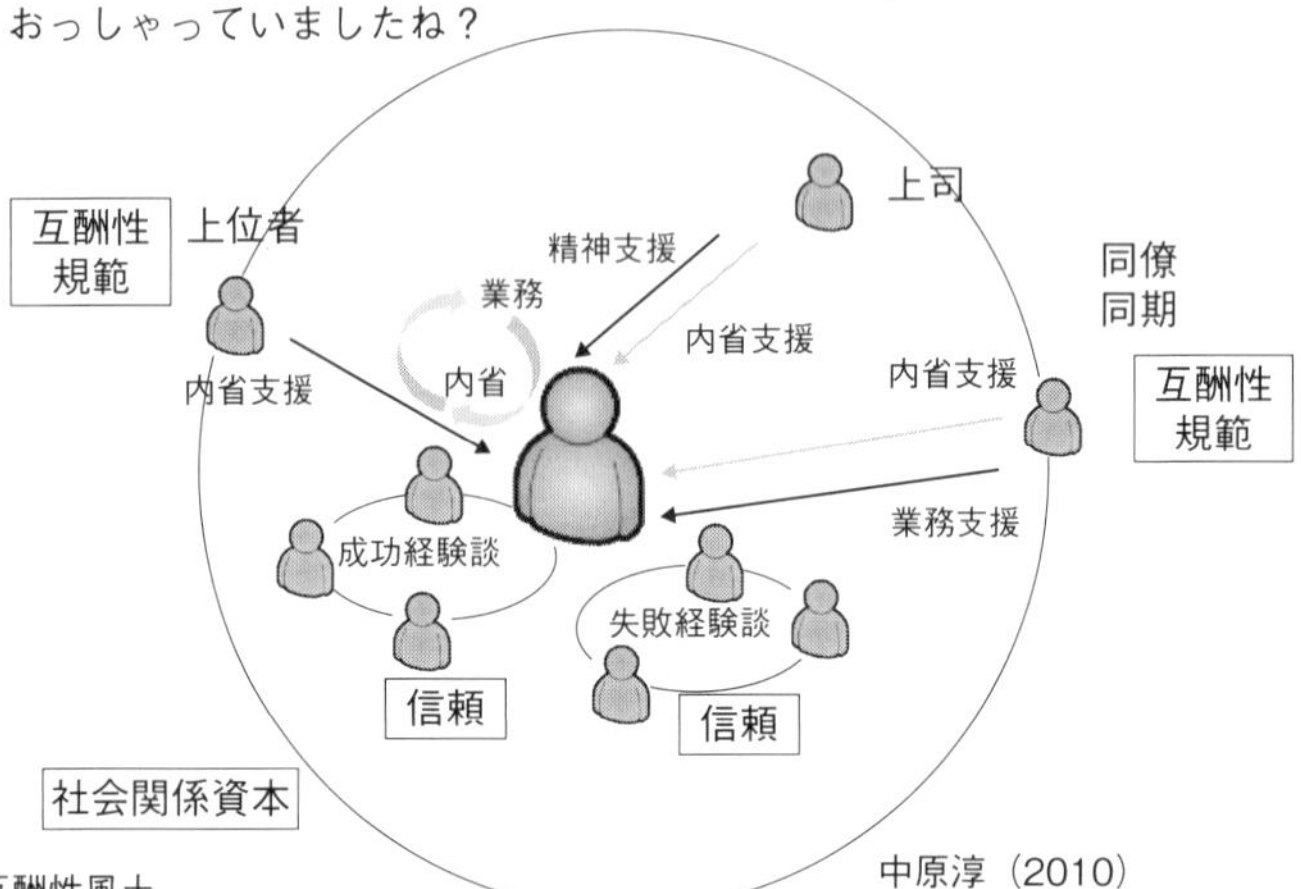

互酬性風土
誰かが誰かに何かよいことをなせば、
それが他の誰かからかえってくる程度

中原淳（2010）
職場学習論　東京大学出版会

なテーマがあるとすれば、**図表7-7**の中にある**信頼**なのです。

現場のマネジャーが育成の仕事を自分事として引き受けて、被支援者に内省を促したり、情報を与えたり、経験談を伝えたりするためには、**職場に育成の資源が必要**です。その資源が第3セッションの守島先生のところでは、「組織を強化する人材マネジメント」という言葉で紹介されたと思いますが、信頼や互酬性の風土、つながりといった**社会関係資本**というものが大事だということです。スターバックスのセッションでも、人材育成のモチベーションや信頼は、人材育成の資本として機能するというお話がありました。

職場で人材育成をする、職場が〝面〟として機能し、人材育成を促すということを煮詰めていったとき、最後にたどり着くのは**組織の風土**です。つながり、互酬性、信頼…こうしたものがあなたの組織、会社、職場にはありますか？　もしないのだとしたら、何によって失われましたか？　もしあるのなら、何をしていけば維持できますか？

そして職場の人材育成は非常にパワフルなのですが、このモデルの最大の弱点があります。それは、**職場で〝面〟の機能をつくるにしても、職場のマネジャーの力量、考え方、スキルにその多くを依存してしまう**ことになるということです。

職場というものは一言で言えばブラックボックスなのです。職場で何が起きているのかは、なかなか経営サイドやスタッフサイドには分からず、見えないものです。金井先生のセッションの中で「ジャッジ役・コーチ役」という言葉がありましたが、みなさんが人事・人材開発部として職場に行った場合、ジャッジ役と思われることもあるわけです。そうなると、向こうも身構えてしまって真実が見えなくなってしまうのです。

職場のマネジャーの力量、考えに、人材育成の成否が依存してしまうのはかなりリスキーです。人事・人材開発部は、マネジャー育成、マネジャー強化・支援といかに向き合うべきなのか？いかにして〝Helpful help〟をを生み出せるのか…。

現場のマネジャー依存のネガティブな側面をお話ししてしまいましたが、つまり**部下の育成の考えることはマネジャーの育成を考えることと不可分である**ことを言いたかったのです。

組織の本気、そして職場のマネージャーの本気、それさえあれば、部下の行動に反映されたり、高い成長実感につながったりする。

スターバックスの強さが店長さんたちの姿に代表されるように、まさに**現場のマネジャーの本気さが、職場の人材育成の要なのです。みなさんは、これとどう向き合いますか？**

WORK

レクチャーの最後をずいぶん意味深な問いかけで終わってしまったのは、その先をつくるのは他ならぬみなさんだからでもあります。

ワークでは以下のような問いを用意しました。答えはありません。みなさんが、みなさんで、本気で見つけてください。それこそが、こうして本として伝える答えよりも、きっと意味があるはずです。

① 今後、マネジャー育成・強化・支援に対して、人事としては何ができるでしょうか？
　何をしていく必要があるのでしょうか？

・「Unhelpful help」はできれば避けたい。

・アキレスさんのＤＯＬＣＥモデルを駆使する。

② 予想される課題は？　克服しなければならない課題は何でしょうか？

WRAP UP

中原です。自分のレクチャーをラップアップするというのは何ともへんてこですね。さて、今日のお話はいかがでしたでしょうか。僕は熱帯魚飼育が趣味なのですが、コピーライターの糸井重里さんも似た趣味をお持ちのようです。そして彼は、熱帯魚にかけて、職場の育成を考えるうえでも示唆に富む非常に面白いことを言っています。

「魚を飼うということは、水を飼うということである」。とにかく、健康な水をキープできていれば、魚は元気に生き続ける。魚を飼っている、なんて思わないほうがいい。水を飼っていると考えたほうがうまくいく。

（糸井重里）

ここで水というものがメタファーされているのは、「健全な組織」のことです。職場とも言い換えられますね。**いい水さえ作れば、魚は健康を保って泳いでいくのと同様に、いい職場さえ作れば、働く人は健全に仕事を進め、困った時は助け合うことができます。**

全ては水です。水が濁っていくと、この全てが阻害されるのです。

最後に問題提起をさせていただけるのであれば、職場の人材育成は人の成長において大切であるし、そもそも従業員全員に関わることです。それを回していく人、職場のマネジャーへの支援というのは、果たして従来の支援でいいのでしょうか？

今から15年くらい前、実は「新人を3年で育てる」なんてことを言っている企業は少なかったように思います。むしろ「現場に投げときゃいいんだ」といった状況でした。それが「1年間は支援期間をつくろう」、「必要な指導員をつけよう」と整備され始めたのがこの10年くらいの出来事でした。

しかし、マネジャーに関する支援についてはあまり取り上げられてこなかったように感じます。このままで本当にうまくいくのでしょうか？

もう一度うかがいます。

人材育成の担当者としてみなさんは、この問題にどのように向きあいますか？

さぁ、それでは、先生からのレクチャーを受けて、皆さんで、グループディスカッションをしましょう！

SESSION 8

知識創造理論の現在

知識創造をめざす「場」のデザインとは

東京工業大学大学院 社会理工学研究科
准教授

妹尾 大

●講師プロフィール

1993年　一橋大学 社会学部 卒業

1998年　一橋大学 大学院商学研究科 博士課程修了

1998年　北陸先端大学院 知識科学研究科 助手

2002年　東京工業大学 大学院社会理工学研究科 助教授

2007年　同 准教授

研究分野

経営組織論、経営戦略論、知識・情報システム

主要著書

『知識経営実践論』白桃書房、2001年

『MOT知識創造経営とイノベーション』丸善、2006年

『魔法のようなオフィス革命』河出書房新社、2007年

INTRODUCTION

茶道に学ぶ学習環境

仕事柄、「働く大人が学ぶための環境とはいかにあればいいのか?」ということを、よく考えさせられます。そこにいて活動をすることで、学びが触発されてしまうような環境(空間)をどのように創りだせばいいのか。今日は、そのことを少し考えてみましょう。

これらの問いに関連して、すぐに脳裏に浮かび上がる概念は**「学習環境のデザイン」**や**「学習材」**という言葉です。

これらの言葉は1990年代くらいから「教授のデザイン:教え方をいかに工夫するか」という議論と対照づけられる形で、学問の内部で語られるようになってきました。このことの詳細に興味がある方はぜひ、拙著『プレイフルラーニング』(上田信行・中原淳著)をご参照ください(1)。

その認識の転換は、ひと言でいうと「学びのサプライサイド(供給側)が、教える内容を魅力的かつ効率的に〝設計〟することに加え、学ぶ人が学びやすい環境を設計し、用意すること」から「学びのサプライサイドが、教えるための道具や材料を準備することに加えて、学ぶ人が自由に用いることのできる素材を用意すること」に研究の射程が広がってきた、ということです。

よって、**「学びのサプライサイド（供給側）」には、「学ぶ人が学びやすい環境をつくること」、「学ぶ人が自由に用いることの学びの素材（学習材）を豊富に用意しておくこと」ということの両方が期待される**ことになります。また、こうしたことに思いを馳せるとき、僕の脳裏には**「茶道とは総合芸術である」**という言葉が思い起こされます。

主人、客人、お茶室、道具、お料理……茶道を構成する様々な要素が組み合わさり、茶道は協働的かつ社会的に〝達成〟されます。茶道をたしなんでおられる方からすれば、迷惑千万かもしれませんが（笑）、そこに込められた考え方は、僕の目からみれば「学習環境をデザインする」、「学びをデザインする」という考え方に似ている部分があるなと思います。茶道が本格化したのは前近代ですね。その歴史的深みから考えて「ラーニングデザイン」の歴史なんていうものは、本当に浅いのだけれども、茶道に通じるところもあるように感じるのです。

決して絢爛豪華、華美ではなくてもいい。むしろ「侘び」と「寂び」の世界でいい。しかし、**主人（学びのサプライサイド）のコンセプトに従って、その場の環境が準備（用意）され、客人（学び手）は、卒意（主人の用意に応えるかたち）をもって、その場で学ぶ。ときに、客人同士**

が交歓しあい、「相客一体」になる。そこには今日のテーマである「場」ができます。

そんな瞬間が、「学習環境のデザイン」のインプリメンテーションのめざすところと、近しい気がするのです。**学習環境のデザインとは、環境一体・主客一体・相客一体の世界**なのです。

働く大人の学びの環境を考える時、「大人の学び研究」には、まだまだできることがあるな、と思います。

たとえば、僕たち研究者の学びの場である研修室は、なぜ白い壁に囲まれた教室なのか？　なぜそこは、かつて社会学者のアーヴィン・ゴフマンが「全制的施設」と呼び、その代表としてあげた刑務所や病院のような〝息苦しさ〟が支配することが多いのか？　なぜ、自由で創造性を触発するような学習材が、ふんだんに用意されていないのか？　なぜ、そこで学ぶ人は、何かを創り上げ、何かを他者とともに成し遂げようとしないのか？……

かつて、ある学習施設でヒアリングさせていただいた際、その場の研修コースの企画運営をされている方が、こんな印象深いひと言を述べられていました。

■注
(1) 上田信行・中原淳（2013）『プレイフルラーニング』三省堂

「大人が学びたくなり、かつ、学ばなければならない瞬間は、やはり人生の転機であったり、節目であったりすることが多いのです。…だから、大人の学ぶ場所は、人生の転機や節目をしっかりと考えることにふさわしい場所であってほしいのです」

もし仮に、それが事実なのだとしたら、**働く大人が学ぶ空間とは本来「そこにいるだけで、節目をしっかりと迎え、ビジョンを描き、かつ、希望を感じられるような場所」であってほしいも**のだと僕は思いますし、それを手助けするような様々な道具・学習材にあふれる場所であってほしいと願います。

さて話を元に戻します。前回までは職場での人材育成についてでした。経験による育成と職場での育成、そのバランスを意識することがより深い学びに繋がるということを僕たちは学んできました。

今回からまた話題が変わります。前回までは現場、支援、職場というキーワードでしたが、少し違った角度から今の人事・人材開発部門の担当者が直面している課題について学びを深めていきたいと思っています。

新たな事業やサービスを提供・提案できる人材をいかに育てるか。裏返して言えば、これまで

の成功体験や能動的に獲得された〝惰性〟というものをどのようにして活用していくか。

いつもと違う感覚を持ったり、新しいものを生み出していくこと――こうしたことはとても大切ですが、人事・人材開発部門としてこうした創造性を生み出すために何ができるのか。これから2回に分けて学んでいきたいと思います。今回はまず、「**場**」のデザインについてお話いただきます。

LECTURE

知識創造理論の現在
～知識創造をめざす「場」のデザインとは――

妹尾大

組織を変えているのは環境である

今日は「場」の話をしていきたいと思います。「場」という言葉・概念は、いろんなところで使われていますが、**ただの「場所」を指すのではない**ということを中心にお話したいと思います。

私の研究は知識創造理論をベースにしており、この理論を使いながらイノベーションに関連する研究をしています。「場」はその中で非常に重要な位置を占めます。

もともと私は集団における人の振る舞いに興味があり、大学では社会心理学とマーケティングを中心に学んでいました。そして大学院では、知識経営の研究をされている野中郁次郎先生のもとで知識創造理論の理論づくりに接し、その後もこの理論を使いながら研究を続けています。

さて、ちょっと頭の体操がてら心理テストをやってみましょう（Photo 8-1）。私はレクチャーの際、自己紹介に併せて、その「場」にどのような人がいるか、心理テストを使って把握するようにしています。

Photo 8-1のように、ボードに、□、Z、△、○の4つのシンボルを描きました。「自分は周囲の人からこういう風に思われているだろう」という指針でひとつ選んでみてください。見つからない場合、とにかく直感で「しっくりくるもの」を選んでみてください。

選びましたか？　それでは解説していきましょう。

□：このシンボルはインテリジェンスを示します。このシンボルを選んだ人は、知性的なのです。普段はそうは見えないかもしれませんが、知性にあふれています。この人達がいる限り、このレクチャーは安心です（笑）。

Z：これは独創性や創造性のシンボルです。このシンボルを選んだ方はクリエイティビティが豊かです。研究者な

Photo 8-1　心理テストをやってみましょう

ど、自分の考えていることが他の人と異なっていることに喜びを得るタイプが、このシンボルを選ぶ傾向にあります。グループにひとりこんな人がいるといいですね。誰も喋らなくなった時に状況を打開します。いい意味で「場」の空気を読めない人です。

△：この図形はリーダーシップを表します。仲良くしておくならこういう人です。きっと5年後は組織のトップになっているでしょうから。

◯：日本でこの心理テストをすると50％の方がこのシンボルを選びます。私も実はこれです。このシンボルを選ぶ人は、酒と異性に溺れるタイプである、と解説されています。

これは私にマーケティングを教えてくださった竹内弘高先生が、ハーバード・ビジネス・スクールで教えていた時に仕入れたネタだそうです。オーストラリアで出版された、研修に関する書籍にも同じ心理テストが紹介されており、同じ解説がされていますので興味のある方は探してみてください。

さて、それではレクチャーの中身に入っていきます。「場」のお話をする前に、環境と戦略と組織をモデル化して整理していきましょう（図表8-1）。

図表8-1　環境・戦略・組織

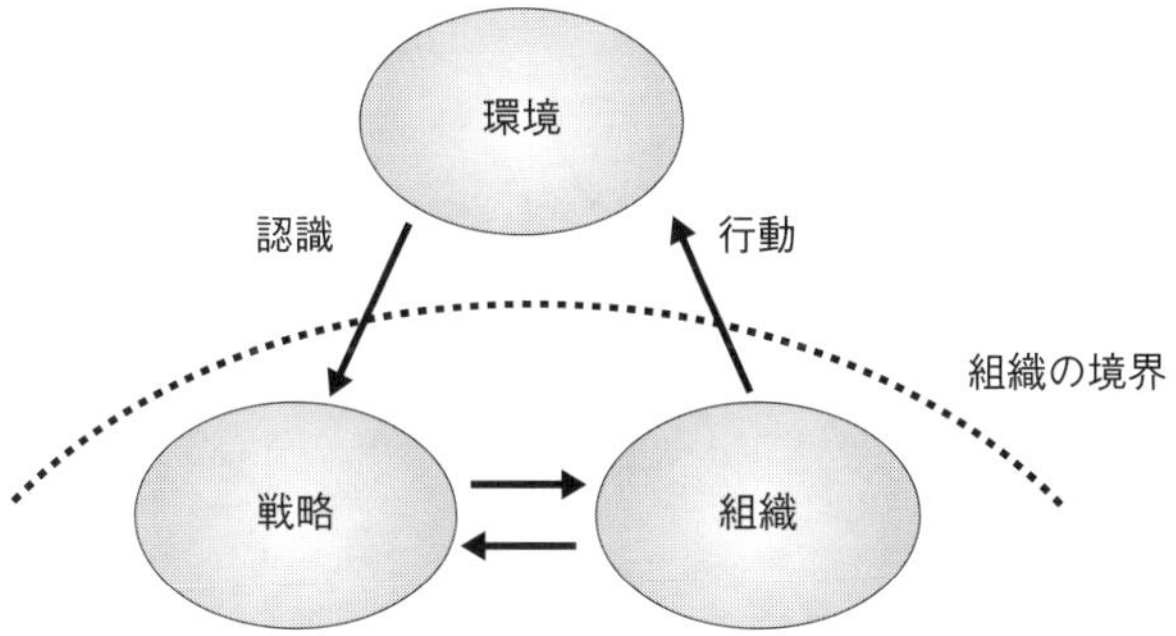

組織は、内と外を隔てる境界を持っています。組織の内側にあるのが、**戦略**と組織です。組織は構造や資源と言い換えてもいいでしょう。組織の外側にあるものを**環境**と呼びます。組織は環境を認識して戦略を立て、組織内の資源を使って戦略を実現して行動します。組織が行動すると、環境に影響を与えます。環境とともに、組織自体も組織・戦略によって変容していきます。これが組織と戦略と環境の相互作用関係です。

このモデルで組織を捉えた時、2つの組織の類型がありますす。まずは軍隊等をイメージしていただけるとよいのですが、**階層的分割モデル**（図表8-2）があります。

中央集権的な官僚組織がこのモデルです。まず、**トップが環境を認識して意思決定**をします。つまり戦略を立てるのは組織の中の一握りの人になります。

そしてその**指示・命令を実現する手足として従業員が行動して、環境を変化させる**のです。つまりトップが司令塔であ

図表8-2　階層的分割モデル

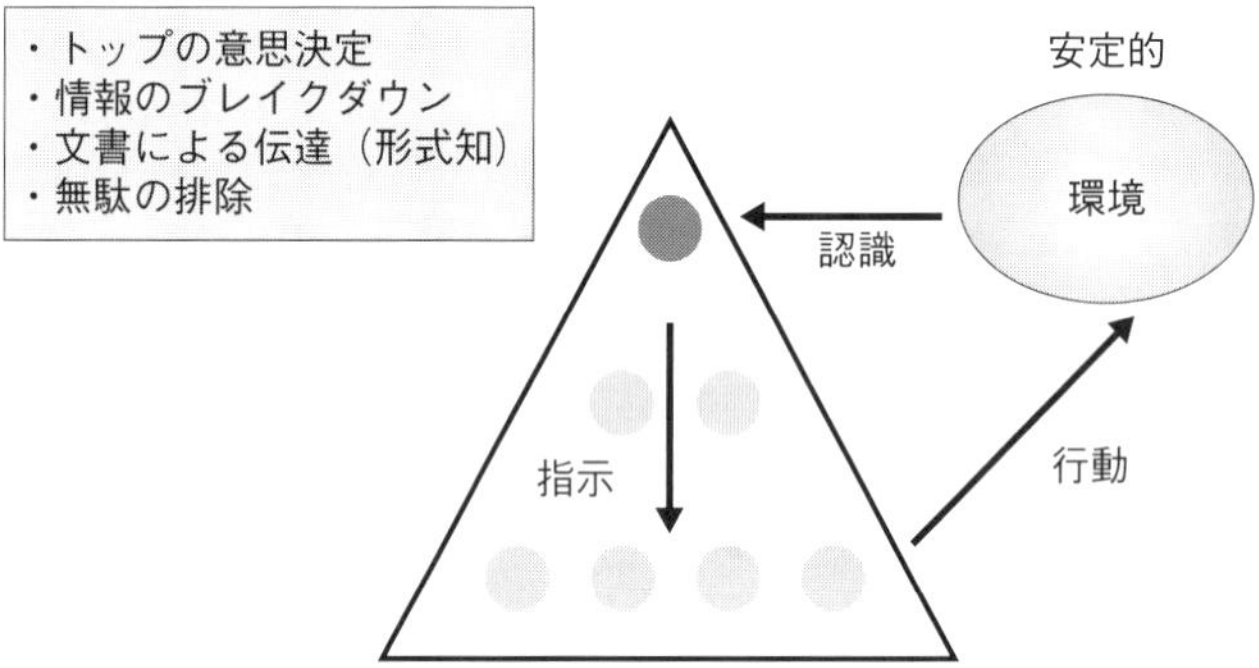

り、ミドル・フロントラインの人は市場調査等には関与せず、言われたことを機械のようにやっていくことが求められます。情報のブレイクダウンは文書によるものが多く、そのプロセスからは無駄がどんどん排除されていきます。つまり非常に**合理的で効率的な組織のあり方**なのです。

ただ、**このモデルが安定して最大の効果をもたらすことができるのは、環境が安定的である時のみ**です。環境が激しく変化している時は逆に危険にさらされます。

一方、**環境が急速に変化している時は、トップのひとりに依存するのではなく、各階層で環境認識をして意味付けをする人が必要**になってきます。それが**融合モデル**（図表8-3）です。

トップだけではなく、ミドル・フロントラインの人も環境が今どうなっているかを認識し、意味付けし、意思決定をするとなると、それぞれに見ているものが違うので個々

図表8-3　融合モデル

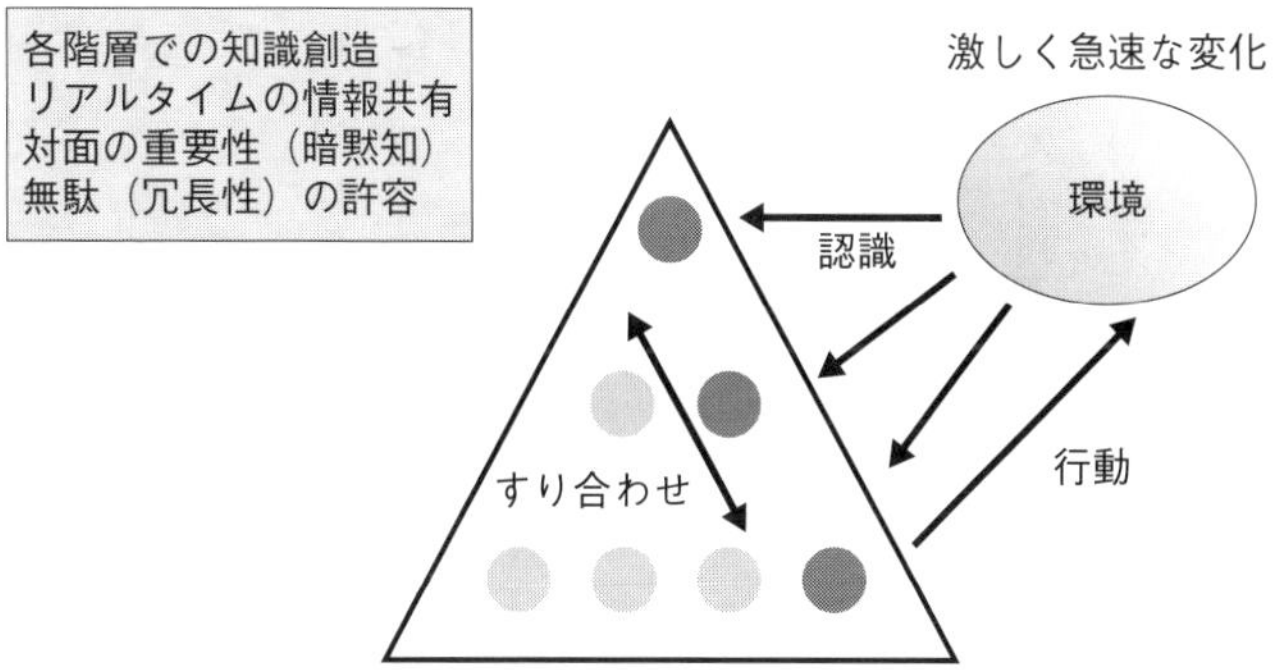

に**すり合わせ**をしていくことが必要です。組織内の人々がリアルタイムに情報を交換し、**暗黙知**を交換していきます。すり合わせをするときは、たとえば言語や夢が共通していないとうまくいきません。よって、**冗長性を許容するような組織**であることが求められます。このモデルは効率的ではなく、組織コストも高いのですが、変化には強いのです。

これらはどちらが良いというわけではなく、**組織がどういったミッションを持っているか、そして環境の安定・不安定によってどちらの類型がいいかは相対的に決まります。**

しかしみなさん、今お読みになっていて、なんとなく階層的分割モデルが前時代的だと思われなかったでしょうか？　そうです、**今注目されているのはまさに融合モデルなのです。**

リーマンショックのような大変動や、スマートフォン普及のようなあっという間のイノベーションが起こっている今、環境が安定していないと考えている人が多く、過去の成功体験をそのまま生かすことができない時代なのではないかと思われ始めているのです。油断や「おごり」もあったかもしれませんが、**過去に成功したやり方も、環境が変わるとパフォーマンスが発揮されない**ことが明らかになってきました。

これを私はよく、**「価値を生み出す方法が違う」**と表現しています。かつては価値を作り出すために生産がありました。すなわち、消費者が「他の人が持っているものと同じものを欲しがる」という環境が安定していたのです。よって、**生産すること自体が価値創造**でした。ところが、今は消費者が「誰も持っていない面白いもの」を求めるようになり、環境が大きく変わってきています。そして、**イノベーションや革新が生産に代わって重要視されてきている**のです。

こうした環境の変化を受け、企業の〝キモ〟はどこにあるのでしょうか？ 整理していきましょう（図表8-4）。

需要拡大局面で、モノをつくれば売れるという状況の場合「Make & Sell」という方式がいいとされています。すなわち、組織はがんばって自信作を開発し、生産して広く売るというエコシステムをせっせと回していくわけです。その時は生産機能としての**テクノロジカルコア**が重要になってきます。よって**組織のキモは工場**です。ベンツもアップルも、経営本部が置かれている本

図表8-4　企業の「キモ」はどこにある

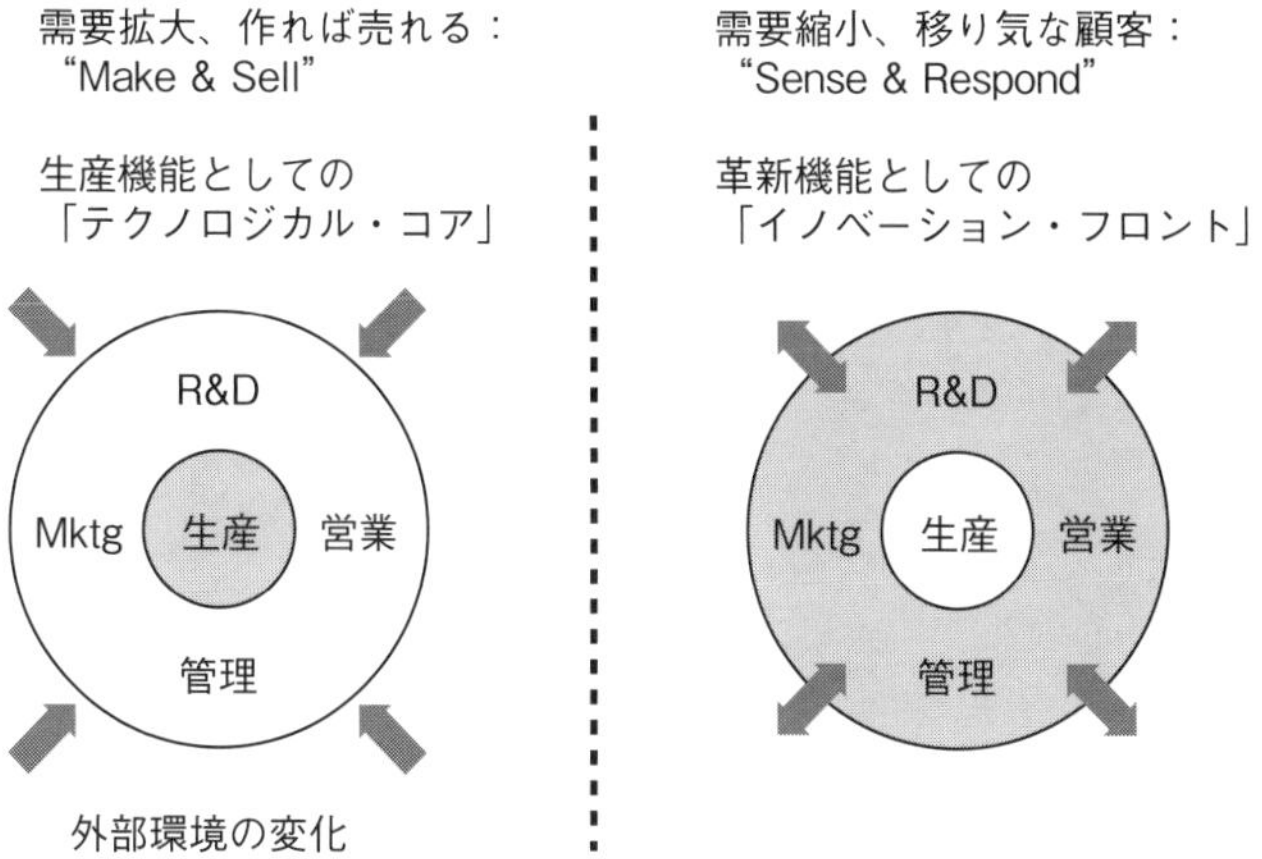

社が先に出来たわけではありません。ガレージ等を工場にして、そこからスタートしてきたということです。生産の他の組織機能は、人事を含めて生産を守るために成立しています。つまり、**生産というコアを外部環境の変化から守る防波堤として、マーケティング、R&D、営業、管理などの機能が生まれてきたというイメージです。**

　需要変動のために、夏は工場が稼働していて、冬は全然動いていないというような状況は困るわけです。生産を平準化するために、たとえばR&Dは今出しているモデルが市場から飽きられれば、新しいものを出してきちんと工場を稼働させることが求められます。営業は売り、マーケティングは売るための市場調査をすることによって、生産を平準化する。工場が安定的に動けば動くほど、売上も安定化するのです。したがって、**全ては生**

産を守るためにデザインされる必要があるのです。

ところが昨今の先進国の状況は需要拡大局面ではなく、需要縮小局面であり、移り気な消費者を相手にしなければなりません。この局面では「sense & respond」つまり市場をよく見て反応していくことが求められます。その時はイノベーションフロントというモデルが重要になります。ここでは周囲で生産を守っていた**R&Dやマーケティングが今度は組織のキモになります**。

従来は環境の変化が生産に悪影響を与える存在だった。しかし、これからは**環境の変化をチャンスととらえ、消費者の変化を読み取って、消費者と接しているところが新結合（＝イノベーション）を起こす必要がある**と考えられます。価値を生み出す方法が変わり、**組織の中で価値を生み出す部分も変わってきている**のです。

また、イノベーションとは、ご存知の通りシュンペーターの言う「**経済活動における飛躍的な新方式の導入**」です。

・新しい財貨の生産
・新しい生産方法の導入
・新しい販売先の開拓

図表8-5　競争に勝ち残るための論理

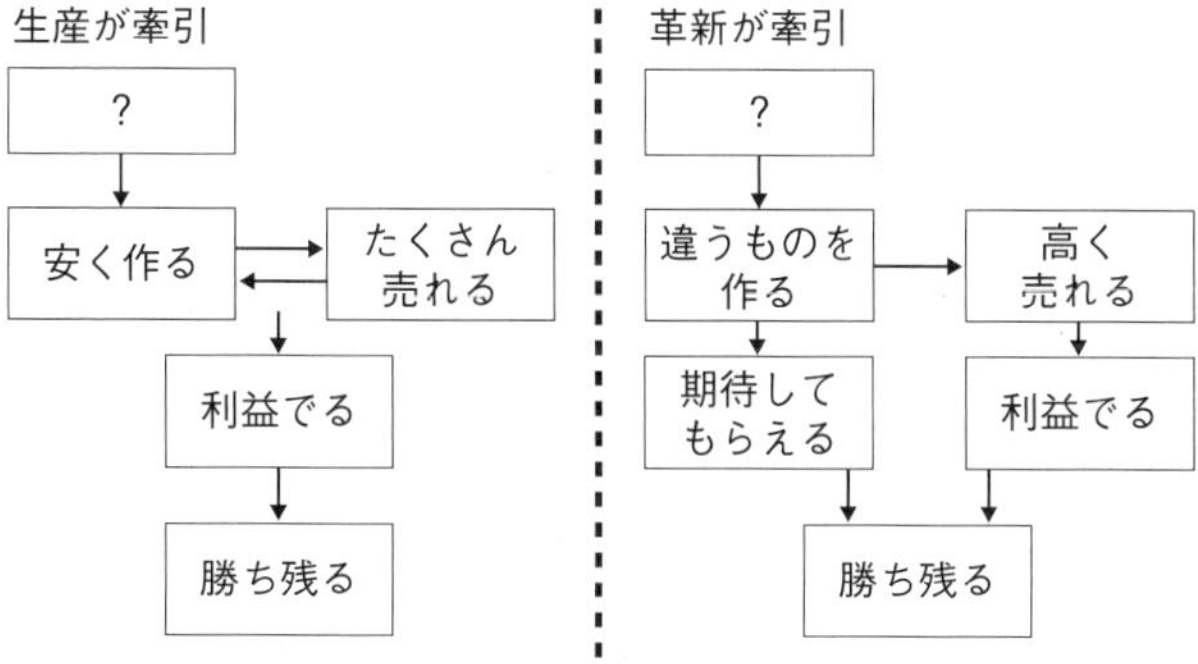

・新しい仕入先の獲得
・新しい組織の実現

こうした新しいもの、今まで結合していなかったものを結びつける**新結合をイノベーション**と言うのです。

イノベーションが大切とされる状況においては、競争に勝ち残るための論理も、生産が牽引してきた頃に比べ、ずいぶん変わってきています（図表8-5）。

生産が牽引してきた時代は、「安く作るとたくさん売れる、たくさん売れると安く作れる」という好循環を回していくと利益が出て、利益が出れば勝ち残ることができました。つまり**経営者の考えることは「いかに安く作るか」に集約できます**。

その一方で、安く作ればたくさん売れるという世の中ではなくなってきて、消費者が「他と違うものが欲しい」と言い始めた。経済学者の岩井克人氏はこの状況を**「商人の**

時代が再度来た」という印象的な言葉で現代を表現しています。

たとえば大航海時代、商人がヨーロッパに胡椒を持ち込み、珍しい・新しい価値として提供して利益を得ていました。こうした価値の源泉が産業革命以降は「珍しい・新しいもの」ではなく、メタファーとしての「労働者の汗」になるという転換が起こりました。商人の時代は労働者の時代にとって代わられたのです。しかし現在、もう一度商人の時代がやってきているのです。

今は他人と違うものをつくり、高く売れると利益が出て、「また違うものを出してくれるのでは？」と期待される。その結果として組織は勝ち残ることができるのです。従来の改善・省コストを志向する思考だけではこの競争に勝ちきることはできないようになってきています。

アップルがなぜすごいかといえば、極論すれば「他と違うもの」をつくっているから期待してもらえるというサイクルを回し続けているからです。何十、何百万人というアップルファンはどんな新製品でも注目し、手に入れようとします。期待によってブランドが形作られているわけです。

生産というものは業務としては**問題解決**を行っているのです。組織においては「早くつくれ」、「安くつくれ」ということになりますから、**業務は定形**ですし、**情報処理型**になる。

一方でイノベーションは**何をつくればいいかの問題発見**を業務としている。よって**業務は非定型**であり、**知識創造型**になっていくのです。…さて、ここで出てくるのが**知識創造理論**です。

知識創造理論と「場」

知識創造理論は、20数年ほど前に確立され、要約すると、**暗黙知と形式知のスパイラルによって知識（組織的知識）の創造が促される**という理論です。

・**暗黙知（Tacit Knowledge）**…
言語・文章で表現するのが難しい主観的・身体的な知経験の反復によって体化される思考・スキル（思い・メンタル・モデル）や行動スキル（熟練・ノウハウ）

・**形式知（Explicit Knowledge）**…
言語・文章で表現できる客観的・理性的な知。特定の文脈に依存しない概念や論理（理論・問題解決 手法・マニュアル・データベース）

これもどちらかが重要、ということではなくて、「暗黙知を形式知に／形式知を暗黙知に」という**相互変換プロセス**が重要です。**これを繰り返すこと自体が知識創造なのです**。そして、この

図表8-6　SECI：知識変換のプロセス

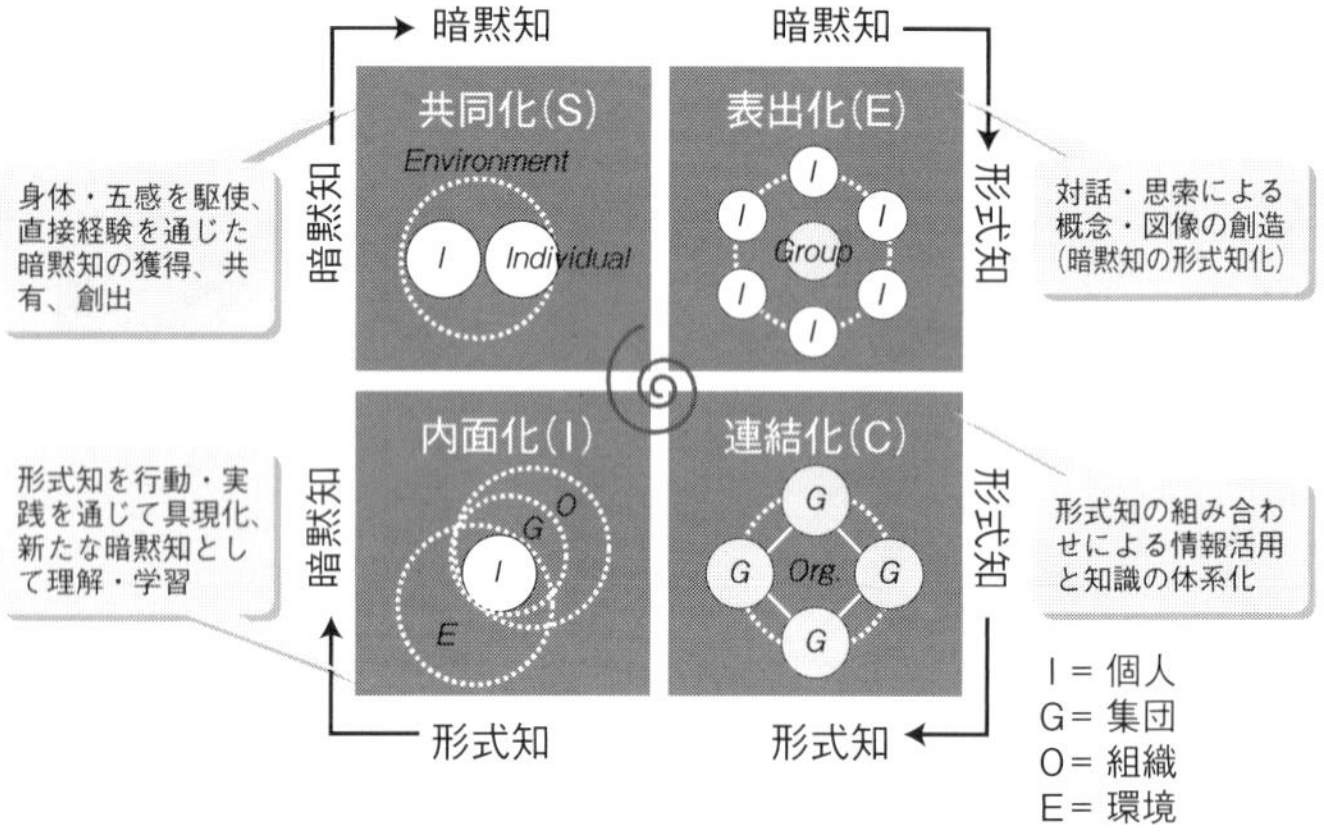

知識変換のプロセスで最もよく用いられるのが「SECIモデル」です（図表8-6）。

まず**共同化**があります。これは言葉にしにくい暗黙知を共同体験することによって、共有・共感していくモードです。そもそも暗黙知というものは、「職人のカン」などが該当し、その人の体に付随する技術知等を指しますので、まずは共有・共感しなくては理解のしようがないのです。

そして**表出化**というモードがあり、言語で表現するのが難しい暗黙知をがんばって翻訳します。そうして翻訳され言語化されたものを**連結化**というモードで分析します。そして実際に自分でやってみて実践する**内面化**というモードに至ります。

…と駆け足で説明しましたが、表現が難しくていまいちピンときませんね？　そこで、より日常的な

図表8-7　12の知識創造行動

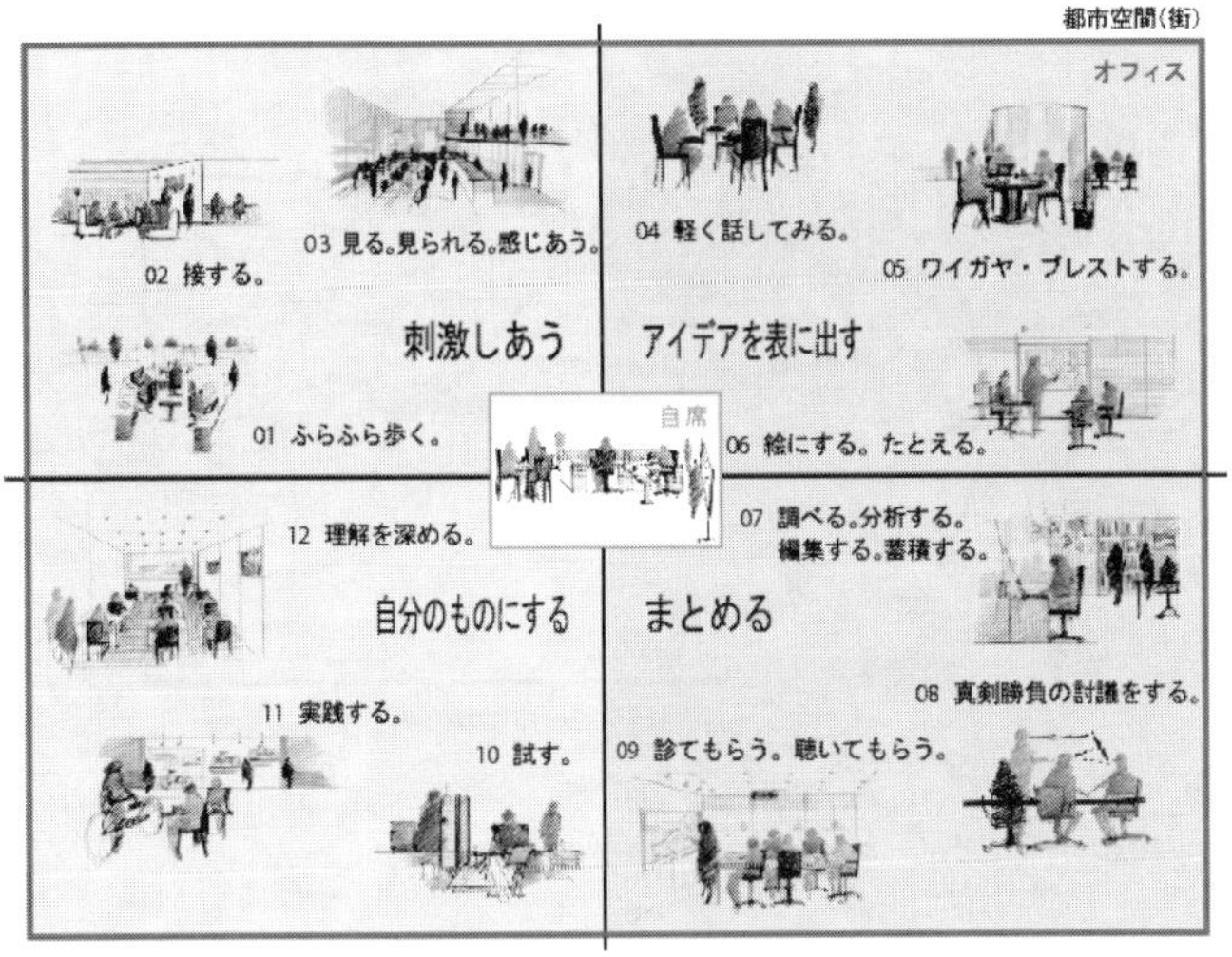

語で表現したものが**図表8-7**です。私は「クリエイティブオフィス」(後述)という言葉をつくりましたが、創造的な仕事ができるオフィスの診断ツールとしても活用しています。

そして今回のメインテーマである「場」は**知識創造の3つの促進要因**のうちで重要な役割を担います(図表8-8)。概念的なお話ばかりですが、イメージをふくらませて、ついてきてください。

先ほど紹介した**知識創造プロセスは、「場」の上で起ります**。「場」がないと全てが成立しません。もうひとつ重要な要素はリーダーシップです。リーダーシップは、「場」の創設と活性化機能を担い、リーダーが知識創造プロセスに介入し、プレイングマネジャーと

図表8-8　知識創造の促進要因

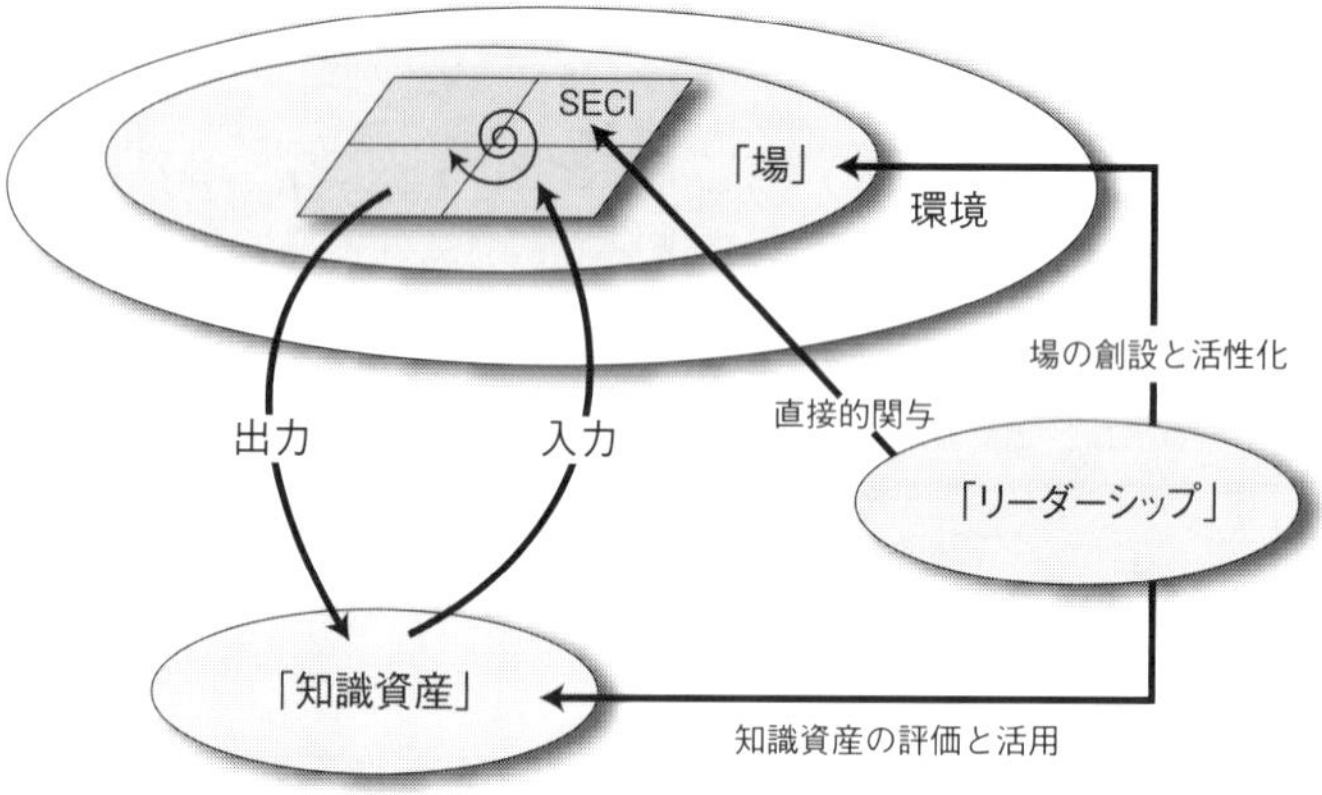

注：野中、紺野［1999］を参考にして著者が作成。

して活躍するという意味もあります。そしてもうひとつは**知識資産**です。リーダーによる「場」の創設と活性化が機能するためには入力し、出力される知識資産が必要なのです。さらにリーダーは知識資産を評価したり活用したりする機能も担います。

そもそも知識とは何かについても整理しておきます。

西洋哲学での知識の定義…正当化された真なる信念・思い「Justified true belief」

知識の諸側面…

・全人的であり実践的である（肉体、思い、実践）

・文脈に依存し流動的に構成される（環境に応じて変化する）

・多視点から真理に接近する能力である

我々の定義…

個人の信念やスキルを〝真実〟に向かって正当化する、ダイナミックで人間的・社会的なプロセス

我々は知識をプロセスと定義しているところが特徴です。知識というものは静的なものではなく、「時間軸が介入している」という考え方です。

その上でもう少し経営学的な側面を付与すると、**持続的競争優位**という考え方があります。ずっと勝ち続けるためにはどうすればいいかということです。これには3つの視点があります。

●ポジショニング視点（Positioning View）

…利益を生み出すうまみのある市場・セグメントを発見し、自らを位置づけるという視点

・代表的主張：M. E. Porterによる業界構造分析（ＰＩＥ、魅力度）、戦略マップ、移動障壁

・競争優位を得るには：「戦いを避ける」こと

●資源ベース視点（Resource-Based View）

…他社が持たない独自の資源を強みとする視点（ポジショニング視点にある意味対抗する視

点）

・代表的主張：C. K. Praharad & G. Hamel によるコア・コンピタンス、模倣困難性

・競争優位を得るには：「真似されにくい武器を持つ」こと

●動的能力視点（Dynamic Capability View）

…既存資源を進化させていく能力や、新しい資源を創造する能力を培うという視点

・代表的主張：I. Nonakaによる組織的知識創造

・競争優位を得るには：「戦って、勝って、また強くなる」こと

このうち、私の立場は動的能力視点に立っています。10年くらい前は「資源ベース視点」のなかに含まれる立場だと思われていましたが、動的能力視点は、「**武器を持つのではなくて、武器をつくる能力を持っていることが重要なのではないか**」とする視点であることが理解され、現在は正しく〝分家〟として認知されているようです。この視点が**組織的知識創造**にあたります。

引き続き、イメージをふくらませてください。**「場」というのは場所そのものを指すのではなく、「場」によってワークスタイルが変わったり、ワークスタイルによって「場」が変わったりします。**

「場」というものは、**共有された文脈**であり、**関係性のこと**を指します。みなさんのオフィス

図表8-9　「場」のイメージ

「場」とは、物理的環境と仮想的環境のなかに創出される意味空間（関係性）であり、そこで個人的文脈が共有される。

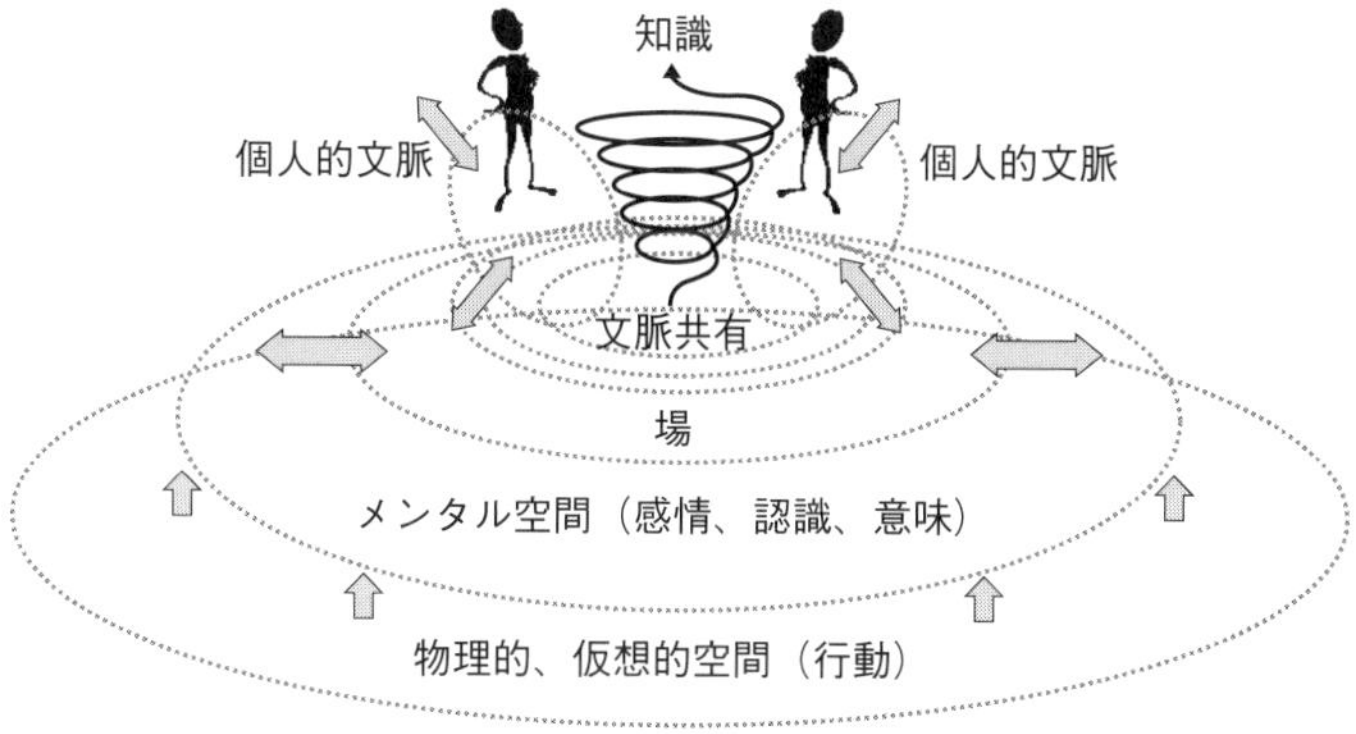

では「場」づくりにどんな工夫をされているでしょうか？

以前は喫煙室でしたが、最近はコーヒースペースやリラックススペースなどの人が集まる場所を作り、そこで「会話を活発にしてくださいね」といった工夫をしている企業が多く見られます。「場」という言葉を使い、「コミュニケーションの場」とも呼ばれていますね。しかし、実際行ってみると「場」になっていないということが案外多いのではないでしょうか。

そもそも人がいなかったり、いてもすぐにいなくなってしまったり。私がとある企業のオフィスのリニューアルに関わった時には、面白い出来事に遭遇しました。今まで多拠点に分かれていた研究開発部門を、ひとつのビルに集約するというリニューアルで、各階に「コラボレーションスペース」なるものをつくり、知識の創造を促したいということでした。

「このソファーだと立ちにくいから人の回転率が低い。カフェカウンターのスツールみたいにしたほうが出入りが促進されていいのではないか」などといろんな知見を総動員し、工夫を凝らして作り上げました。

オフィスが完成し、「どんなふうに活用されているかな」とワクワクして見に行ったら、これがまったく活用されていないのです。私は驚き、ガッカリしました。「なんでだ？　アプローチが間違っていたのか？」と周りを見渡すと、壁に一枚の紙が張られているのです。なんとそこには…

「ここはコラボレーションスペースですので、私語はつつしんでください」

と書かれていました。私はおおいに驚き、ふたたび心の底からガッカリしました。なんでもその近くで仕事をしている人が「うるさいと仕事にならない」ということでこの張り紙をしたそうです。

これは場所と「場」の違いを如実に示しています。**いかに場所があっても、人間の関係性が不在であれば、「場」として成立しない**のです。

だんだん「場」のイメージがふくらんできたでしょうか？

続いて、「場」を知る上で必要な**「文脈」**というものについてエクササイズで考えてみたいと思います。

みなさんは自分がある製造メーカーの社員だと想像をしてください。そして私が社長です。Photo 8-2は私が開発した主力商品です。これをなんとかして売っていきたいのですが、どうやって売りましょうか？　みなさんの知恵をいただきたいと思います。

Photo 8-2　「これ」をどうやって売るか

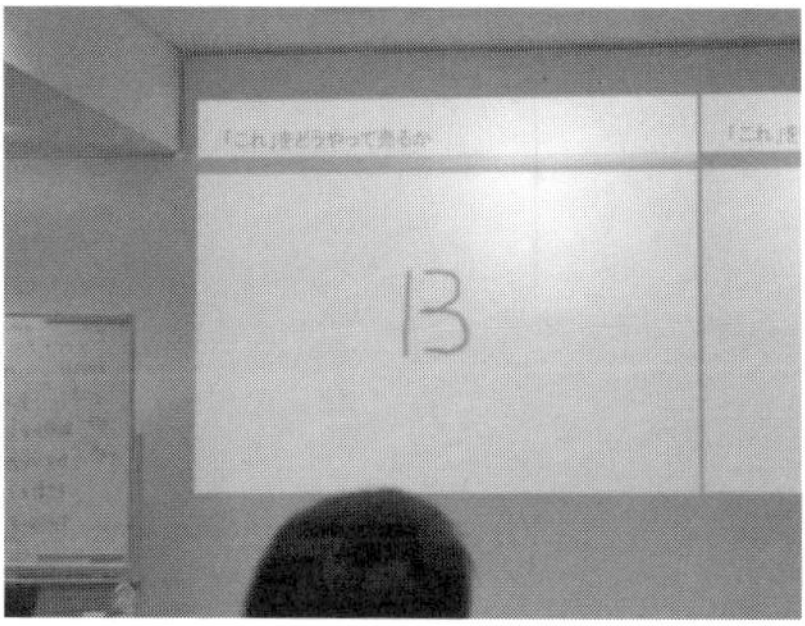

Photo 8-3　こんな意味もあり…

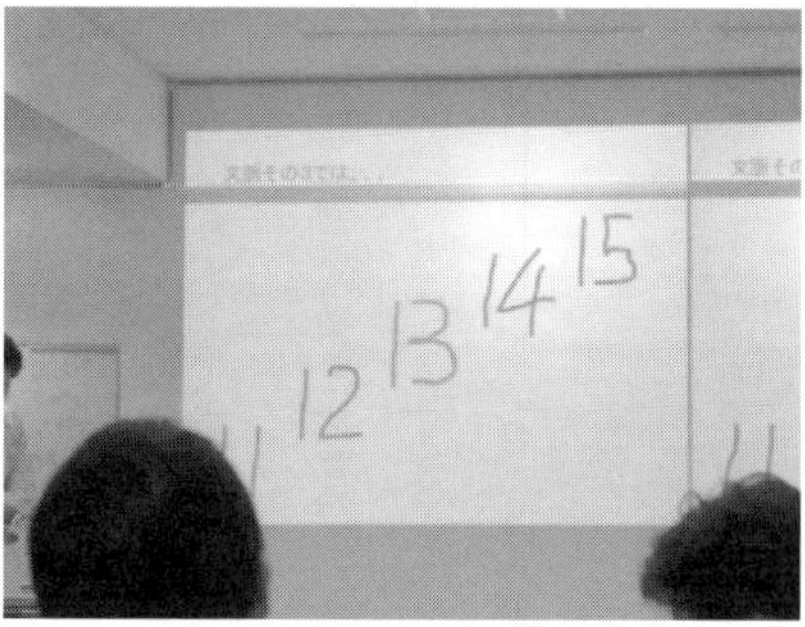

Photo 8-4　こんな意味もある…

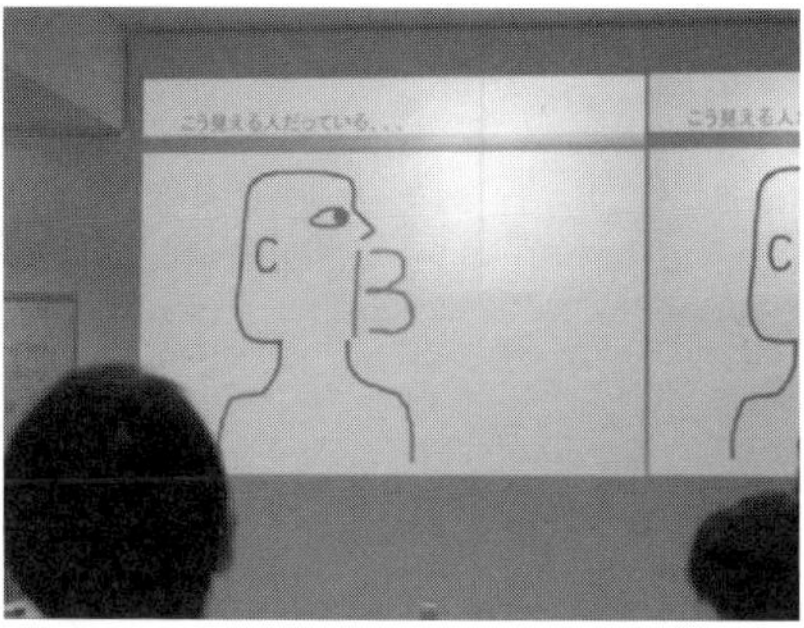

「13」にも見えますし、「B」にも見えますね。しかしそのどちらかを探すのが正解へのアプローチではありません。大切なのは**文脈を考える**ということです。文脈というのは背景情報であり、**違う文脈があると同じシンボルでも意味が違ってきます**（Photo8-3、8-4）。

人の数だけ文脈が存在します。そして**互いの文脈を共有した関係性が、「場」です**。よって、たとえば私がすごく独裁的な経営者で、朝礼で「みんな！ さあ唱えよう！ A・B・C・D！ 今日もB売るぞ！」と毎日叫んでいたら、みなさんにはこの図形が「B」にしか見えなくなります。

「B」が売れていて、「B」をつくればつくるほどお金が儲かるという世の中であれば、「みんな！Bをつくれ」といって集約すればいい。しかし、「B」として売れるか「13」として売れるか、さらには「くちびる（!?）」として売れるかよくわからない世の中においては、**なるべくいろんな文脈を持っていたほうが組織としては強い**のです。**意味生成においては文脈の多様性というものが集団の強みになる**のです。**個人では対処しきれない情報を処理することができるのが集団の強み**なのです。

Photo8-5に、あなたは何を見ますか？ この絵には2人の女性が描かれています。あなたは今、ひとりの女性しか見ることができません。あなたはもう一人の女性が見える誰かの一言によって、もうひとりの女性（＝新しい文脈）を獲得できます。そうした**関係性を生み出す「場」が組織の中にある時、その組織に強さが宿るのです。**

おさらいです。「場」は知識創造の3つの促進要因のうちで重要な役割を担います。空間ではなく意味空間、すなわち関係性のことを「場」といいます。喫煙ルームが「場」ではなく、そこに人がいて煙草をふかし、互いの仕草をみたり雑談したりして文脈を共有すると「場」ができるのです。

SNSでグループが生まれ、みんなが参加していること自体は「場」ではありません。そこで文脈が共有されると「場」ができるのです。

創造的な「場」としてのクリエイティブオフィス

また、**知識というものは個人の頭の中にあるのではなくて、環境と相互作用を起こして作られたり、「場」の中から生まれてくるものだという状況論**という立場があります。「場」と状況論に着目して研究を進めていくと、私はオフィスという物

Photo 8-5　文脈の転換

理環境そのものに興味が出てきました。ここからは私の研究成果を振り返りながら、「場」としてのオフィスについてお話していきたいと思います。

ことのきっかけは博士論文を書いていた時の偶然の発見でした。たとえば人の座り方を変えるだけでも、その「場」に大きな影響を与えます（図表8－10）。

島型座席配置は、たとえばリーダーが業務がきちんと遂行されているかを監督するには効果的です。つまり、階層的分割モデルの情報処理を得意とする配置です。一方で融合型のモデルの知識創造をするためには、**リム型座席配置**が効果的であり、人が育つのもこの座席配置であることがわかってきました。

現在、経営環境は大きく変化し、差別化を志向するようになったと先述しました。そして経営者は、工場だけではなく、オフィスでも付加価値が生まれているかもしれないと考え出しています。

それに伴って当然、オフィスも変化すべきなのです。従来は効率のよいオフィス、不満の出な

図表８-10　「知識創造業務向きの座席配置」への着目

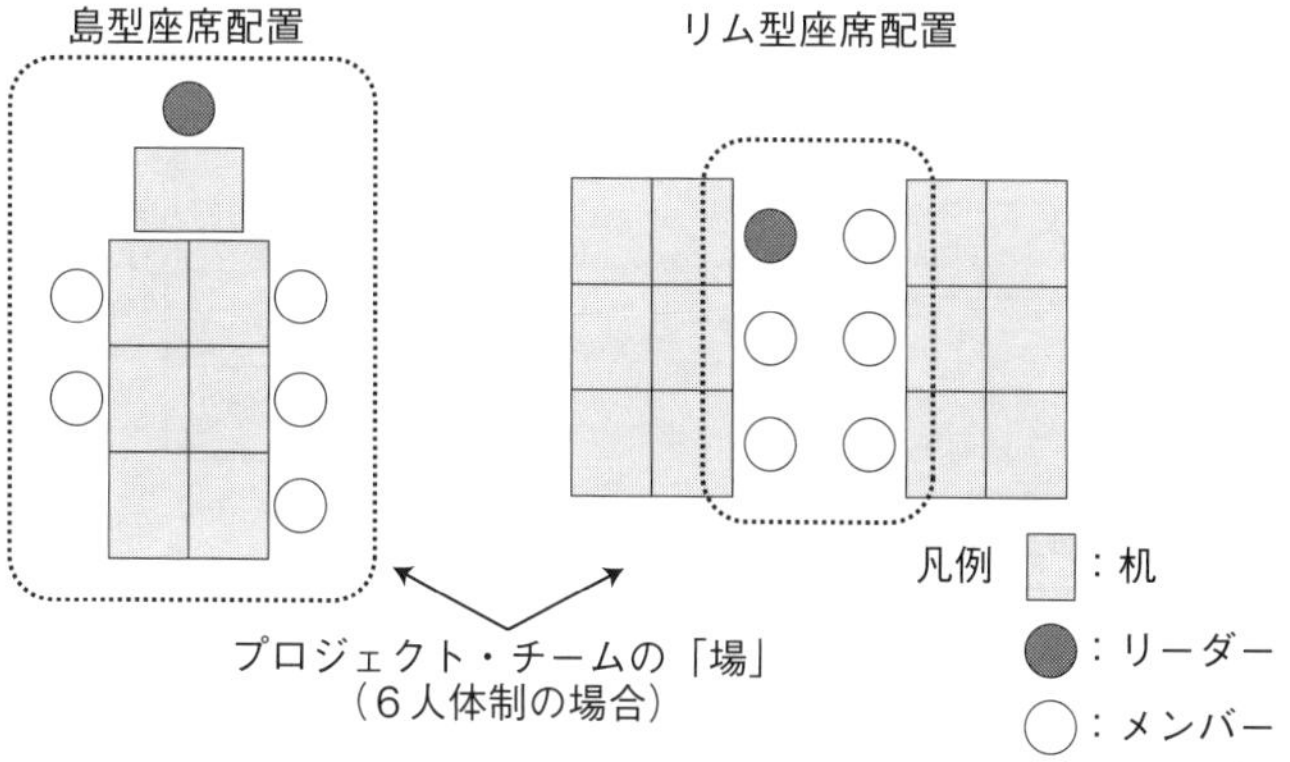

妹尾大（2000）『ナレッジ・エンジニアリングの戦略と集団プロセス：ソフトウェア開発プロジェクト管理にみる状況的行為の解放』一橋大学商学博士学位授与論文

いオフィスを志向してデザインされてきましたが、これからは独創性やシナジーを生む、非定型業務に強いオフィスが模索されていくでしょう。つまり**情報処理の効率を追求するオフィスから、知識創造の誘発を追求するオフィスへのシフト**が起こっているのです。私はそうした未来を予想し、日本コムシス専務だった潮田邦夫氏と一緒に２００６年に**クリエイティブオフィス**という概念を提唱しました。

クリエイティブオフィスは、**クリエイティブワークスタイルを誘発するオフィス**を指します。

オフィスの中で人が移動することは暗黙知が動くとも捉えられます。違う文脈を持ったひとと交流すれば、今までと違う文脈が見え、新しい意味付けができる。そこで、たとえば2人で話しているところに誰かが通りかかったら、その人を呼び込んで、重層的な文脈をつくれるように環境をデザインすれば、

図表8-11　個人の働き方の違い

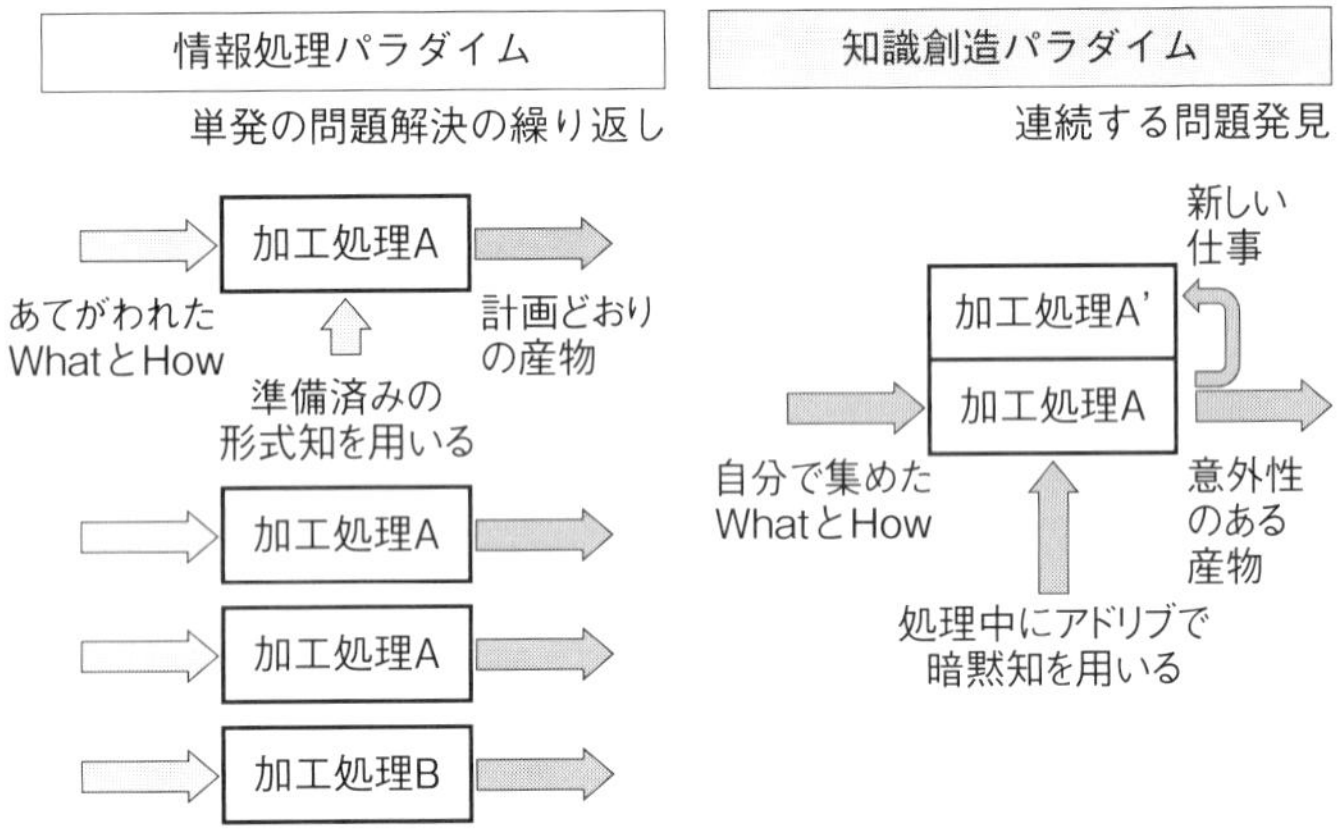

イノベーションが起こりやすくなるのではないか…そうした観点からクリエイティブオフィスを構想していきました。

テクノロジカルコア偏重の階層的分割モデルの組織で**情報処理パラダイム**を行うのであれば、形式知を使って計画通りのものを生み出すことが求められます。よって、個人の仕事には単発の問題解決が与えられます。

一方でイノベーションフロントによる融合モデルの組織では**知識創造パラダイム**です。ここでは個人の仕事には問題発見を連続して行うことが求められます。自分でなにをどうするか、「WhatとHow」を詰め、加工処理を行う時は、アドリブで暗黙知も使い、さらには新しい仕事をするのです（図表8-11）。

まったくパラダイムが異なるわけですから、ワークスタイルも必然的に変わるはずです。

理想的なオフィスはどこにある？

とはいえ、**経営者は「何をしたら儲かるの？」というところに興味がある**わけです。しかし、オフィスの改革が儲けに結びつくという因果関係はなかなか立証できません。

たとえば、オフィスに背の高いパーティションがあってワーカー同士がコミュニケーションできなかったり、隣の人が何をしているかわからない状況では知識創造が促されないので、パーティションを取り払うという変更を加えるとする。ワークプレイスの変革を行うわけです。

パーティションがなくなると関係性が変化し、職場で見る・見られる関係ができる。すなわち「場」が生まれたり活性化したりします。そうすると、意識や行動が変わり、社員は同僚とのインフォーマルな交流を重視したり、交流に費やす時間が増える。ここまでは実証できるのです。しかし、経営者の求める組織成果の変化への結びつきはなかなか立証できない。もちろん、離職率が減少したり、部門間の調整作業が減少したりといったことが実際に起こるのですが、いろんな指標で分析しても、オフィスの変革が組織成果にどのような貢献をしたかが数値化できないでいました（図表8-12）。

そこで私はフレームワークを変更しました。ワークプレイス（空間）とワークスタイル（働き

図表8-12　論理の鎖は長い

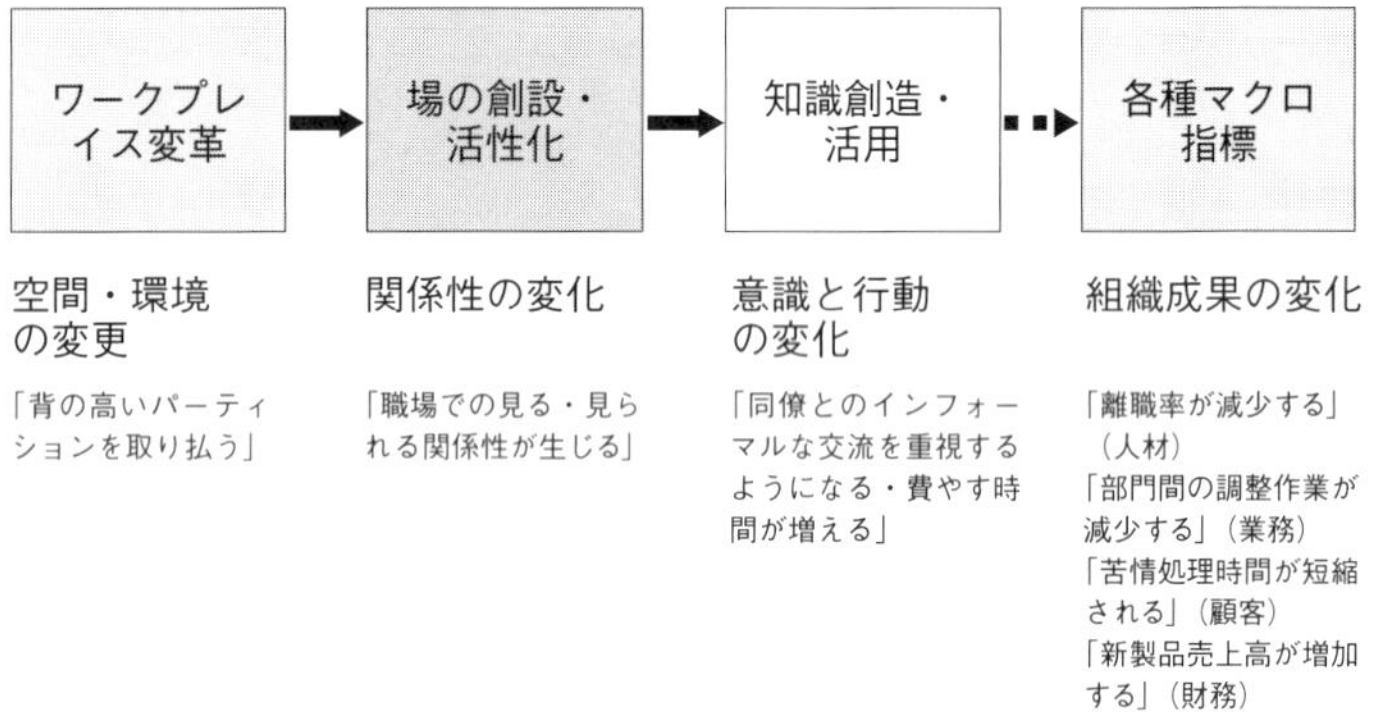
ワークプレイス変革
場の創設・活性化
知識創造・活用
各種マクロ指標
空間・環境の変更
関係性の変化
意識と行動の変化
組織成果の変化
「背の高いパーティションを取り払う」
「職場での見る・見られる関係性が生じる」
「同僚とのインフォーマルな交流を重視するようになる・費やす時間が増える」
「離職率が減少する」（人材）
「部門間の調整作業が減少する」（業務）
「苦情処理時間が短縮される」（顧客）
「新製品売上高が増加する」（財務）

方）の関係性に着目したのです。すると、どうやら**ワークプレイスとワークスタイルはお互いに影響し合いながら進化している**ことがわかったのです。

とある企業の事例ですが、まだフェイスブックのようなソーシャルメディアが社会に浸透していなかった頃、その企業は独自に「個人ホームページ」というものを持っていました。その個人ホームページには、社員が今までどんな仕事をしてきたかがわかるようになっており、これによって社員はお互いを知っていくようになりました。

そうして**互いを知るようになると、「フリーアドレス（社員が個別に机を持たないオフィススタイル）」を適切に使える**ようになったのです。最近、「流行っているようなので、とにかくフリーアドレスにしてみました」といったオフィスも見かけますが、単に個人の机をなくすだけでは、「知らない人と隣合わせで仕事をしなければならなくて不快」というストレスが溜まるだけです。互いを知っている

図表8-13　ワークプレイスとワークスタイルの共進化

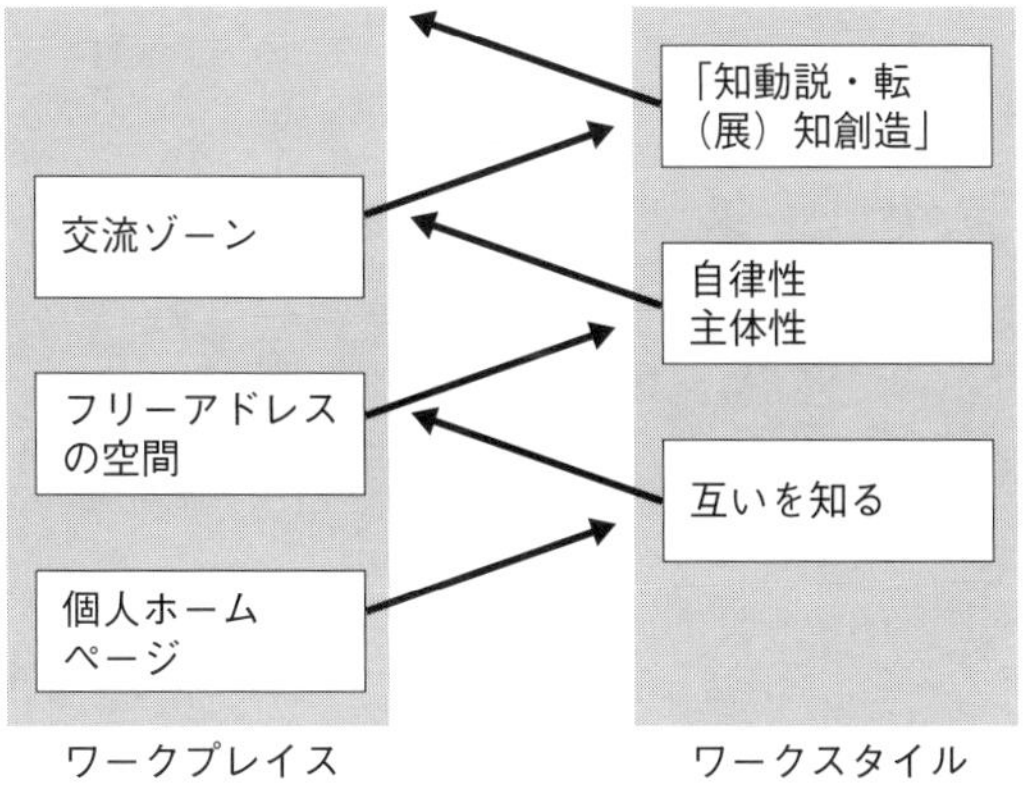

という土壌があるからこそ「今度のプロジェクトにはAさんの知識が必要だから隣に座ろう」といった展開が起こる。そうなってくると、**受け身だった働き方にも自律性や主体性が出てきます。**「明日どこに座ろうかな？」「どこに座るといいかな？」「そもそも私はどういう仕事をやるべきなのかな？」と考えるようになるわけです。

こうした**自律性・主体性がないと交流ゾーンを作っても無意味**なのです。交流ゾーンに行こうとしたら「おまえどこ行くんだよ。仕事しろよ」ということになって使われないのがオチです。一方、**自律性・主体性が生まれた上で交流ができると、交流ゾーンも適切に使われ、個々の知が動く「知動」が誘発される「場」として機能**します。

このようにワークプレイスとワークスタイルは互いに影響し合いながら進化しているのです（図表8-13）。

最近は、この考えをさらに進展させ、自己否定かとも思われる**「クリエイティブオフィスなんてない」**と発言しています。知識創造を促進するのはワークスタイルやワークプレイス、それをひっくるめたワークシーンの影響も大きいものの、**一番影響を与えているのはオフィスづくりのプロセス**だということをつきとめました。**「クリエイティブオフィスなんてない」という発言の真意は、オフィスのユーザーがクリエイティブオフィスづくりに主体的に関わることこそが、クリエイティブな「場」としてのオフィスの創造に直結する**ということです。つまり、外部業者に「クリエイティブオフィスを作ってください」と丸投げしてもダメだということです。

そうした中でクリエイティブワークスタイル、知識創造型パラダイムを使った価値創造への仮説として提唱しているものが**「柔らかい働き方」**です。

活動＝動機（Motivation）×能力（Ability）×機会（Opportunity）

という人間の活動を説明するモデルを用いています。これがＭＯＡモデルと呼ばれているものですが、日本ではフィギュアスケート選手の浅田真央選手が有名なので、私は「ＭＡＯモデル」と、順番を変えて呼んでいます。たとえば「どらやきを食べる」という活動をつくりたいとき、「食べたい」という動機がゼロだった場合、いかに「口があって食べられる」（能力）、「休憩中で食べられる」（機会）としても、掛け算すると答はゼロになり、活動は生まれないということです。

「MAOモデル」をベースにした柔らかい働き方では、動機、能力、機会それぞれに、

- **動機：自己裁量**
- **能力：探索**
- **機会：即興**

が位置づけられます。**自己裁量**で物事に取り組める動機、与えられた選択肢から選ぶだけではなくて、新たな選択肢を探索する**選択肢探索能力**または資源を調達する**資源調達能力**、与えられた要素から次の要素を生み出す**即興（自己制作）**の積によって活動が生まれるという働き方なのです。

そして柔らかい働き方に対応するのが、情報処理パラダイムによる価値創造を行う「剛い（かたい）働き方」とした場合、これらどちらかを採用するのではなく、融合させるのが望ましいワークスタイルだと私は感じています（**図表8-14**）。

情報処理型ではトップ以外は全員、剛い働き方をしていますが、知識創造型は全員が柔らかさと剛さの両方を用いて働きます。つまり個人は全体に対する部分を担うと同時に、常に自分が全

図表8-14　望ましいワークスタイル

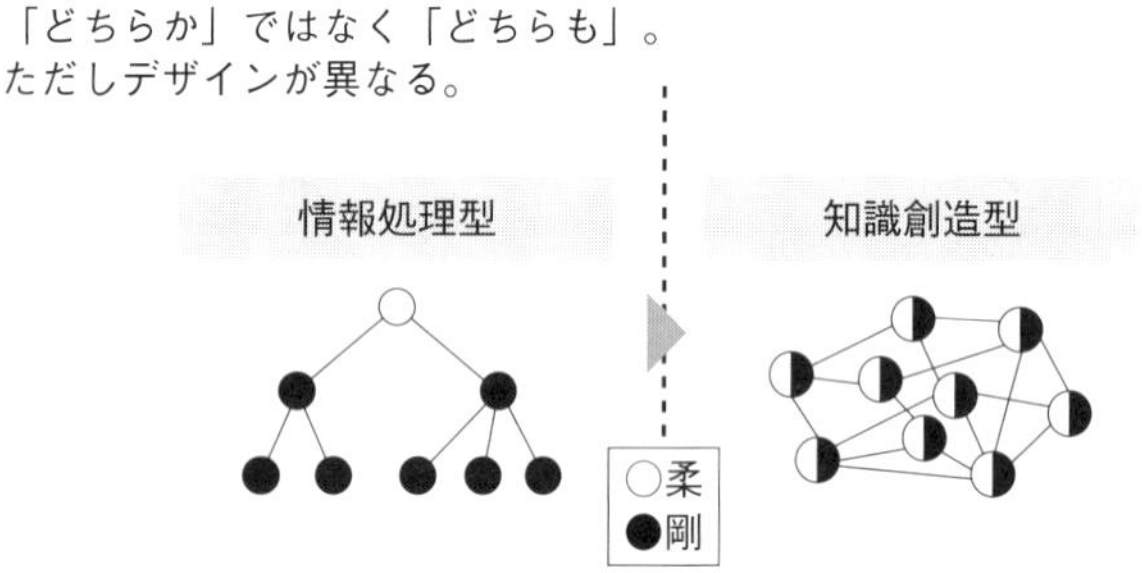
「どちらか」ではなく「どちらも」。
ただしデザインが異なる。
情報処理型
知識創造型
○柔
●剛

体の一部分であることを意識して働くわけです。よって、以下のそれぞれの働き方を場合に応じて使い分けていくことが求められます。

・**剛い働き方　⇕　柔らかい働き方**

頭を使うな　⇕　頭を使え
しゃべるな　⇕　対話せよ
集中せよ　⇕　視野を広げよ
反復せよ　⇕　学びほぐせ
正確にやれ　⇕　有効にやれ
笑うな　⇕　面白がれ

かつては**誰からも文句が出ない快適なオフィス**というものを多くの人たちが追い求めていました。しかしこれが達成されると、次は**仕事が捗《はかど》る機能的なオフィス**が模索されはじめました。

そして今、目指すべきオフィス像というものは、**人が育つ創造**

的なオフィスなのです。そして何よりも**人を育てるオフィスというものは、パッケージ化されたオフィスではなく、オフィスづくりのプロセスそのものに参画すること**ではないでしょうか？

覚えておいていただきたいのは、「場」は場所とは違うということ。物理的な空間はただずっとそこにあるものです。**「場」は「今ここでできている関係性」そのものであり、それは流動的であるということです。**「賞味期限」は短いのです。

たとえオフィスがまだ存在していなくても、それを形づくる関係性がそこにあれば、それはもう立派なクリエイティブオフィスといえるのです。

WRAP UP

みなさんは同じ「場」でも「砂場」に行ったりすることはありませんか？（笑）休日に公園の砂場で遊んでいる子どもたちを観察しているととても面白いですよ。そこは、本当にクリエィティブな場所で、どの子も、面白い作品（？）を砂でつくっている。そして、子どもの遊びが盛り上がってくる瞬間や、何か面白いアイデアで新しいものをつくり出す時のプロセスを「クリエイティブラーニングスパイラル」と呼んだのは、マサチューセッツ工科大学のミッチェル・レズニック教授です。

子どもが何か面白いものを生み出す時というのは、実はひとりではないのです。まず彼ら彼女らは、お城であれアイスクリーム屋さんであれ、何か自分でアイデアを考え、自分でつくり出します。そして完成すると自分で試しに遊んでみる。この次に来るプロセスが決定的なのですが、友達と遊びを共有したり、競ったりするのです。そこで負けたり、相手のアイデアのほうが面白かったりすると、「どうしようかな？」と考え、自分でつくったものに工夫をしていく。その結果として、非常に面白いものを生み出し、また友達と共有していく…これが子どもの学びの領域でクリエイティブラーニングスパイラルと呼ばれているプロセスです。

「クリエイティブである」ということはすなわち、社会的な関係、他者を包含しているということなのです。子どもだからってばかにはできません。彼らは非常に合理的に面白いものを生み出しているのです。もし休日に公園の砂場に通りかかったら、ぜひ彼ら彼女らの「ものづくり」を少し観察してみてください。学ばされる点が非常に多いものです。なんといっても僕たちもかつてはそうやってクリエイティブに遊んでいたのですから。

組織における「場」にお話を戻します。

旧来的な日本の企業の特徴というのは仕事の手続きがあまり決まっておらず、むしろ現場に権限があり、フラットに分散しているという点が挙げられます。こうした環境であれば、人が多様にいて現場主導なわけだから、意図せざる結果として、文脈が共有される「場」のようなものが、もしかしたら生まれるかもしれないように思います。要するにかつての職場は人との関係性が緩やかだったわけです。

しかし、ある時期から多忙化やスリム化によって組織から「場」は急速に失われていった。それによって、情熱や夢などを交換する職場の「真面目な雑談」のようなものも姿を消していったのでしょう。

そして人のつながりが失われる危機感を感じ、企業では2000年くらいから「リラックススペース」などを生み出し、人との交流を促そうとしました。しかし、「場」と場所が混同されたまま作られていったために、誰も来ないリラックススペースなどが大量に生み出され、今に至っています。場所はあっても「場」になっていないスペースは今の企業に多々あります。

今日の妹尾先生のお話を振り返ると、**まず人間の関係性によって構築された「場」があった上で場所が与えられれば正しく機能するが、場所を生み出したからといって場が生まれるわけではない**ということでした。

みなさんはどんな「場」をつくりますか？　みなさんは、どんな学習環境をデザインしようと思いますか？

迷ったらぜひ、休日の公園に足を運んでみてください。きっといいヒントが得られるはずです。

WORK

「NECネッツエスアイのオフィスづくり」
知識創造を誘発する「場」とはなにか、についてこの事例を材料として考え、列挙・分類したのちに仮説を一つ提示してください。

NEC ネッツエスアイのオフィスづくり
20140528版
キーワード：
「リニューアルで行うオフィス改革」
「効果測定と継続改善」
「空間・ICT・マネジメントの統合」
「新しいビジネスモデルへの挑戦」

プロローグ

2007年2月、得意先を集めたイベントで、NECネッツエスアイ（本社：東京都品川区東品川）の社長はオフィス改革を行うことを宣言した。「企業力向上のためには働く一人ひとりが、付加価値を高める必要がある。働く場として、オフィスは働く人たちの付加価値を左右するほどの影響を与える可能性があるが、ICT一本槍の投資では企業力アップにつながっていない！これからはオフィス空間・ICT・マネジメントを統合したEmpowered Officeを実践する。」（注：ICTとは情報通信技術を指す）

同年4月、ICTソリューション推進本部というEmpoweredOffice事業の推進役を担う部門が発足し、本部長はプロジェクトリーダーWが中心となってEmpowered Officeをつくることを命じた。それまで、Wは、オフィスは自分達で変えられるものではなく、総務部から与えられるものと思っていたが、やるからには「世界で一番良いオフィスを作ろう」と決意し、さっそくオフィスづくりのプロジェクトを始める準備にとりかかった。

会社概要

NECネッツエスアイの主な事業内容は、ネットワークシステムに関する企画・コンサルティングや設計・構築などのサービスの提供、および国内300ヶ所以上の保守サービス拠点による24時間365日対応の保守・運用、監視サービスの提供である。今回オフィス改革を実施した本社の2フロア（このほかに1階にショウルームを設置）の実施前のレイアウトは島形対向であり、会議室や打合せスペースは、壁やパーティションなどで囲って隔てられていた。この2フロアでは合計して約700人ほどの従業員が働いていた。

プロジェクトリーダーWはICT活用によるワークスタイル改革については専門分野であったが、オフィス作りに対しての経験は乏しかったため、見学可能な国内他社のオフィスは出来得る限り見学した。さらに、海外のオフィス事情にも興味を持ち、シカゴで開催されるNEOCONという米国家具展示会や、ニューヨークやシカゴのオフィスも数箇所見学に訪れた。

日本全国にとどまらず、全世界を走り回るW氏を見ていた彼の同僚が、ある日「参考になるよ」と彼に紹介したのが、『クリエイティブ・オフィス・レポート』という省庁系の報告書であった。このレポートは、知識創造理論を実践するための方法論のひとつが記されたものであり、オフィスのマネジメントを通じて組織の知識創造を活性化するための具体的施策が企業経営者にむけて提示されていた。方法論の他にも、このレポートには、オフィスへの投資と利益水準向上とのつながりを示唆するアンケート調査結果が掲載されていた。「オフィス改革が本当に業績アップにつながるのだろうか？」と、半信半疑ながらも、実際にオフィスを改革することで現場がどのように変化するかに関心を持ったW氏は、知識創造という考え方の導入を試してみる価値はあるだろうと結論した。

これらの準備活動を通して、オフィスを変える活動に対するイメージを膨らませたり、知識行動という考え方を知って行動を細分化して考えられるようになったりと、クリエイティブオフィスづくりを推進するための下準備が入念に整えられていった。

データ分析による課題抽出と解決策の検討

2007年5月、Empowered Office Center 構築プロジェクトが発足し、センターの構築とともに、営業部門と技術部門のフロアも改革の対象とすることが決まった。

各部門のプロジェクトメンバーが集まり、Empowered Office という事業コンセプトに基づいて、それぞれのICT環境や空間コンセプトの詳細をどう詰めていくかという検討を開始した。コンセプト検討にあたって、まず第1ステップとして、各部門のオフィスについて課題を抽出した。従業員や管理職へのヒアリング、残業時間、消費電力、コピー量、文書量、在席率、など様々なコストや営業成績などのデータを分析し、また「コミュニケーション」や「活気」など定量的な測定が難しい現象についての問題点や課題を抽出した。第2ステップとして、抽出した問題点を、オフィス改革を通してどのように改善・解決するかについて検討した。解決策を考える際には、「空間」「ICT導入」「運用・従業員への働きかけ」と3分類し、「ICT

導入」と「運用・従業員への働きかけ」についてはプロジェクトチーム内での議論を通じて、そして「空間」については熱意があり感性が合う什器ベンダー（デザイナー）と議論を重ねることで解決策を考えることとした。

複数の什器ベンダーと協力し、思い通りのオフィスをつくる

モデルオフィス・営業部門・技術部門の3箇所でのオフィスづくりにおいて、それぞれ違う3社の什器ベンダーを選定してプロジェクトをすすめた。ベンダーを1つに絞らないことにより、ベンダー本位のオフィスづくりではなく、プロジェクトリーダーW氏をはじめとする現場で働く従業員の考えた結果が反映されるオフィスづくりが可能となった。

什器ベンダーの選定では、プロジェクトチームで様々な評価項目（コンセプト、実現性、効果性、費用、スケジュール、デザイナーの「センス」や「熱意」など）を考慮し、それに基づいて什器ベンダーが提案してきたレイアウトプランのコンペを実施した。レイアウトプランの評価項目を考えるということ自体に、大きな副次効果があった。理想とするオフィスに求める特徴をチームメンバー間でしっかりと共有することができたのである。

オフィス改革に対する従業員の意識を高める

2007年7月には、Empowered Office フォーラムを品川GRAND HALL で開催し、新しいオフィスのコンセプトと具体的なソリューションをお客様に知らせた。そして、8月には現場の改革に先駆けて、Empowered Office Center というモデルオフィスを新たに開設し、クリエイティブ・オフィスの考え方を取り入れてICTと空間を統合した働き方を改革するオフィスの具現化と、お客様との対話の場というオフィスコンセプトの具現化に乗り出していることを大々的に社内外へ告知した。

この告知によってオフィスを見学にくる人が増え、社外との関係構築が活発になったり、クリエイティブ・オフィスを推進する従業員たちのモチベーションが向上したりという効果があがった。また、ここで得た社外とのネットワークを使い、お客様との対話によって生の声を聞く機会が増えたことで、オフィス業界の情報や、オフィス改革に対するユーザーのニーズ、オフィスやワークスタイルについて企業が抱えている課題などといった様々な情報を蓄積することもできた

数字に基づいた、営業部門のオフィス改革

2007年6月、営業企画部門のトップをリーダーとした営業部門オフィス改革プロジェク

トが発足し、営業効率30％向上を目標として活動をスタートした。営業効率の算出には、営業のプロセス管理システムを活用して、商談件数・営業マンのワーク時間・直帰回数などの測定数値を用いた。

7月からの3ヵ月間にわたって、営業部門で現状のオフィスが抱える課題抽出を行い、コンセプトを再検討した後、具体的な実施策を立案して、経営トップと稟議を行った。9月～10月にかけては、営業部門の改革に関わる什器ベンダーの選定とレイアウトプランの詳細設計を行った。

オフィス改革プロジェクトでは、一目で見て分かる「データ」にこだわり、定量的な改善目標に基づいたオフィス改革を目指した。定量的な効果を提示しないことには、経営トップの投資判断を仰ぐことができないからである。特に、今回のようにオフィス改革を投資として捉えた場合は、定量的データにこだわるのは当然のことであった。

各所から、様々な取り組みのアイデアが寄せられた。これらについては、トライアルエリアを決めて様々な取り組みにチャレンジし、そこでの効果を実際に測定して、目標を達成できそうな効果が上がったものを実際のオフィスに展開した。

12月、先行部門と共用部の工事を行った。このとき、従業員を対象とするアンケート調査を実施した。このオフィス「Before アンケート」では、オフィス環境満足度、ワークスタイルに関する満足度を中心に、十数項目について調査した。これは、改革前のオフィス課題をあぶり出すという目的に加え、改革後のオフィス「After アンケート」で効果測定を実施する布石としての意味をも持つ調査であった。

2008年1月には正月休みを利用して、営業部門オフィスの執務エリアを一気にリニューアルした。オフィス改革後も、改革前に行ったようなデータに基づく効果測定を継続的に実施し、改善を繰り返した。その結果、現在の営業部門では改革前と比べて客先訪問回数や商談件数の増加や残業時間の削減など定量的な効果が現れ、目標としていた営業効率30％向上も達成されたことが数値で証明できた。

営業部門改革での経験を活かした、技術部門のオフィス改革

営業部門オフィス改革の翌年である2008年2月からは、技術部門オフィスプロジェクトが発足し、ICTソリューション推進本部の本部長代理をリーダーとして、SE効率20％UPを目指した活動がスタートした。SE効率の算出には、従業員へのワークスタイルアンケート結果からお客様へ付加価値を与える作業時間割合の定量数値を用いた。技術部門のオフィス改革プロジェクトでは、営業部門リニューアルで培った経験を活用しながら、このプロジェクトを進めていった。

プロジェクト発足後の1ヶ月間で、現状のオフィスが抱える課題の抽出、コンセプトの再検討、具体的な実施策の立案、経営トップへの稟議を行った。営業部門オフィス改革のときには3ヶ月かかっていたこれらの作業は、今回の技術部門では1ヶ月で完了と大幅に時間短縮できた。改革対象のスペースと人員が少なかったことが主要因と思われるものの、過去の経験の活用や経営トップの理解度アップも時間短縮に寄与したと考えられる。同年4月には、什器ベンダー選定のため、NECネッツエスアイからの提案依頼書に基づく3社コンペを実施した。5月には、大型連休を利用し、部分的なトライアル改革として、マーケティング部門を先行リニューアルし、様々な試みに挑戦した。この実験的な取り組みでは、失敗を恐れず様々なチャレンジを行い、効果が得られた試みを技術部門全体へと横展開していった。

すべてがすんなりと進行したわけではなかった。たとえば、情報ネットワークソリューション事業部では、経営トップへの稟議がなかなか通らず、改革案の見直しを繰り返し、承認までに4ヶ月間を要した。それは、経営トップは工場の生産革新をオフィスに取り入れた、業務プロセス改革へのチャレンジに大きな期待を寄せていたが、現場の検討チームでは〝仕事の流れ〟ではなく〝オフィスの形〟ばかりが先行して検討されていたためであった。また、オフィス改革に向けてのチャレンジ精神や熱く強い思いを改革部門内に醸成することにも、時間がかかった。さらには、営業部門での成功を見届けた経営トップの「目が肥えた」ことで、以前よりも増した期待をかけられた改革メンバーは大いに苦労することとなった。

居ながらのリニューアル工事

２００８年10月～11月には、技術部門のトップをリーダーとして、毎週土日を使っての、居ながらのリニューアル工事に挑戦した。平日は稼働しているオフィスを変えていかなくてはならないため、とにかく短い時間にやる事が山のようにあった。また、通常業務を止めないことを担保しなければならないという点が非常に困難であった。この困難を乗り越えるために、ＩＣＴ環境を整備し、どこでも働ける環境を先行して整備するという工夫を行った。具体的には、電話はＩＰ化とモバイル化を進め、ＰＣはノートパソコンに、ネットワークは全館無線ＬＡＮに替えることで、場所に固定されずに働くことのできる環境を前もって整備したのである。こうした工夫で、通常の週末を利用したオフィス改革が可能であることが、みごとに証明された。仮オフィスを用意せずとも、大型連休を待たずしても、工夫次第でタイムリーなオフィス改革が実施できるのである。

改革後のオフィスづくり活動

２００８年４月から、オフィス構築プロジェクトのメンバーは、オフィス委員会メンバーとしてオフィス改革に関与を続けている。オフィス委員会はAfter アンケートを実施して継続的に効果測定を行うとともに、従業員への働きかけや効果測定のフィードバックといった改善活動も実施している。印刷代、電気代など、ありとあらゆるデータを取得し、従業員にフィードバックしていった。これによって、社員全員に、コスト削減の意識が植え付けられた。

「営業効率30%向上達成」など、オフィス改革の効果の数字を明確に出せたことは、従業員たちがオフィス改革の重要性を認識する助けとなり、またW氏をはじめとするプロジェクトのメンバーにとっては大きな励みとなった。改革の前には文句を言っていた人たちも、改装後は笑顔でオフィスを使っている様子は、プロジェクトメンバーが委員会メンバーとして活動を続ける原動力となった。

技術部門のオフィス改革が完了した2008年11月以降も、営業部門同様、オフィス委員会が中心となって、継続的に効果測定や改善活動を実施している。自分たちでの測定以外にも、外部の専門家に依頼してオフィス改革の効果測定分析を実施している。ただし、第三者による学術的な分析で「知的生産性向上」「知識創造向上」などが明らかになることを期待していたのだが、確立された評価手法が定まっていないという点が課題となっている。

オフィス改革による変化

オフィス改革後の調査によって、コスト削減だけでなく、目標としていた「効率」も向上していることが明らかになった。特に、オフィスと会議室を隔てていた壁やパーティションを取り払い、オープン化した「見える会議室」では、話し合いながら情報を得る場が生み出されている。会議の様子がよく見えるため、「近くを通りかかった役員や部門長など会議の関係者以外からのアドバイスが得られるようになったり、必要な時には「誰々君、ちょっと来てくれ」と執務エリアから呼び入れて会議を進めるなど、会議室の使われ方が飛躍的に拡がってきている。この、必要なときに必要な人材を取り入れる様子を見たお客様は、「ジャストインタイムな会議室だね」という感想をもらした。また、事前には予想していなかったものの、オフィス改革が効果的なことを体験したワーカーは、自ら積極的にオフィスを改善していく意識を持つようになり、会社全体にこのような風土ができつつある。

オフィス改革によって座席をフリーアドレスにしても、座席が固定化する傾向は依然として残っている。このため、1フロアを丸ごと使った約650坪あるオフィスの営業部門では、半年に一度、フリーアドレス用の机を営業チームのブロック単位で入れ替えて使うことによって座席の固定化を防ぐように工夫している。

エピローグ

オフィス改革を宣言した社長は、「すべての働く人の満足に向かう、流れ・仕掛けをつくり、活人（活力ある個人）を育てる」と銘打った改革コンセプトの通り、お客様と営業部門と技術部門の間に流れが生じ、社員の働き方が大きく変わったとして、今回のオフィス改革プロジェクトを高く評価している。お客様と技術部門の間の情報調整役として営業が動き回るという従来の働き方ではなく、お客様を自社に招きオフィス改革を体感していただいたあとで、営業部門と技術部門を含めた（もちろんお客様も含めた）関係者全員のチームで問題解決にあたるという新しい働き方が主流となった。また、オフィス改革後には、部門長が「暗黙知をいかに形式知にするかが大切だ」という新しい着眼点で語り始めるようになるなど、今回のオフィス改革を通して、働き方を自らが見直して改善するという作法が定着してきている。個々の従業員も、指示待ち型従業員から自律型従業員へと変わってきており、多くの人と交わりながら創造的な仕事をする時間が増えている。

以上

NECネッツエスアイの現在（いま）

2007年からスタートしたEmpowered Officeコンセプトに基づくオフィス改革の取り組みは、7年目を迎えている。品川の旧本社にて営業部門・技術部門の700人でスタートした改革は、２０１０年飯田橋への新本社移転では３０００人に拡大して実践、２０１２年から全国十数ヵ所の支社支店および海外拠点において実践している。

SESSION 9

創造的なコラボレーションを生む
■インプロビゼーション（即興演劇）の展開

東京学芸大学芸術・スポーツ科学系音楽・演劇講座演劇分野
准教授
高尾　隆

●講師プロフィール

1974年島根県松江市生まれ。1998年東京大学文学部卒業。2004年一橋大学大学院社会学研究科博士課程修了。博士（社会学）。専門は演劇教育、インプロ（即興演劇）。現在は大学での授業の他、杉並区の公共劇場「座・高円寺」など、学校、劇場、企業、地域、福祉施設などにおいてインプロ・ワークショップを行っている。著書に『インプロ教育：即興演劇は創造性を育てるか？』『インプロする組織』（共著）『学校という劇場から』（共著）『ドラマ教育入門』（共著）『クリエイティヴ・アクション』（共著）など。インプログループ「即興実験学校」ではワークショップを行うかたわら、舞台にも立っている。

INTRODUCTION
インプロへの招待

こんにちは、中原です。近年、**インプロビゼーション（インプロ／即興演劇）**が、学習手法として注目されるようになってきています。

あるときは、コミュニケーション教育の手法として、組織開発やチームビルディングの手法として、デザイン教育の一貫として、さらにはクリエイティビティの発揮の機会としても応用されています。

インプロはシナリオのない演劇です。その場に居合わせる人々が、創意工夫をして「場」や「物語」をつくりあげていくのです……と、概要を述べるのは簡単なのですが、なかなかイメージが湧かないですよね。僕もそうでした。また、役者でもないのにインプロをすることの意味が、なかなか分かりにくい。

しかし、実際にやってみると、たちまちインプロがいかに私たちの実生活と密接に関わっているか、さらには、私たちは実生活で知らず知らずのうちにインプロをやっていたという事実にも気づかされます。

よって、**インプロの真意を理解するためには実践あるのみ**です。実際の「ラーニングイノベーション論」のレクチャーでは丸一日を使ってインプロを行い、さらには自作映画を作成してシェアしたりといった取り組みを行います。

今回のレクチャーを担当していただく高尾先生と僕は、実は大学時代の同期でした。ご縁があって数年前に共著で『インプロする組織　予定調和を超え、日常をゆさぶる』（高尾隆、中原淳著）という本を出させていただくことになり、高尾先生は演劇から、私は組織の立場から書かせていただきました(1)。同書ではいかに人材育成や人材開発にインプロ（即興性）を生かしていくかを詳説しています。このセッションを読まれて、さらに詳しく学びたいという方はぜひ手にとってみてください。それでは始めましょう。

LECTURE

創造的なコラボレーションを生む
〜インプロビゼーション（即興演劇）の展開 ——高尾隆

変わり続けるインプロの周辺

私は大学で演劇を教えています。そして、演劇の中でも即興演劇、インプロを専門としています。

インプロというものは、文字通り〝即興〟なので、脚本などを渡されずにいきなり演技をするという形式の演劇です。手法としては、たとえば客席にいるお客さんから何かキーワードをもらい、そこから短いものでは5分や10分のシーン、長いものでは1〜2時間に及ぶ演劇をつくる場合もあります。あるのはキーワードと役者のみ。役も決まっていなければ台本もないまま、演劇に飛び込んでいきます。たとえるならば、役者全員で崖から飛び降りて、いよいよ地面に激突す

■注

(1) 高尾隆・中原淳（2012）『インプロする組織』三省堂

るという瞬間に遠くから彗星がやってきてみんなを救ってくれる（笑）ような、そんな演劇です。私は役者として、毎回どうなるか分からない舞台に立っています。

しかし、**最近面白いのは、私のところに演劇とまったく関係のない領域の方から連絡が来るようになったこと**です。ここ5年ほどの出来事です。

まず私が「インプロのワークショップをやってほしい」と言われて向かった先は、学校でした。「コミュニケーション力を子どもにつけさせたい」と、下は4歳の保育園から、上は小中高大と幅広くお声がけをいただきました。さらには学校の教員研修に、またある時は、地域の子どもたちの夏休みの催しに取り入れていただいたりして、広がっていきました。

そして、企業に呼んでいただくことも多くなりました。保険、介護、医療機器メーカー、テレビ局、広告…その業種には偏りがなく、今も広がり続けています。

たとえば介護の仕事をされている方は、お年寄りへの対応についての組織的課題を抱えておられました。

認知症を患っておられるお年寄りとは、時に言葉でのコミュニケーションが不可能になることがあります。その時、たとえば介護者がお年寄りをお風呂に連れて行こうとすると、ある介護者の場合には喜んで行くのに、ある介護者の場合はかたくなに拒まれるといった問題が出てきます。

介護者それぞれに得意な方・不得意な方が出てきて業務がうまく回せなくなっていたのです。そういった問題はこれまでずっと人柄や経験のせいにされてきました。この問題を「トレーニングで解決できないか」と考え、インプロにその可能性があるのではないかとお声がけをいただいたのです。

これだけ広がりの幅があると、もはやなぜ今インプロが必要とされているかを、やっている側からも把握することができません。よって、私にとってはこうしてワークショップを開かせていただくことは、その「なぜ」の探究でもあります。どういった意義があるのかを常に探しながらやっています。つまりワークショップでもやはり全てが〝即興〟であり実験なのです。このセッションを読み終わる頃に、みなさんにも何かの発見があれば幸いです。

インプロのワークショップは医者の診断プロセスに似ているところがあります。患者さんが来る前に「今日はぜったいCTスキャン使ってやるぞ！」と思っている医者なんてあまりいませんよね？（笑）　患者がいて、様子を見て診察をして、治療法を決めるわけです。毎回どのような診断・治療が行われるかは患者が来てからしか分かりません。

インプロのワークショップもこれと**同じで、良く言えばオーダメイド、悪く言えば100%の成功は保証できません。**しかし失敗を恐れてはいません。毎回私自身も本当に楽しんでやっています。

落語家さんも同じですね。彼らは寄席の舞台に上がる前には演目を決めていないそうです。まず舞台に座り、落語の本題に入る前にするお話である「枕」を話しながら、今日のお客さんの様子を見て最終的に演目を決めるといいます。インプロも落語も、何が起こるかわからないことを「愉しむ」という姿勢からスタートします。もしかすると、そういう姿勢は、これからの私たちの働き方を構想する上でも、大切なものなのかもしれません。

私たちは「検閲」された社会で生きている

ところで、ビジネスシーンにおけるインプロの意味を考える時に参考になるのが、キース・ソーヤーという研究者の研究です。

この方はアメリカのワシントン大学セントルイス校の先生なのですが、もともとはミハイ・チクセントミハイというシカゴ大学の先生のお弟子さんでした。ミハイ・チクセントミハイは、「フロー理論」で有名な方です。フローとは「没我」するほど、のめり込んだようなハイ・モティベーションの状態ですね。人は、自分の能力よりも少し上、もう少しで手のとどく目標を与えられ、かつ、挑戦に値するような条件を与えられると、我を忘れて熱中します。それがフローです。

キース・ソーヤーは学生時代はジャズピアニストでした。その後ビジネスの世界に入り、〝ひとつの仮説〟を携えてもう一度大学院で学ぼうと戻って来ました。彼の仮説は、**「ものすごくイノベーティブな組織は、即興のジャズの演奏者のグループやインプロ劇団の組織のあり方とすごく似ている」**ということでした。彼はその仮説を研究で明らかにし、イノベーティブな組織をつくるヒントをミュージシャンやインプロ劇団に求める研究を展開していきました。そして私も彼同様の仮説を信じて仕事をしています。

何より、みなさんもインプロに飛び込んでみたら、みなさんの組織をよりよくしていったり、イノベーティブにしていくヒントを見いだせるかもしれません。インプロにはそんな可能性が満ちています。

私は企業で研修をさせていただく時も、基本的には演劇人に向けてやっているインプロのワークショップをそのままやっています。つまり、ビジネスパーソン向けにアレンジはしていません。ちなみに、小学校低学年の子どもたちはインプロの天才です。何か与えるとそれを延々とやり続けて、どんどんうまくなっていきます。**思ったことを体ですぐに実行することができる**んです。

しかし小学校3年生くらいから変わります。これは子どもを育てた経験がある方は誰でも気づくことですが、たとえば、それまでおおっぴらに絵を描いて見せていたのに、小学校3年生くらいから隠して描いたりするようになりますよね？　なぜこうしたことが起こるかというと、「この絵を見て他の人がどう思うか」に意識が向くようになるからなのです。社会性の目覚めです。

これは彼ら彼女らにインプロをやらせても同じことが起こります。**私たちは社会性を身につけた瞬間に、何かを表現したりする時、他者にネガティブな印象を与える可能性のある行動を事前に省きます**。インプロではそのことを「**検閲**」と表現します。つまり社会性を身につけたとき、それと引き換えにたくさんの検閲をするようになったわけです。私たちは知らず知らずのうちに「何かをする前にやめてしまう」瞬間に囲まれて生きているのです。それはあまりに自然になりすぎていて、自分では意識ができないようになっています。日常では表出しないこれらの検閲に、インプロではたくさん気づくことができます。

もちろん現実世界で検閲をすべてなくせばいいかというと、それは違います。大切なことは、検閲とうまく付き合っていくにはどうするかを考えていくところにあります。

心は常に体に引っ張られている

では実践に進んでいきます。ここからは読後に複数の方で試していただきたいＷＯＲＫが入ってきます。

まず、会社の研修が始まる前や、会議の場で試していただきたいのですが…

【WORK】２人組を作って相手の手のひらをマッサージしてあげてください。終わったら交代してください。

学校の先生の研修では、「保護者会で手のマッサージをしてみてください」とアドバイスすることがよくあります。保護者会では、時に先生と保護者が対立関係になり、厳しい雰囲気での話し合いになってしまいます。新年度一回目の会のはじめに手のマッサージを行うと、雰囲気ががらりと変わります。

演劇の人間からすると当たり前なのですが、**体の状態と心の状態は緊密に繋がっている**のです。たとえば体が緊張してガチガチの状態でものが学べるなんてことは想像できますか？　隙のないガチガチの体には何も入ってこれません。リラックスして受け止められる体になってはじめて、情報やノウハウなど、いろんなものが入ってくるのです。

日常ではついつい頭だけでものを捉えがちですが、体の状態はとても重要です。それに、心の状態も体に出てきます。落ち込んでいたら、なんとなく背中が丸くなって前傾姿勢になりますよね？　逆に、自信に満ちて気持ちよい状態であれば胸を張って颯爽と歩いている、といった具合です。

体を変えると心も変わります。より広い意味で体を捉えると、男性だと高価なスーツでビシッとキメていたり、女性だとメイクが変わったりすると気分が変わることが挙げられます。心と体は不可分なのです。続いて、ためしにやってみていただきたいのですが…

【ＷＯＲＫ】複数の人数で行ってください。腕組みをして、目を細く、小さくして周りを見渡してみてください。そして、お互いに「あなたって素晴らしいね、大好き」と言い合ってみてください。

やってみると分かるのですが、まず、周囲にいる人が敵に見えます。「大好き」なんて言われても、なんともうそ臭い雰囲気になります。笑っちゃいます。これには理由があります。この不可思議な状況の時、**気持ちは敵対的ではないのに、体が敵対的になっているのです。人間は、この矛盾を解きたいと思うのです。その手段として、笑うのです。**

ときどき、緊張すると笑う人がいます。これは人前に立つのが怖くて目が細く、小さくなっている自分をなんとかして正当化しようとしているのかもしれません。人前で目を細く、小さくしていると敵対的な印象を与えます。でも、笑っていれば敵対的にならないことを知っていて、そうしているのです。

【WORK】逆もやってみましょう。目を大きく見開いて「ほんとぁなたって嫌な人ね。嫌い」と言ってみましょう。

これもすごく変ですよね？　こうなってしまうと、自然とどちらかに揃えたくなることが想像できると思います。やってみれば分かりますが、**「嫌い」と言う気持ちをやめて、今の体に合った気持ち「好き」に揃えたくなる**のです。

人は考え方を変えると行動も変わるようになると思いがちです。それもあるのですが、実際には**行動が変わると考え方が変わる**ということもあります。体を先に変えると、今の自分が思っていることと体が行っていることが矛盾してしまうので、人間は自然と心を変えて、なんとか帳尻を合わせようとするわけです。だから体が変われば、なかなか変われなかった気持ちが、勝手に体についてきたりします。

いろんな演技の方法がありますが、体を変えることで気持ちを変えたり誘発したりする演技もあります。その一番典型的な例が「仮面」です。仮面をかぶると、気持ちが仮面の「体」についてくるわけです。

こうしたことは演劇の人間からすると当たり前のことですが、学校にしても企業にしても、あまり体のことを考えていないように思えます。近代的な仕組みが残っている企業ではなおのことです。学校なんてとことん体を縛ります。動きにくい机に座り、上に出ているのは上半身だけですね？　学ぶのに頭と目と手しか要らないということを暗に示しているわけです。

今まではそんなふうにして学校や企業をつくってきたわけですが、私はそうした考え方は時代的にも限界が来ているのではないかと思っています。

組織にイノベーティブ人材は必要ない!?

【WORK】体に続いて頭もほぐしましょう。4～5人のグループで行ってください。グループで輪をつくります。そしてペットボトルを1本用意します。

ペットボトルを、何かモノに見立ててください。「もしもし」と耳に当てて電話を表現してもいいですし、効果音をつけて発射し、ロケットに見立ててもかまいません。とにかく即興的に何かを表現し、次から次へと回してください。

このワークは得意な方とプレッシャーがかかる方がいます。アドバイスとしては、柳家小三治という落語家のエピソードがあります。

小三治は高校生の頃からの落語好きが高じて、柳家小さんに弟子入りしました。しかし柳家小さんは弟子の面倒をあまり見ない人でした。でもあるときめずらしく、「ちょっと見てやる」ということで、小三治は柳家小さんの前で落語をやる機会を得ます。

ひととおり噺を終えると、柳家小さんはぽつりと一言だけ「お前の噺は、面白くねえな」と言ったんです。それだけです。面白くするためのヒントも何もありません。真面目な小三治は、それ以降、面白くなるためにありとあらゆることをやっていきます。名人の噺を分析し、面白いと聞けば映画でも演劇でも何でも観に行きました。しかしなかなかヒントは得られません。面白くなるために迷い込んだ袋小路は時間にして10年以上だったといいます。

しかしある時、悩んでいた小三治にとある噺家が話しかけました。「そういえばね」と、その噺家はかの有名な古今亭志ん生の話をしました。古今亭志ん生がどれだけ面白いかというと、舞台に出てざぶとんに座るだけで会場が爆笑するレベルです。その志ん生はなんと、「面白くしようと思ったら、面白くしようとしちゃいけねえよ」と言っていたのだそうです。

そのとき小三治は気づきました。「そういえば落語の話は基本的に面白い話だ。江戸時代からずっと伝わっていて、改良を加えて面白くしているものだ。それを無理に面白くしようとして舞台で話すから、面白くなくなっていた。最初から面白いのだからそのまま素直にやれば面白いはずだ」と悟ったのです。

そうして小三治は、人物をきちんと丁寧に演じていくことに努力していきました。すると、お客さんが爆笑するようになったのだそうです。

このワークのコツは面白くしようとしないことなんです。面白くしようとした瞬間に、**検閲が働く**のです。「こんなこといったらつまらない、面白くない人だと思われる」といった発想になってしまうのです。そうすると何が起こるかというと、**全体のリズムが失われる**のです。

ただペットボトルをもらって、ポジティブに当たり前でシンプルなことを言う。ただそれだけでいいのです。リズムをよくするとチーム全体の雰囲気がよくなるので、周りの人が面白くなっていき、自分もいつの間にか面白くなっているのです。

テレビでバラエティ番組を見ていると、あまり面白くなくても、いろいろな番組に引っ張りだこな芸人がいるものです。その人は**場のリズムをつくっていく上で重宝されている**のです。

インプロは何も決まっていないけれど、誰といっしょにやるかだけは決まっています。だからいっしょに演じる人によってアウトプットは大きく変わります。そこで求められる人はイノベーティブな人ではありません。**「この人が加わるとイノベーティブなグループになる」という人が欲しい**のです。集団でものをつくっているわけですから、みんながイノベーティブになろうとしても活かしようがないのです。**集団がイノベーティブになるためには、必ずしもそこにいる人全員がイノベーティブなアイデアをばんばん出す必要はない**のです。アイデアを出す人がいたり、そのアイデアを生かす人がいたり、アイデアを出しやすい雰囲気をつくる人がいたりして、**その集団がイノベーティブに、クリエイティブな状態になることが何よりも必要**なのです。

企業ではどうでしょうか？

企業、さらには職場では、専門職を除き、誰しもひとりで仕事をしてはいません。必ずプロジェクト等では複数の人たちでクリエイションを行うことが求められます。その時、必要な人は**「この人が加わるとイノベーティブなグループになる」人であって、孤独なイノベーティブ人材ではない**のです。このワークはそのことを体感していただくためのインプロなのです。

イノベーティブなことをしない企業がイノベーションを生む

【WORK】次にやるのは「大喜利」です。これは大人数が必要です。まず、いわゆる「山田くん」を一人選びます。次に6人程度前に並んでいただき、その他は観客です。そして長めの風船をひとつ膨らませます。これはよくない答えだった時に山田くんが、座布団を取っていく代わりに前の6人を叩くための〝ハリセン〟です。

さて、準備ができればテーマを与えます。今回は「こんな動物園には行きたくない」「こんな学校には子どもを入れたくない」でやってみましょう。挙手で自分の答えを6人に言ってもらいます。

(Photo9-2)

これはちょっと本だけで実施するのは難しいかもしれません（笑）。よって、実施した時を少し振り返りますので参考にしてみてください。「こんな動物園には行きたくない」では、

「動物が全部犬」
「トイレがない」
「動物に監視される」
「動物がいない」
「スズメしかいない」
「ジュースない、ごはんない」
「入場料５万円」

Photo９-１　大喜利

といった答えが出てきました。「動物がいない」「入場料５万円」あたりでお客さんが爆笑していたのが印象的ですね（笑）。

大喜利は大変よくできたシステムです。立川談志が考案したものなのですが、面白いことを言うと座布団がもらえます。そして、つまらないことを言うと、座布団を持っていかれます。よくよく考えてみると、みなさんがお茶の間で「お客さん」として大喜利を見ている時、このどちら

にも喜びますよね？　つまり面白くても、つまらなくても、どっちに転んでもお客さんが笑うのです。だから芸人は、舞台に上がっても全く怖くないのです。**大喜利は、実は芸人が非常にスマートに守られているシステム**なのです。

つまり、答えがひとつも面白くなくても客は笑えるのです。なので**大喜利に求められる唯一のことは、つまらないことでも何でも「すぐに言う勇気」**なのです。

組織でも同じです。組織をイノベーティブにしたいなら、イノベーティブなことをしようとしないほうがいいのです。今「イノベーションが大事だ」と言っている企業は全くイノベーティブではないです。**人間の頭は非常に複雑にできていて、「面白いことをしなきゃ」と思うとできないのです。しかし、ただそのことを楽しんでやっていると創造性が発揮される**ようにできているのです。

よって**「イノベーティブであれ」というスローガンには全く意味がありません。そう言われれば言われるほど検閲が強く働き、人がますますイノベーティブではなくなる**からです。

ワークショップという概念も同じです。ワークショップが生まれたのは今から100年前の芸術の世界です。当時、既存の芸術を、現代アートの〝走り〟だった芸術家たちが否定しようと考えました。その時に何を参考にしたかというと、ひとつは壁画や神話などの原始的な芸術でした。

そしてもうひとつ参考にしたものが「子ども」なのです。彼ら現代アーティストは、子どもが描いているような絵をアーティストが描けるようになれば、きっと芸術に革命が起こると思ったわけです。そうして生まれてきたのがワークショップという概念です。ワークショップという言葉は「作業場」という意味で、フランス語でいうと「アトリエ」に該当します。

ワークショップに多彩な人たちが集まり、そこでみんなで面白いことをやっていたほうが、新しい芸術ができるのではないかと思ったわけです。

それから100年が経った今、ワークショップの概念は芸術以外のところにも広がっています。今でも根底にあるのは同じです。自由に遊んでいる中で新しいものを、多くの人とかかわりながら生み出していくということ、つまりイノベーションを誘発するということなのです。

インプロで学ぶ、これからのサバイバル

いよいよインプロでシーンをつくっていきます。前述しましたが、インプロの基本は即興でつくったシーンを見せるということです。場所の設定はどこかとか、登場人物の関係は何かとか、お客さんからアイデアをいただいて始めることが多いです。

【WORK】2人で「お弁当屋さん」のシーンを演じてみましょう。30秒か1分くらいで大丈夫です

(Photo9-3)。

ここでも実際の会場で行われたものを例題としてご紹介します。

A：どれ食べます？

B：あー、そおっすねえ。

A：あの、どれにします？

B：いつも何食べてるんですか？

A：昨日はエビチリでした。

B：中華ですか…最近ちょっと…お腹まわりが気になるので。

振り返ってみます。「お弁当屋さん」というシーンしか決まっていないので、最初はそもそも2人がお客さんかどうかは分かりません。一言目で「どれ食べます？」と聞かれたら2人ともお客さんになりますし、「お客さん、ぜんぜん来ないっすね」となると2人とも店員になります。まずそこは出てきたアイデアを受け入れましょう。**最初の一声で役と関係の設定が決**

Photo 9-2　「お弁当屋さん」のシーン

まります。

そのあとの展開にはある特徴があります。基本的に疑問文で返していることが見て取れると思います。「最近ちょっと…お腹まわりが気になるので」まで、基本的には疑問文ですね？

これは人間の心理からすると非常に自然なことなのです。**日常では、私たちはできるだけ変化が起こらないようにして生きています**。変化とはリスクであり、変化が生じると安定した生活を営めなくなるからです。私たちはできるだけリスクが少なくなるように生きているのです。

これは生きている限り自然と体に染み付いてしまうものです。そして、**疑問文で返すというやり方は、リスクを回避する方法のひとつ**です。なぜなら疑問文で聞いて、相手に答えさせれば、たとえこのシーンがめちゃくちゃになっても、相手のせいにすることができる。逆に自分で決めるというのはすごく勇気がいることであって、リスキーなわけです。

そして疑問文で話をしているかぎりは話は前に進みません。だからここにずっといられるわけです。「中華ですか…最近ちょっと…」と言って濁すのもそうです。「中華を食べましょう」となると、その先どうすればいいのかわからないので、安全ではなくなります。人は自然と、できるだけ前に進まないように振舞っているのです。

舞台上では未来に進んでいくことはリスクになります。予想ができないからです。今、予想ができている「ここ」になるべく留まりたいし、行くなら相手が言ってくれたものに付いていくほうがいいわけです。こうしたことが、人間の自然な心理として働くのです。これは**人間が社会の中で「自分を防衛しなくてはいけない」という本能に従った結果**なのです。

2500年以上前から人間は演劇を必要としてきました。なぜでしょう？　一説によると、人間の演劇好きには進化的な理由があるといわれています。

私たちは日常ではリスクの低い、変化が少ない世界で生きたいと考え、行動します。しかしそれでは、いざリスクに直面した時にどう行動すべきかが分かりません。そこで**演劇というシミュレーションを通して、ハイリスクな世界を体験しようとする**わけです。たとえば、戦争で人が大量に死んだりすることを演劇を通してたくさん知っている人とそうでない人では、本当に戦争が起こった時、生き残れる可能性は前者のほうが高まるでしょう？　生き残れる可能性を上げるために、演劇が存在するというのです。

これが本当かどうかはまだ分かっていませんが、人間はリスクを避け、変化を避けるのが日常であるため、わざわざリスクと変化に富んだ演劇を観に行くのは事実でしょう。つまり演劇を見に来るお客さんは、リスクと変化に飢えているのです。

インプロの役者は、普段は「ローリスク・無変化」の日常に生きているのに、舞台の上では「ハイリスク・変化」という正反対の考え方で生きなければなりません。この切り替えが非常に難しいのです。そしてこれこそが今、いろんな組織でインプロが注目されている理由のひとつだと思います。

さっきお話した、**「変化をしない」ということが「リスクが低い」と考えられるのは、変化しない社会の中だけ**です。**社会が変化しているときは、変化をしないことは逆に**高リスクになります。つまり**変化をしていかなければリスクを減らしていくことができないという秩序になる**のです。

今の時代、今の組織はどうでしょう？　今まで安定した中で生きてきて、それが染み付いている人・組織というのは、たとえ**変化をすることがリスク回避に繋がると頭で分かっても、なかなか行動がとれない**のです。だからインプロという実際の被害が起こらない非日常的な場で、変化をする練習をしているのだと思います。

「ステータス」視点で変わるコンフリクト解決法

次はインプロで私たちの仕事での立ち位置を見ていきましょう。

【ＷＯＲＫ】複数の人と行ってください。まずはグループをＡとＢの２つの集団に分けます。みなさんは果物業界の人です。自分の仕事は適当に決めてしまってください。これからみなさん

には同業種同士の立食パーティのシーンをつくってもらいます。しかし、体勢を以下のようにしてください。

A：つま先を内側に向けて立ってください。人を見るのが好きですが、人と目が合ったら、一度目をそらしてから、また相手を見てください。

B：足は開いて立ち、肩も開いてください。一度人と目が合ったらそらしません。ロックオンしてください。

Photo 9-3　「ステータス」のインプロ

いろんな方とご挨拶してみてください。「はじめまして」「こんにちは」で始め、いつも立食パーティでするように振る舞ってください。ただし、指定した体勢は崩さないでください。3分程度行います。(Photo9-4)

Aの人たちはどこか頼りなくて、弱々しく見えます。それに比べ、Bの人は「偉そう」であり尊大です。このワークは、インプロの言葉でステータスといいます。そしてAの人は「ステータスが低い」、Bの人は「ステータスが高い」と言います。

ステータスは社会的身分とは一致しません。身分が高いのにステータスが低い人もいます。深々と頭を下げて「あっ、わたくしが社長でございます…」なんて人もいれば、「あー、どーも。新入社員でーす」みたいな人も…これは珍しいですが（笑）、似たタイプの人は存在します。**ステータスというのは、もう少し動物的なもの**です。人間はもちろん、ペンギンやサルなどの社会的な動物はすべてこのステータスを持っています。

ステータスは、その個体が集団の中で生き残るための戦略なのです。もし集団の中で自分が安心して生きようと思ったら、ひとつの方法はボスになること。みんなが自分の言うことを聞いてくれるのであれば安全に生きていけます。これはステータスが高い人の生き残り方です。また、いつも目につかない場所にいて、「私は他の人と関係ありません」とひっそりと生きていければ、それも生き残る術になる。これはステータスが低い人の生き残り方です。

ステータスは、社会や集団の中での生き残り方と深く関わっています。みなさんも「ステータスが高いほうが自然にできる」、「低いほうが自然にできる」ということがあるかもしれません。

ここで面白いのは、**ステータスが同じ人同士はぶつかる**ということです。たとえばステータスが高い人が2人いるとぶつかります。安全になるためにステータスを高くしていくわけですから、もうひとり同じ人がいると安全ではなくなります。なのでどっちが上かを競わなければならず、戦いが起こるのです。サル山のボスザル争いはそういうことです。また、ステータスが低い人が複数いても目立ってしまうのでぶつかります。

時々、「話している内容は明らかにこっちが正しいのに、全然納得してもらえない」といったことが起こりますよね？　その時、**相手は言っている内容ではなくて、あなたのステータスが気に食わない**ということが多々あります。こうした時は、ステータスを変えることで解決できる場合もあります。

また、人間の社会では、職業に応じて、ふさわしいステータスがあります。たとえば警察官は高いステータスが必要です。警察官のステータスが低いと逃げている泥棒は立ち止まりませんし、市民は不安に陥ります。

ステータスが低くないと仕事が成り立たない人もいます。たとえば出版社の編集者がそうです。偉い先生に原稿をもらうために「先生、いいですねぇ～この原稿。でもこのあたりだけちょっと直していただければ……はいっ」といった具合です。「これ直してください！」では決して原稿を書いてもらうことはできませんからね。

教師は両方です。子どもたちに話をするときにステータスが低いと、子どもたちは話を聞きにくい。「はい、注目」と高いステータスで言うと教師は話しやすく、子どもたちも聞きやすいのです。でもそれをずっとやっていると威圧的になるので、いっしょに遊ぶ時や、個別に子どもに話しかける時には、ステータスを下げるのです。

企業でワークショップをするファシリテーターもそうです。最初は低く入ります。みんな「インプロさせられる」と構えていますから。みなさんが活動しているときは低くします。こっちが話をしたいときは少しステータスを高くします。そうすると講師だと認知されます。状況に応じて上げたり下げたりすると、ある時は参加者を自由にすることもできるし、時にはぱっと参加者に注目してもらえます。

みなさんが日々されているお仕事ではどうですか？　場面に応じて違うと思います。また、多くの人と接する仕事をされている方はステータスを自然に使い分けておられると思います。とくにみなさんは人を育てる仕事をされている。ある人がなかなか部下との関係がうまくいかないという時に、**その人の言っている内容ややっていることに問題があるのではなくて、ステータスがぶつかっている**ことがあります。そこの関係性を見直すと改善することがあるかもしれません。

こうしたインプロの視点を持つと自分が関わっている人たちの見え方も変わってくるかもしれませんね。ぜひ生かしてみてください。

WRAP UP

中原です。今日は、身体を通して、様々なものを演じつつ、人材開発や人材育成にとって大切なことを、たくさん学びました。皆さんは、どのような感想をお持ちになりましたか？

今日はラップアップというよりも、インプロにまつわる、いくつかのコメントをさせていただいて、この回を終えることにしましょう。

まず真っ先に感じたことは、「学習手法としてのインプロ」とうまくつきあうことです。昨今、インプロは、人材開発・人材育成の領域で、非常に注目されているエクササイズです。世の中には、気の早い人もいて、最近では、

「これからは対話ではなくて、インプロだ！」

「これからは認知・アタマの時代ではなくて、身体だ！」

というようなことが述べられているようです。

人材開発や人材育成の言説空間は、すぐに「あれか、これか」という二項対立（ダイコトミー）の議論に振れやすい。いわゆる「振り子」のように、注目されるものが、極に振れるということです。なぜなら、**そのほうが、「セールストーク」としてはわかりやすいからです。**インプロの奥深さを本日少し垣間見ることのできた皆さんは、ぜひ、そうした「わかりやすい議論」には関与しないでください。人材開発・人材育成の世界にとって必要なことは、どれかひとつの万能な方法を金科玉条のように守り抜くことではありません。**身体、対話、様々な「表現メディア」のバリエーションをもって、それを状況に応じて、まさに即興的に使いこなせる能力が、ラーニングプロデューサー、ラーニングデザイナー、ファシリテーターなどの「学びを生み出す人々」には、求められるのだ**と私は思います。様々な表現メディアが、多種多様に入っている自分自身の「ツールボックス」を持ち、現場・状況の変化に合わせて、**様々なものを〝恥知らずの折衷主義〟で用いればよい**のだと思います。私としては「ツールボックス」に入るようなツールを、今後も様々に発掘したり、創造していきたいな、と感じます。

第二に思ったことは、組織研究における身体の問題です。ひと言で述べるならば、**経営・組織研究においても、創造のために身体を用いることに関する研究が、もっと進むと面白い**なと思っています。

これまでの研究は**「生産のためにいかに効率的に身体挙動を制御するか」「多忙化・過剰負荷のために、身体に変調が起こることをいかに防止するか」「徒弟制の制度化において、師匠の技をいかに身体化するか」**ということに関する研究はあったような気がします。経営・組織の文脈において、**「身体」の語られ方は、おおよそ、この3種類**ではないでしょうか。もちろん、そうした研究が重要であることは言うまでもありませんが、ここにもバリエーションが生まれても面白いと思いました。インプロは、その可能性をひとつ拓くことになるのかもしれません。

最後に、インプロが今後、健全に育つことを願っています。

先ほど述べましたように、現在、インプロは、人材開発や人材育成の手法として、取り組まれることが多くなっています。「学習の機会」として考えたい人々のコミュニティやつながりが、インプロ業界!?（そんなのあるのかな・笑）の中に生まれて、**自分たちの実践を鑑賞・吟味し、クオリティを担保していける場があるといいな**、と感じます。私は仕事柄、様々な「教育手法・学習手法の興隆と衰退」の歴史を見ていて、そのように思います。

様々な事例がありますが、「教育手法・学習手法の興隆と衰退」の多くの歴史は、

① 手法を実践する人々の間の、大同小異の差が乗り越えられず、関係者内部のゆるやかなつながりや協力関係が生まれず、ムーブメント自体をつくれないこと

② 資格などを設けた場合は、本来、資格を与えてはいけない人に大量に資格証明を行ってしまい（選抜と資格付与の仕組みが機能しない）、資格自体がデフレーションを起こし、その領域自体の経済的価値が地盤沈下すること

③ 学習手法の普及のスピードに、学習手法を実践できる人材の育成のスピードが追いつかず、質の低いものが普及してしまうこと、ひいては、その領域自体にレピュテーションリスクが発生し、地盤沈下していくこと

④ 手法自体の教条化・固定化が進み、環境適応を果たせないことによって、徐々に衰退していくこと

⑤ 実践の創設者・古参者がカリスマ化し、新参者の参入が減り、徐々に衰退していくことなどの、いずれかから起こります。インプロが今後、豊かな学び・異化・内省の機会をつくり出していくものとして発展していくためにも、ぜひ、何らかの形でこれらの問題と取り組む必要があるのかな、と、全くの外野・門外漢ながら、感じました。

創造のために身体を用いるというのは、ふだん私たちの日常の中で、なかなかないことのように思います。もし、本書を読みながらインプロを実践された方は、ふだん使わない部位を使ったので、筋肉痛？ になるかもしれませんね。ゆっくりとお休みになってください。

SESSION 10

研修のデザイン
教えることを科学する

東京大学 大学総合教育研究センター
准教授
中原　淳

人を動かすにはどうすれば
いいのかな？

それはきっと、あなたが動かされる時のことを
考えることから始まるんじゃないかな？
いっしょにディスカッションしようか！

INTRODUCTION

「教える」とは何か

中原です。今日はわたしが講義いたします。今日、皆さんと考えたいのは、「いかに効果的な研修開発を行うか?」という話です。それを、そもそも「教えること」とは何かというところから解きほぐしてみましょう。

皆さんの中には、いまさら、なぜ「教えること」なのか、ということに不思議に思った方がいらっしゃるかもしれません。「ティーチングからラーニングの時代」とか「レクチャーではなく、ワークショップ」とか、世間では、非常にわかりやすい単純な二項対立的言説が、今日も、飛び交っています。そういうのを日常的に目にしておりますと、「教えること」というのは、どこか「ネガティブ」なものとして映ってきます。

僕は今、人材育成において語られる教え方や学び方がまるで振り子のように2つの極の間を揺れ動いているように感じます。ひとつめの振り子は「経験vs教室」の軸です。勘の鋭い方ならお気づきだとは思いますが、現在の振り子は現場での「経験」に振れていますね。「研修では学べない。すべては現場でのＯＪＴであり、業務経験である」という言説に魅了される方が多いのではないでしょうか。ひと言でいえば「現場経験信仰」です。

第二の振り子は、「ティーチング vs ワークショップ」の振り子です。こちらは「教えてはいけない信仰」と言ってもいいかもしれませんね。「研修においては、気づかせることが大事で、教えてはいけない」といったようなことがよくいわれます。「これからはワークショップの時代だ。研修は古い」とかもよく言われますね。

第一の振り子「経験 vs 教室の間を揺れる」

第二の振り子「ティーチング vs ワークショップの間を揺れる」

これらの振り子の中でもっとも見失われがちなのは「教えること」です。そもそも、教えることとは何でしょうか。今日は、そのあたりから考えていきたいと思います。

LECTURE

教えることを科学する

——中原淳

主役は、学習者

「教える」とは何でしょう。みなさんが「教える」と言う時、どういうイメージを持つかが一番重要だとは思うのですが、一般的なものは講師が話して学習者が聞くというスタイルです。知識のある人がない人に向けて、一方的に話していく**「導管モデル」**（Photo10-1）ということです。教える人から教えられるひとにパイプが伸びていて、その中を知識が流れているイメージです。

こうした、いわゆる「一斉講義」というスタイルが、我が国に導入されたのは明治期からですが、それがずっと連綿と受け継がれて今に至っています。このスタイルに対しては個人的な新しい、古い、好き、嫌いといった感想があると思いますが、これはスタイルの問題であって、「教える」を考えるためには、その根底を流れる部分を見る必要があります。これは私の考え方では

Photo10-1 「導管モデル」のイメージ

ありますが、「教える」を正しく捉えるために大切にしなければならない2つの軸があると思っています。本講座では、教えるとは、

① 聞く、話し合う、活動するなどの多様な学習手法を活用し
② **学習者に「自分の頭で考えさせる」こと**
③ **学習者に「変化」をもたらすこと**

と考えます。これが「教える」ことの根幹です。当たり前のように感じますが、実際にやってみようとすると、なかなか難しいことです。最大の難しさは、教えることの主役は教師ではなく学習者であることなのかもしれません。**学習者が考え、変化してこそ、授業者は「教えた」ということになるのです。逆にいうと、学習者が考え、変化していないならば、教える側が何を為したとしても「教えたこと」には「ならない」ということです。**現在、講師開発とか研修における社内講師育成に携わっておられる方が一番困っているのは、そういった授業観の生成にあるとも言えます。新しく研修講師になられた方の授業観をなかなか変えることができなくて困っておられるわけです。

学習者に考えさせる、変化させることについては偉大な実践家がいます。ひとりは、大村はま先生という国語教育の大家です。彼女は、こんな言葉を残しています(1)。

子どもに「考えさせる」ということをした人が、いちばん教師としてすぐれている。考えろといった人ではない。「考えさせた」人である。

（大村はま）

非常に含蓄のある言葉だと思います。

ここで把握しておきたいことは、「考えさせる・変化させる」ということが根幹にあるならば、それを行うための情報伝達は構わないし、教える時は自信を持って教えていいということです。**くどいようですが**、学習者が「考えました」「学びました」という実感がなければ、その授業には意味がないのです。

みなさんも「教える」ことのためにたくさん研究し、いろんな工夫を実践されていると思いますが、

■注

(1) 苅谷夏子（2012）『大村はま　優劣のかなたに：遺された60のことば』ちくま学芸文庫

本当に、学習者に考えさせているでしょうか？
考えさせる議論をしているでしょうか？

このあたりが考えるべきポイントなのです。とはいえ、今私がお話していることは、「教える」ことを生業にしている以上、全て自分にブーメランのように返ってきます（笑）。私たち教育者は、この問いから逃げることはできないのです。

では、学習者に考えさせたり、変化をさせるために、具体的にどんなことを留意していけばいいのでしょうか？　これから7つポイントを整理していきます。この7つはいろんな、何万とある研究をメタ分析し、その中での原理原則のうち大切なものを、分かりやすく、しばしば強引に抜き出したものです。

①　教室内要因…教室の中でどんなことに留意すべきか。

原則1　学習者を知る
原則2　学習内容の構造を示す
原則3　モティベーションを管理する
原則4　ステップ学習と多様性

原則5　学習環境をデザインする

②　教室外要因…職場要因

原則6　研修前後をデザインする
原則7　学び続けることを支援する

教室の内外に大きく分かれたもののひとつめ、教室内の要因について見ていきます。まずは**原則1「学習者を知る」**からです。

これは当たり前といえば当たり前なのですが、いざ「どこまで知っていますか？」と聞かれると、答えるのが難しいのではないでしょうか？　**学習者の先行知識・先行経験によって、学習は促進されもするし阻害されもします**。だから学習者のことをきちんと分からなければならないのです。

みなさんは日頃の業務で、学習者のことをどこまで知っているでしょうか？

この10の項目は日本で研修開発をされている方からいろいろお聞きして、それを私が分類したものです。みなさんが研修開発等をされているとして、あるいは研修の事務局をされているとして、講師とどこまで打ち合わせられているでしょう？　チェックしてみましょう。

【WORK】あなたは学習者をどこまで知っていますか？

Demographic Factor

- □ 人数
- □ 平均年齢
- □ 男女比
- □ 役職・部門

Experience Factor

- □ 受講者に研修内容と関連する知識がどの程度あるか？
- □ 受講者に研修内容と関連する経験がどの程度あるか？
- □ 受講者はこれまでどのような研修受講歴をもっているのか？

Condition Factor

- □ 受講者の通常業務・業務負荷量を知っているか？
- □ どのような経緯で受講者はこの場にきているのか？
- □ 受講者の目的意識／取り組む姿勢はどの程度あるのか？

個人情報保護の問題もあって、状況によっては知ることそのものに困難が生じる場合もあります。しかし、学習者が未知になればなるほど、授業・研修は困難になると言えます。実際の研修講師の方々はどんな知り方をしているのでしょうか？　参考までに、ヒアリングさせていただいた〝声〟を紹介します。

「事前に知っておきたいのは、誰がムードメーカーなのか、誰がみんなに一目置かれている人なのか、それぞれがどんな業務経験をもっているか？」（研修講師Aさん）

「現場が無理なら、会議室でもいいから、参加者の方々が、普段どういった仕事（業務）をしているか、必ず見させてもらうんです」（研修講師Cさん）

研修講師に共通しているものを一つ挙げるとすれば、学習者の**業務経験を知ること**です。手法として一番シンプルなのは現場で見回って調べること。しかし時間もかかりますので、申し込みのフォーム等を工夫するのも一手だと思います。あるいはどんな人かを知るための事前課題を出してみるのもいいかもしれません。今回の研修への期待・意気込みなどを自由記述させるというのもいいでしょう。

逆説的ではありますが、**研修講師の仕事はまずは知ること**。そして**本番が始まったら場に任せ**

ること。あまり学習者を知りすぎて、それにとらわれすぎると、実際に始まった時にギャップに戸惑います。**始まったらそこはもう〝インプロ〟**だということを忘れてはいけません。

学習者を知っていればいろんなことができます。たとえばグループの構成なども工夫できます。話が長そうな人や業務が似通ったひと、組み合わせると面白い人同士でグループを作れば、より場が活性化します。それに加えて、さらに深いファシリテーションも可能になるでしょう。

・どの程度、受講者のことを研修講師に伝えていますか？
・あなたの研修講師は、受講者にそもそも興味をもっていますか？

学習者を知らないというのは、**いくら打ち手を知っていても敵を知らなくては勝負には勝てないのと同じ**ですね。学習者理解は、「教えること」の根本・基礎の基です。それに興味を持たない人は、プロフェッショナルではありません。

学習内容の構造は揮発性が高い

続いて2つめの原則は、**「学習内容の構造を示す」**です。授業者が研修の現場で伝えたい知識、原理・原則をいかにたくさん持っていても、適切に構造化されて伝わっていなければ、学習者がのちの学習や学習内容を現場で実践しようとする時に、良いパフォーマンスが発揮できません。

なぜかというと、**学習内容の構造というものは、学習者の実践時には行動を形成するための大切な骨格でありながら、教える時は、もっとも学習者から抜けていきやすい**ものだからです。よって、揮発性の高い液体のように扱わなければなりません。

たとえば、パワーポイントでの教材づくりと研修の進め方です。**パワーポイント教材というものは、どうしても展開が紙芝居型**になります。学習内容の構造を最初にだけ説明しても、学習者は紙芝居を追うことだけに必死になっていますから、きちんとフォローしないと終わる頃には学習内容の構造は学習者からすっかり蒸発していることでしょう。

気をつけるべきことはまず最初に構造を示すことに加え、「今私たちは、この構造の、この部分を学んでいます」といったように何度も繰り返すことです。蒸発しないように、何度も注ぎ足して浸透させるわけです。「ラーニングイノベーション論」のように連続ものの研修、さらには対話やらエクササイズが多い研修であればなおのことです。大人は、動けば動くほど、話せば話すほど、「あれ、そもそも何でこれを学んでいたんだっけ？」と当初の目的や学習内容の構造を忘れてしまいがちなのです。これを防止しなくてはなりません。

本書にも共通していますが、私の「ラーニングイノベーション論」では「Wrap Up」を常に行っています。「Wrap up」は、各講義の最後に行う、僕の総括・まとめプレゼンテーションですね。「Wrap up」は「構造・おまけ・問い」によって構成され、学習内容の構造の浸透を助けています。

1. 話者の主張の「構造」を示す（8割）
2. おまけの事例と理論（2割）
3. 刺さる問い「耳の痛い問いかけ」（Driving Question）（5秒）

まとめの中心は構造を見せることです。レクチャーで矢継ぎ早にしゃべる話者の話の構造をしっかり提示する役割を担っているのです。資料などをチェックする時に参考にしてみてください。

痛みが伴う大人の学習、大切なのは学習契約とモティベーション管理

続いて3つめの原則は「**モティベーションを管理する**」です。

モティベーションといっても、いろんな要因があります。たとえば机がガタガタする、部屋が寒い、休み時間が短いなどの衛生要因的なことが作用する場合もあります。しかし、**社会人の場合一番気をつけるべきは研修の冒頭部**だと思っています。冒頭部ではこの「場」の意味づけにひたすら注力します。最初にコケると、ずっとコケっぱなしになります。小学校の先生は最初の7

日間で、残り1年が学級崩壊するかどうかが決まるとすら言われています。

そしてその意味付けは、**価値づけ、効力づけ、支援づけという「動機の3要因」をきちんと押さえることから**なされることが大切です。

まず**価値づけ**は、これから学ぶことはどれだけ意味があり、何がゴールでどれだけの「おみやげ」があるのかです。続いて**効力づけ**は「やれば必ずいいことがありますよ」ということを伝え、「大丈夫、あなたならできますよ」と学習への不安を取り除き、背中を押してあげることです。そして**支援づけ**は、「もし立ち上がって何か行動するなら最大限の支援をします」ということです。これらを冒頭でしっかり意味づけすることで、学習者のモティベーションは明らかに向上します。

言われてみれば当たり前のことなのですが、教授者はこれを案外怠ってしまいがちなのです。なぜ怠るかというと、「現場のマネジャーから知らされているだろう」とか「これくらいのこと、当然、分かっているだろう」といって省いてしまいがちになることがままあるからです。決して省かず、この3つを冒頭でしっかりと伝え、何度も反芻することが大切です。

また、この3つは学習者に理解してもらうのも難しい部分です。逆にいえば、学習者が実際に立ち上がって行動するまでにはかなりの時間がかかるということです。さらには価値も効力も分かっているけど支援がないということになると反抗してしまったりします。

これをもう少し具体的にすると、大人の学習は、**「学習契約」**から始まると言われます。とくに、研修開発・ワークショップの分野では、中野民夫さんらが、これらを**「OARR（オール）を握る」**と表現されています(2)。

■学習者との契約をむすぶ（OARRを握る）

O：Outcome：目標・ゴール・メリット

A：Agenda：スケジュール・時間進行

R：Role：ファシリテータの役割・参加者の役割

R：Rule：場への参加のルール

まず「Outcome」ですが、大人は実用的なことに関心があり、自分に関連があるものを学びたいわけです。「Agenda」、「Role」、「Rule」がなぜ、学習契約として明示されるべきかというのは、そもそも**場がどのように進行していって、どんな時間で何が分かるかを知っているのはファシリテーターや講師だけ**ということに起因します。どのくらいの間隔で休みがくるのか、席替えはあるのか、講師の役割、この場の過ごし方…これらについて、参加者はほとんど知りません。よって最初に明示されることで参加者には安心感が生まれます。

■Agenda：スケジュール・タイム進行
・場がどのように進行するかを知っているのは、多くの場合、ファシリテーターだけである。
・参加者（ユーザー）が気になっていること：「どのくらいの間隔で休みがくるのか？」、「席替えはあるのか、ないのか？」

■Role：講師・ファシリテーターの方針、参加者への期待
・「講師・ファシリテーターは全面的にサポートしますよ」という安心感
・参加者の振る舞いの期待
・参加者が気になっていること：「研修＝しんどい」、「いろいろ問い詰められるのではないか」

■Rule：この場の過ごし方、やっていいこと、悪いこと
・対話のルールの整備

整理していきましょう。まず学習契約は「この研修はこのように進めたいと思いますがよろしいですか？　疑問・質問があればいつでもお受けします」といった前置きで始めるのが好適です。

■注

(2) 中野民夫・森雅浩・鈴木まり子・冨岡武・大枝奈美（2009）『ファシリテーション　実践から学ぶスキルとこころ』岩波書店

そして、とくに**対話を盛り込んだ研修では、ＯＡＲＲを繰り返し言及**して参加者の理解を促すことが重要です。既述しましたように、参加者は**盛り上がれば盛り上がるほど、なぜ盛り上がったかを忘れがちになる**からです。よって話し合いをさせた前後などに、この場が何か、何が目的かを再認識させることが重要です。

そういったことを留意しながら、教授者にはモティベーションを管理することが求められます。**大人の学習というものは、ずっと高いモティベーションのままでは成立しません**。時には学習者に自問自答を迫る「**耳の痛い話**」と向き合わせ、持論の形成を促さなければならないからです。つまり**大人が学ぶためには「傷み」が伴う**のです。痛みを伴い、視点が変わるような学習のことを**変容的学習**と呼んだりすることもあります。

この時、モティベーションはやはり下がりますが、このネガティブなフェーズをどのように位置づけるかが大人の学習では大切なことです。

やり方はいろいろあると思いますが、私はまず信頼を形成し、安心感を与え、プチサプライズを与えて**盛り上がるように仕向けるフェーズを初期段階**に設けます。それがあって初めて、**中盤で「耳の痛い話」と向き合ってもらい、「自分はこれから何をすべきか」を発見**してもらうフェーズをつくることができます。

そして**最後に、前向きに何かの行動を促す**フェーズをつくり、何かを変えようと思うマインドを形成させて終了します。よって、モティベーションの曲線は最初に上げ、中盤で下げ、終盤でさらに上げるという**U字型を形成**します。これがモティベーションを管理するということです。

①学習契約をする
・「こういう風に（OARR）ですすめていきたいと思いますが、皆さん、よろしいですか？」
・「質問、疑問があったら、ぜひ言ってください」
・「本当によろしいですね？　それでははじめましょう」
②対話を盛り込んだ研修では特にOARRを繰り返す
・盛り上がれるほど、当初の目的を忘れがちなので、OARRを繰り返す。

大人が飽きる、その前に…

次は第4の原則**「ステップ学習と多様性」**です。

あなたは新しい知識を教えるとき、過去の知識を関連づけていますか？　学習活動は単調になっていませんか？

新しい知識を教える時は「既有経験（知識）」と関連づけて教えることが大切です。「○○先生の意見とは反対です／同じです」といった関連性を学習者に常に伝えながら、できるだけ多様な学習活動を盛り込むようにします。

「知る」ということは既有知識と新知識との結合を意味します。人は、「以前からあった知識」と「今知った知識」を組み合わせ、まず新しい枠組みが形成します。そこで知識を受け止めるとき、人は「知る」ことができるのです。

そして**学習活動には常に変化を持たせます。**レクチャーする場面、グループで議論する場面、ひとりで作業する場面、みんなで発表する場面…いろんな形で変化させていくのが非常に大事です。なぜなら大人は飽きやすいからです。例として、「ラーニングイノベーション論」のカリキュラムを分析してみました（図表10-1）。

本書をお読みになっている方も、意外と同じことばかり言っていることに気づいていただけると思います。同じことを何度も繰り返すことを「らせん型カリキュラム」といいます。繰り返していきながら、違ったアプローチで知識を結合させていくということです。よって、既存の学習内容と、新たな学習内容を、何度も何度も多様な活動で繰り返しているのです。

「ラーニングイノベーション論」の基本のアーキテクチャーはレクチャーとグループ活動と教室シェアです。しかし活動は、レゴを使ったり、インプロのような身体活動もあったり、ワーク

図表10-1　学びは「らせん」である

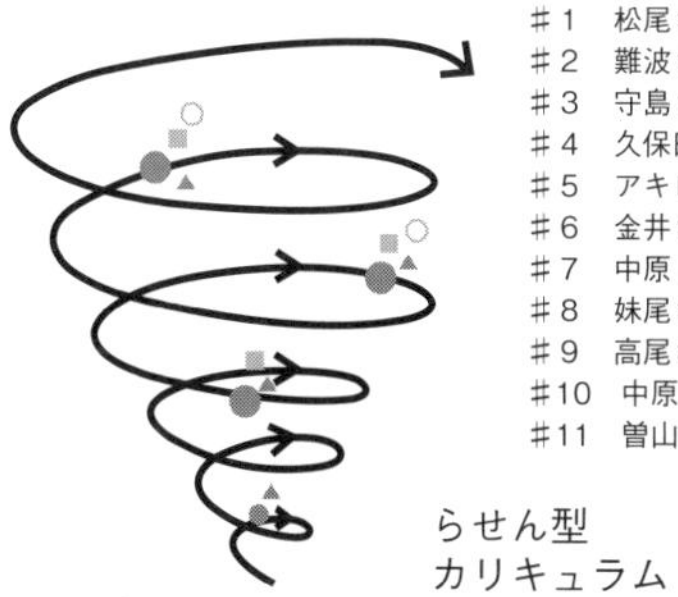

＃1　松尾さん：中原：経験と挑戦は学びを促進する
＃2　難波さん：経験と信頼が学び・創造を促進する
＃3　守島さん：職場をケアする：信頼を担保する
＃4　久保田さん：理念でリーダーと職場を元気にする
＃5　アキレスさん：人事が職場を元気にする
＃6　金井さん：人事が職場とリーダーを支援する
＃7　中原：職場こそが人材をつくる
＃8　妹尾さん：場が創造の基盤である
＃9　高尾さん：身体を通して創造を考える
＃10　中原：研修で人事が職場とリーダーを支援する
＃11　曽山さん：人事が組織を元気にするエンジンになる

既存の学習内容＋新たな学習内容を加え
何度も何度も多様な活動で、繰り返し教える

ショップも…と常に多様です。ずっと身体活動、ずっとレクチャーというのは疲れます。**繰り返しながら多様な手法を使って学習者を飽きさせないようにしている**のです。

豊かな学びは双方向性が鍵を握る

さて続いては、5つめ「学習環境のデザイン」です。**学習者の熟達に応じて、社会的、情動的、知的雰囲気・環境をつくりだすことによって、学習成果は変化**します。学ぶ・教えるというときに、教える内容、教える手法も大切ですが、環境も非常に大切です。特に**双方向の学習環境の構築は極めて重要**です。最近は、アクティブラーニング環境というかたちで、机と椅子が可動な対話型の教室環境がさまざまに注目されていますね。大学などでは、アクティブラーニング教室がものすごい勢いで増えています。

図表10-2　双方向学習の学習効果

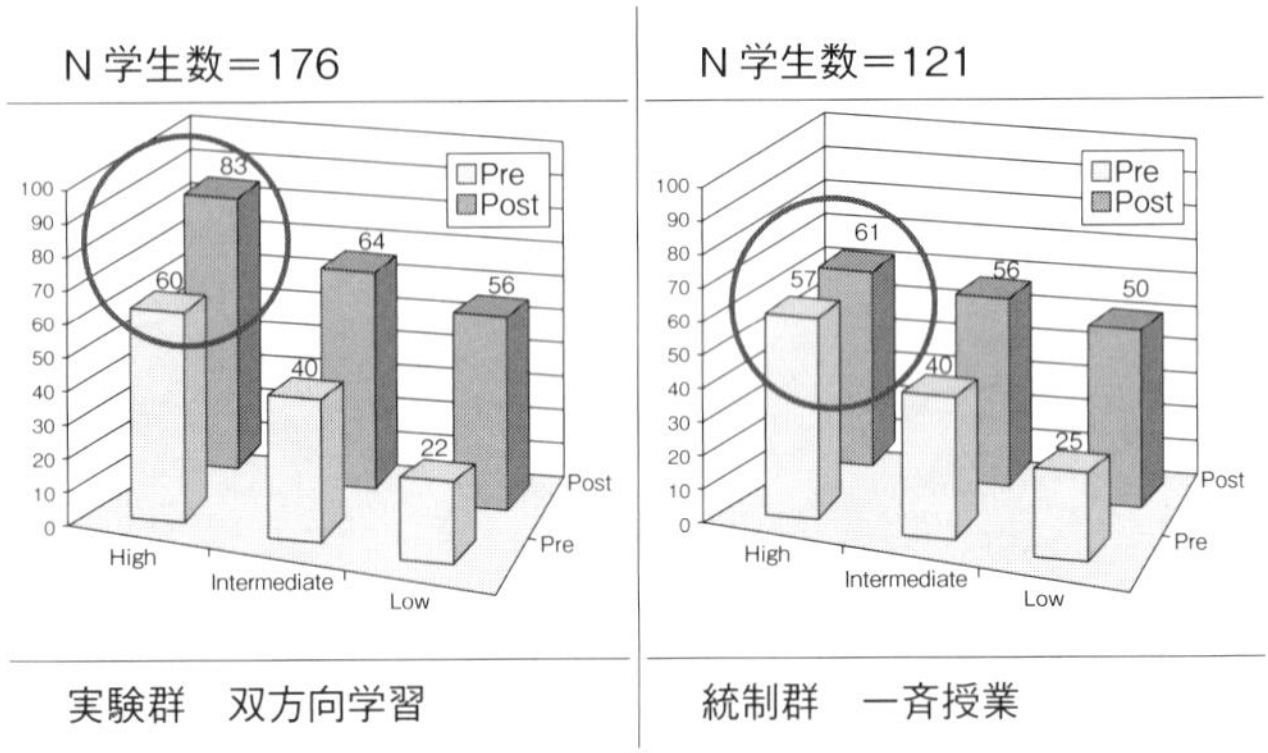

> 優れた講師が、「研修運営」や「答えが決まっているタスク」に費やす時間は、
> そうでない講師に比べて15%少ない。一方で「双方向のアクティビティ」に
> 費やす時間は50%多い（Ellis et al 1994）
> こんな研究もありまっせ！

こうした背景にあるのは、大学教育研究において「双方向学習の学習効果」（図表10－2）が非常に注目されたことも一因だと思います。これは僕が２００４年にマサチューセッツ工科大学で客員研究員をしていたとき、同室だったイスラエル人の研究者、ドリさんが行った双方向学習の学習効果研究の結果です。

これは一斉授業と双方向型の授業を行ったとき、授業を受ける前と受けた後でどれだけ達成度における変化があるかを研究したものです。見てみると、一斉講義でももちろん達成度は伸びますが、**高い熟達者の伸び率が低い**のです。一方で**双方向学習では、高い熟達者の伸び率がかなり大きい**ことが分かったのです。こうした研究結果こそ、アクティブラーニング教室の増加につながりました(3)。

それに加え、達成度研究というものがあります。どの程度の学習者の学習効果にどんな影響があるのかということを研究している領域です。それを見てみると、大規模なデータを使いながら、学習の成果や満足度に影響を与えることは何なのかを調べても、やはり**学習者同士のコミュニケーション**であるということは一致しています。

よって企業での研修等においても、**双方向の学習機会を重視する雰囲気をいかに作り上げていくかが大切**だと思います。

とはいえ、なかなか研修ルームなどを新設するのは困難です。「投資に見合うベネフィットはなにか？」と問い詰められた時に、なかなか答えにくいからです。よって、まずは現場の知恵で乗り切ることを考えましょう。そうした場合によく私が利用するのは**「場所を分ける」**ということです。つまり、ロジカルにレクチャーやインストラクション、議論するスペースは机の上の研修で行い、対話・コミュニケーションをする時は、別の部屋に移動したりするのです。コミュニケーションには、他者を分け隔てるテーブルも椅子も必要ありません。つまりお金はそれほどか

■注

(3) Dori, Y. J. and Belcher, J. (2005) How does technology-enabled active learning affect undergraduate students' understanding of electromagnetism concept? *The journal of learning sciences*, Vol.14. (2)pp.243-279.

けずに生み出せるはずなのです。見慣れた研修ルームや会議室でも、をリラックスしてコミュニケーションできる場所に変えるのは、工夫次第です。

移動と学習を連動させると、こうした演出もうまくいくのではないかなと思います。

あなたの船に現場のマネジャーは乗っているか？

続いて6つめの原則「**研修前後をデザインする**」です。これは10年位前はあまり言われなかったことです。教室外の要因・職場の要因が学びに大きく作用することが言及され始めたのは90年代～2000年代のことでした。

先述した「教える」を正しく捉えるために大切にしなければならない2つの軸をもう一度振り返ります。

①　**学習者に「自分の頭で考えさせること」**
②　**そのことで、学習者に「変化」をもたらすこと**

これらは普遍的な「教える」の軸ですが、場所が企業になると、もう一本の軸が必要になります。すなわち、

③　組織にメリットが生まれる。

ということです。学校教育では「教える」の評価が「学習ができた」「学習ができなかった」、という指標で「○×評価」されますが、企業内教育では、「組織へのメリットがあった」「組織へのメリットがなかった」という指標になるのです。言い換えると、**組織が望むベクトルにおいて学習が達成されると「○」。いかに学習は達成されても、組織とのベクトルとずれる場合にこれは限りなく「×」になってしまうということ**です。どのようにして組織へのメリット・貢献を創出するかが教授者の考えるべきポイントであり、ものすごく難しいところでもあります。

２０００年代における経営学習論の最大の特徴は、「研修事前事後の職場要因がいかに研修成果に果たす役割が大きいか」を認識したことです。これらの知見からは「**現場での事前準備**」と「**現場での事後の適応**」が、**成果つまりビジネスインパクトに直結**するという結果が出ています。

みなさんは研修の事前・事後のケアをどこまでやっているでしょうか？　アキレスさんや金井先生も言及されていたと思いますが、ポイントを整理すると以下のようになります。**一言でいえば、どのくらい現場のマネジャーに同じ船（＝研修の価値を見出して協力的・共同責任的な視座に立つこと）に乗ってもらえているのか**ということです。いかがでしょうか？

【研修前】

■現場のマネジャーの協力を得る努力をしているか？

■研修目的に合致した人が送り込まれているか？

■目的意識が明瞭な状況で研修に参加しているか？

【研修後】

■現場のマネジャーのサポートが得られるだろうか？

■学んだことを試すストレッチの機会があるだろうか？

■同僚のサポートが得られるだろうか？

特に大切なのは、研修事後の「現場のマネジャー・同僚からのサポート」です。図表10-3、10-4はCromwellらの研究の知見です(4)。縦軸は研修で学んだことが実践される度合い、そして、横軸は「現場のマネジャー・同僚からのサポート」からのサポートの度合いを示しています。一見してわかるとおり、現場のマネジャーや同僚のサポートによって、研修で学んだことが実践される度合いが変化することがわかりますね。

図表10-3

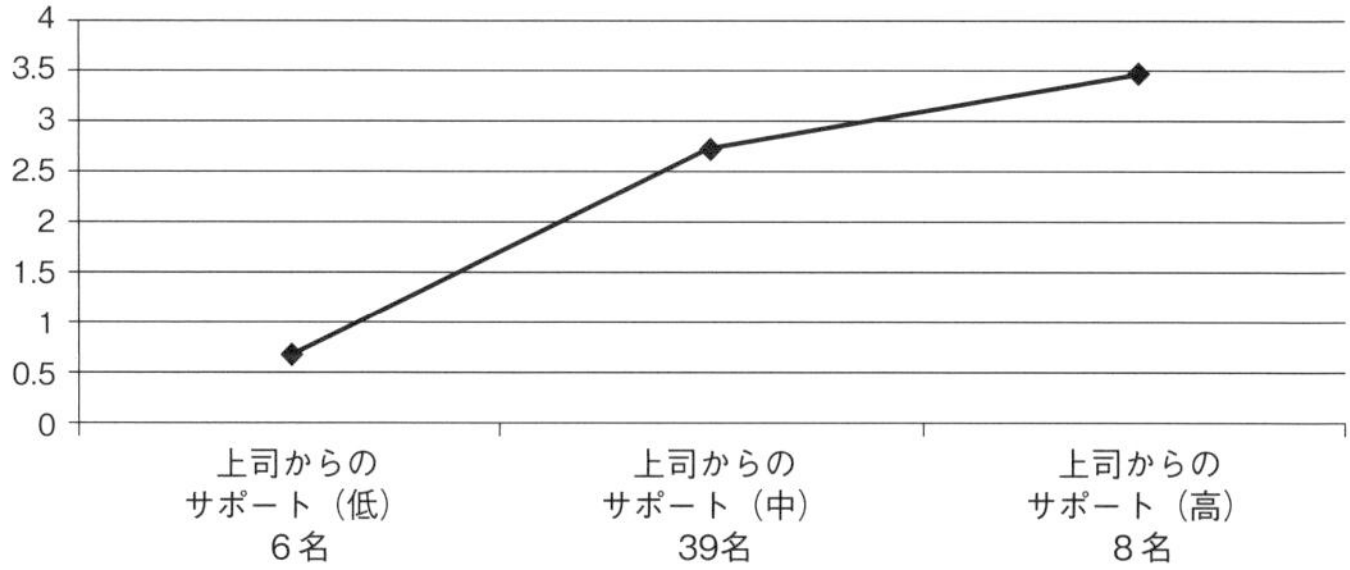

図表10-4

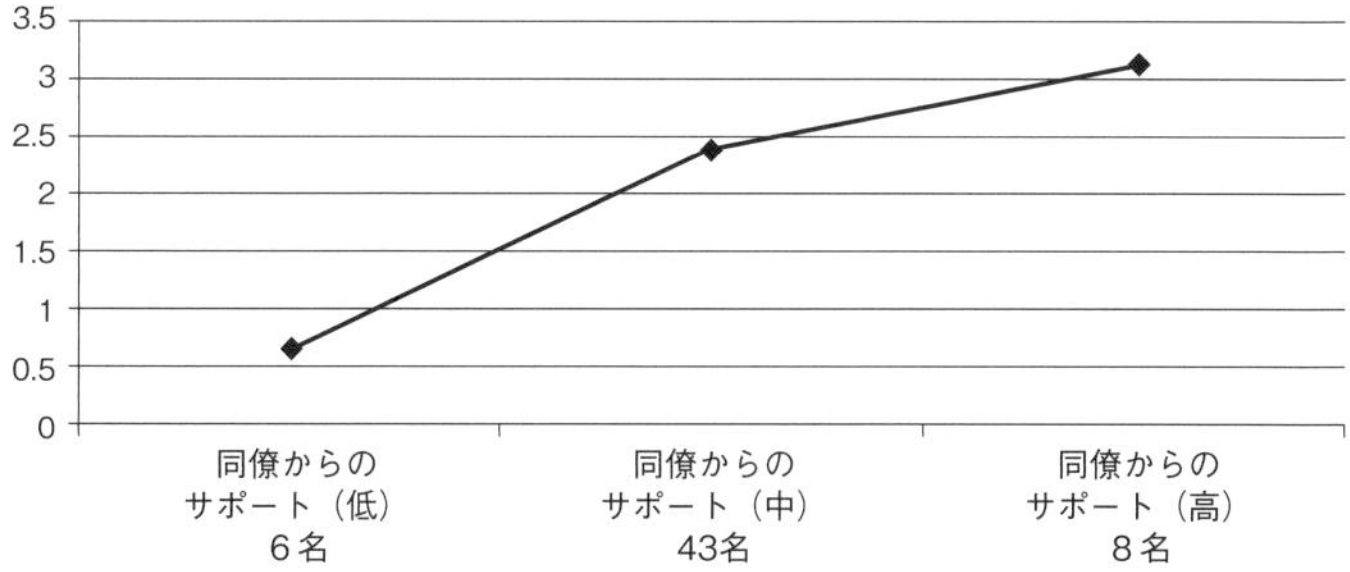

「忘れる」大人に必要な、リマインド

最後は原則7**「学び続けることを支援する」**です。

研修は、一時的なものです。よって、「やったら終わり、ハイ次」にしてしまうと、一過性の栄養ドリンクのようなものにしかなりません。**研修の究極の目標は、学び続ける人を作っていくということ**です。そのためには研修が終わった後にも、内省したり、「新しいことを学んでみようかな」と意欲を持つ人を支えるコミュニティをどうつ

くっていくかを考えなければなりません。**「学ぶ」だけではなく、「学び続ける」をどうデザインするかです。**

いろんなやり方がありますが、私は**リマインドする、節目をつくる**ということが大切だと思っています。

いくら集中できて素晴らしい研修をできる機会があったとしても、やはりそれが非日常的であればあるほど、学習者が日常に帰って長い時間を経ると忘れ去られていきます。**大人が学んだことはそのままだともれなく忘れられるということを前提**にして、いかにリマインドするかが大切です。

そこで何が必要かを考えたとき、「アクションプラン」ではなく**「アクションストーリー」**を学習者に作らせれば、リマインドがしやすいと思います。わたしが開発したマネジャー向けの研修「マネジメントディスカバリー」では、アクションプランをつくるのではなく、アクションストーリーをつくることを実践しています(5)。

よく研修で書かせる、箇条書きの「今後の行動目標」がアクションプランです。しかし、たいていそれらは実行されないか、実行されていても運営側には見えません。そこで、アクションストーリー、つまり研修後のどれくらいの時期に自分がどういう状況になっているかをストーリーでつくってもらい、提出してもらう。そして研修が終わった後、運営側はそのアクションストーリーに対し、逐一メール等でリマインドしていくのです。実際のストーリー作りは、紙芝居をつくることで行います。

リマインドは、この紙芝居をもとに行います。「前回の研修ではこの4月には部署の改善を行うと書かれていますが、調子はどうですか？」とメールが飛んでくると学習者にとって学びを思い出すきっかけにもなり、運営側も学習効果を測定する良い材料になります。このように、**学ぶきっかけのようなものを、研修後にどのように与えていくかが非常に重要**です。

また、研修の卒業生との繋がりを生み出すことも大切です。同じ学びを共有した仲間がいるというだけで、学び続け、成長する責任感も醸成されます。

今回は「教える」に必要な7つの原則について学びました。どれもちょっとした心がけですぐに実践できることばかりです。ぜひぜひ、日頃の業務に役立ててください。

■注

(4) Cromwell, A. L. and Kolb, J. A. (2004) An examination of work-environment support factors affecting transfer of Supervisory Skills Training to the Workplace. *Human Resource Development Quarterly*, vol.15, no.4, Winter.

(5) マネジャー向けフォローアップ研修「マネジメントディスカバリー」https://jpc-management.jp/md/

WRAP UP

今回ご紹介した原則についてもう一度確認しておきましょう。

①教室内要因…教室の中でどんなことに留意すべきか。

原則1．学習者を知る
原則2．学習内容の構造を示す
原則3．モティベーションを管理する
原則4．ステップ学習と多様性
原則5．学習環境をデザインする

②教室外要因…職場要因

原則6．研修前後をデザインする
原則7．学び続けることを支援する

そしてこれらのことが「教える」ための2軸によってもたらされることが大切です。

① **学習者に「自分の頭で考えさせる」こと**

② **学習者に「変化」をもたらすこと**

これらの原理原則を元に、皆さん素晴らしい学びの場を生み出してください。そして、もし実践を積み重ねたあとには、これらの原理原則を上書きしたり、あるいは、追加したりする日がくることを願います。よい実践家は、よい理論家でもあるのですから、自らがプリンシプルをつくる主体になるくらいの思いで、素晴らしい実践を積み重ねていただければと思います。

今日のレクチャーは面白かったな…。
みんなはどう思っているんだろう？
メーリングリストで聞いてみよう。

SESSION 11

〝成長するしかけ〟を創る

株式会社サイバーエージェント
執行役員・人事本部長
曽山哲人

●講師プロフィール
1974年神奈川県横浜市生まれ。上智大学文学部英文学科卒業。

1998年伊勢丹に入社、紳士服配属とともに通販サイト立ち上げに参加。

1999年、20名程度だったサイバーエージェントに入社。インターネット広告の営業担当として入社し、後に営業部門統括に就任。

2005年に人事本部設立とともに人事本部長に就任、2008年から取締役を６年務め、2014年より執行役員制度「CA18」に選任され現職。著書に『クリエイティブ人事 個人を伸ばす、チームを活かす』（光文社新書）、『最強のNo.２』（ディスカヴァー・トゥエンティワン）など。

INTRODUCTION

現場という大自然

こんにちは、中原です。いよいよ本書も終盤です。

セッション5以降は、主に人事・人材開発における体系的な知識を学んできました。セッション5ではアキレス美知子さんによる「ネットワーカーとしての人材開発部門のあり方」。現場と経営を結びつけるネットワーカーとしての付加価値を生む人事・人材開発部門のあり方とはどんなものかをお話いただきました。

セッション6は金井壽宏先生による「提供価値（デリバラブル）と支援を手がかりに人材開発部門のあり方を考える」。〝宛先〟があり、「誰か」に何かを届け、役に立つことが、「デリバラブル＝提供価値」であるということを学びました。

セッション7では私の「職場の学びを科学する」。職場の人材育成について、様々なエピソードを交えてお話をしました。

セッション8では妹尾大先生に「知識創造理論の現在～知識創造をめざす「場」のデザイン

とは」についてお話をいただきました。場というものは場所ではなく、人間の関係性が生まれているところだと認識を新たにすることができました。

続くセッション9では、「創造的なコラボレーションを生む～インプロビゼーション（即興演劇）の展開」として、高尾隆先生によるインプロでした。即興劇と私たちの学び方には大きな関係性があるという、様々な発見に満ちたお話でした。

そして前回のセッション10は研修開発の入門ということで、「教える」とは何かについて、原理原則を確認しました。一番大切なことは学習者中心主義であるべきだということです。学習者が変化すること、考えさせることが「教える」には欠かせません。そうした中で、より良く「教える」ための7つの原則をお話しました。

さて、今回のセッションでは再び現場に戻ります。このセッションを通してみなさんに得て頂きたいことは「現場を自らが変えていくこと」の覚悟です。

この最終章を読み終えた時、みなさんがよりよく考え、変わっていけるため、背中を押していただくためのお話を、株式会社サイバーエージェント執行役員・人事本部長の曽山哲人さんにお願いしたいと思います。

LECTURE

“成長するしかけ”を創る――曽山哲人

社員をやる気にさせる「決断経験」をつくる

今回はサイバーエージェントの人事制度をケーススタディとしてお話しますが、私たちの人事制度は当社のビジネスモデルに合わせて構築しているため、そのまま導入することは困難かもしれません。よって、あくまで自社の既存の人事制度のマッシュアップのための参考事例としていただけると幸いに思います。

まず弊社の紹介ですが、サイバーエージェントは様々なインターネット事業を行っている会社であり、子会社だけでも約50の会社があります。たとえば、お馴染みの「アメーバブログ」では、スポーツ選手からAKB48のメンバー、さらに政治家までと幅広い人々に愛用されるサービスに成長しています。また、新規事業では、小学生向けのプログラミング教室を行ったりしています。

3日間かけて、子ども2-3名に対して1名のプログラマーがつき、みっちりと子どもたちにプログラミングを教えるのですが、3日後には、子どもたちは自由な発想を活かした占いやアラームなどのスマートフォンアプリを楽しみながら完成させるのです。

サイバーエージェントの社員の平均年齢は非常に若く、30歳です。新卒採用を重視しており、2014年度は約200名を採用しています。とりわけ新卒比率が他のインターネット企業よりも大きく、4割を占めています。**生え抜きの人材を長期で育成することをモットーとし、人事も事業も、内部で育てて、大きくしていく**というやり方です。外資系の人材を中途で採用する、部長クラスはヘッドハンティング、といった採用は一切行っていません。完全に人材も事業も0から育てます。こうした風土は、日本の歴史をつくってきた日本企業の強さへの尊敬もあります。

退職率は今から10年ほど前は30%以上でしたが、現在は8%程度で推移しています。

続いて「働きがいのある会社」という調査について紹介します。これは、株式会社働きがいのある会社研究所がGreat Place to Work (R) Institute よりライセンスを受け運営している調査機関によって行われる調査で、ランダムに選出された社員の投票によって格付けが決まるという点が特色です。この「働きがいのある会社」調査は日本で8年目を迎えますが、サイバーエージェントは5年連続でベスト10にランクインしています。2013年はグーグル、日本マイクロソフト、Plan Do See、ワークスAPに次いで5位にランクインしています。ちなみに日本のインターネット企業で5年連続で入っているのはサイバーエージェントだけだと聞いています。

こうした成果を受け、サイバーエージェントの人事制度の強みを整理してみると、以下の3つのポイントが浮かび上がるように思います。

- **信用（裁量・権限委譲）**
- **連帯感（褒め・楽しさ・温かさ）**
- **公正（人種・性別・学歴）**

まず**信用**について。信用は裁量権とほぼ同義です。**社員に与えられる裁量権が小さいと、社員はやる気になりません**。よって、まず裁量権をどれだけ大きくできるかが大事なポイントだと思っています。

たとえば弊社では、**子会社をたくさん設立し、どんどん新卒社員に社長の役割を任せる**ようにしています。入社2年目で役員、4年目で子会社社長、さらには内定者の時に子会社社長に抜擢された者もいます。内定者で社長になった社員（現在は入社して1年半）は、同じく内定者4人で大学生の頃に、スマートフォンの写真共有アプリを作っていました。これが大ヒットし、50万ダウンロードという数を生んでいたのです。そんなすごい実績を出した彼らに、社長の藤田晋が「これ事業化して会社をつくったら?」と持ちかけたのです。かくして大学4年生の内定時期に会社をつくり、「全部使っていいからとりあえずチャレンジしろ」ということで資本金1億円を出しました。その後1年半で黒字化を達成し、今や社会人2年目で黒字会社の経営者になっています。

この他にも、マネジャーや管理職になる機会を多くの社員に提供しています。3年目の社員の30%が管理職になります。もちろんそこに性別の差はなく、女性にも同様のチャンスがあります。

私たちは新卒入社で抜擢された社長や役員のことを「**新卒社長**」と呼んでいます。この新卒社長は現在、42名います(2013年10月)。この数は日本でも間違いなく1位ですし、世界でもトップレベルだと思います。しかもこのうち30名が20代です。20代のうちにできるだけたくさんの経営経験を積んでもらっているのです。

なぜこんなことをしているかというと、人材育成の考え方に紐付いています。「人材育成の重要なポイントは何か」と聞かれた時、私たちは「**決断経験だ**」と答えています。

研修を受けるだけでも先輩と仲良くするだけでもなく、とにかく決断が重要です。決断の量を増やすことがまずファーストステップであり、決断の量を増やした後、決断の質を上げていきます。**決断の量・質を上げることを決断経験**と呼んでいるのです。

社内では「**決断経験値**」と呼び、ロールプレイングゲームのように経験値を貯めていくとレベルが上がる、という表現をしています。当社は社員数2000人超の企業ですが、他の同規模の企業と比べると、研修ラインナップはひけをとるかもしれません。**サイバーエージェントでは、研修ではなく、現場での「決断の場」を提供することを重要視**しています。社員には、どの企業にも勝るくらいの数の決断経験を提供し、いつどんな企業にヘッドハンティングされてもおかしくないくらいの、質のよい決断経験を提供したいと思っています。

子会社社長など若手の抜擢だけではなく、サイバーエージェントという上場企業である取締役も交代するという仕組みを持っています。この制度を「CA8」と呼びます。昨年の日本HRチャレンジ大賞というものをいただいた制度なのですが、これは簡単に言うと**内閣改造型役員交代制度**です。

① **2年に1度、2人入れ替わる。**
② **経営経験者の層を厚くする狙い**
③ **退任後は新規事業など**

弊社の取締役8名のうち3名は新卒入社、最年少は29歳です。企業の新陳代謝を促進していくことは、いかなる企業においても課題になってきたことですが、弊社では「経営陣自らがやるべきだ」という信念に基づいて行っています。

さらにCA8によって、結果的には10年たつと10人程度の上場企業経営経験者が社内に増えるわけです。そうすると、必然的に今後の経営人材がどんどん育ってくるという促進作用もあります。

事業を立ち上げ、子会社の経営を経験した社員には積極的にCA8によって、役員になる機会を与えています。また、この話をするといつも質問をいただくことは「CA8で退任した人はどうなるのか」ということです。一般的にはクビと考えますよね？　もちろん弊社の社員も退任する役員に対して「あの人はアウトだ」とネガティブな評価をするわけです。こうしたことを想定し、社長の藤田は「役員はキャリアパスのひとつでしかない」ということを全社に通達しました。「役員として働くことは通例では〝アガリ〟かもしれないが、サイバーエージェントではその常識は通用しない」ということを強調したのです。

弊社では**役員への登用はあくまでキャリアパスの一つ**として明確に位置づけられており、一度役員を担い、そこから外れて新規事業をゼロから立ち上げても良いのです。そこは本人の自由裁量に任せられています。キャリアの幅も広がるわけですから、常識を自社のやり方に当てはめる必要はありません。

「褒める」が引き出す連帯感

続いて、**連帯感**です。社員との連帯感を持つにあたって、ものすごく大事にしていることは、**褒めるということです。褒める風土がない企業は決して活性化しない**と私は思っています。そのためには、いかに褒める量を増やせる人事制度を持っているかが非常に重要です。

弊社の代表的なものは**社員総会**というイベントです。社員からの推薦を考慮し最終的に役員会で選ばれたメンバーだけが新人賞、中途新人賞、ベストプレイヤー賞、ベストスタッフ賞、ベストプロフェッショナル賞・ベストマネージャー賞など10賞を与えられるという全社イベントです。全社員2500人ぐらいが集い、半年に1度程度実施しています。豪華な演出をし、いつも最大限に盛り上げています。選抜される社員は当日まで本人にも秘密にし、壇上で大いに表彰されます。

これに加え、毎月褒める機会も設けています。毎月各部署単位でも表彰を行っているのです。たとえば弊社では人事本部と経営本部も「本社機能」というひとつの部門になっていますが、毎月末に30分間の「締め会」を行っています。ここで今月一番活躍したMVPは誰か、一番活躍したリーダーは誰かを、それぞれ人事や経理などから推薦を募り、さらに役員や部長クラスと相談して決定します。事前に表彰状も作り、何がよかったのかも記載します。これらを合わせ、60〜70人が集まる場所でプロジェクター投影をしながら、表彰するのです。これを全部署で行っており、とにかく褒めて光を当てることを実践しています。

一方で、**褒めるための表彰は〝白け〟の温床**でもあるために注意が必要です。たとえば、「なんであの人なんだ？」と社員が思う瞬間がそうです。現場で評価されていない人を表彰してしまうと、場が一気に白けてしまいます。私たちは一度そうした失敗を経験した後、工夫として、現場の推薦もきちんと募ることにしました。よって現場の推薦、事業部長と人事の推薦を合わせて役員に評価してもらうようにしています。

もっとも大切にしなければならないのは、成果だけを評価対象とせず、**人間性や人望のある人を表彰する**ということです。こうすることで「自分もああなりたい」と思う社員が増え、より一層連帯感が強まります。

その他にも弊社には飲み会を支援し、連帯感を強化する制度があります。これは「部署内で飲みに行くという条件のもと、ひとり月5000円の懇親会費支給が受けられる」というものです。

以前サイバーエージェントは社員同士がほとんど飲みに行かない会社でした。インターネット企業らしいドライな風土と言えばそれまでですが、とにかく社員それぞれが話し合いをして交流してもらわないと企業風土はよくならない。そこでこの制度が生まれたのです。

5000円が支給されれば、たとえお酒が飲めない人でも、「美味しいものが食べられる」ということにメリットを見出して参加する可能性も高くなることから、この金額設定としました。

実際にこの制度は定着し、各社、各部署ともにいろんな交流が生まれています。**最近は若い人があまり飲みに行かないという話を聞くこともありますが、実際は「面倒な飲みの場が嫌」なだけであって、**楽しく飲める機会さえ創出すれば、彼ら彼女らも参加するということが分かってきています。

「自爆人事」に要注意

公正な人事のあり方を考える時、私たちは『ビジョナリー・カンパニー』(ジム・コリンズ、ジェリー・I．ポラス著、山岡洋一訳)という名著に書かれている「**ANDの才能**」というものを非常に大切にしています。これは簡単に言えば、**AとBという悩みがあった時、「A AND B」の両方を解決する考え方ができるのが生き残れる会社**だということです。一方で、短絡的に「A OR B」でどちらかしか選べない会社は、生き残ることは困難です。

「A AND B」ができる会社が生き残る会社であれば、仮に膨大な労力を「考える」ことに割かなければならないとしても、私たちはその道を選ぼうと思っています。

私が人事本部を作ったばかりのある時、社長の藤田から「中間管理職が伸び悩んでいるから、テコ入れをしてほしい」という要請を受けました。私はグローバルカンパニーの本をいろいろ読んで研究し、「管理職で成果の良くない下の1割を厳しくする」という政策を提案しました。しかし、「これでは社員が白けるでしょう」と藤田は言いました。〝白ける〟という表現が、私にはよく分からなかったので、もう一度聞き直すと、

藤田：だって、曽山くんが〝下1割〟って言われたらムカつかない？
曽山：はい、ムカつきます
藤田：それそれ、それが〝白け〟

ということでした。結局、テコ入れはしなければいけないが、社員が白けたらやる気の喪失に繋がります。そうなっては業績が上がらない。藤田からの注文は**「社員の気持ちをポジティブにしつつ、厳しくしてテコ入れもし、結果的に業績を上げる」ということが本質**だったのです。私はこの「A AND B」におおいに悩みました。すると藤田が、

藤田「これ、中間管理職の下1割とか言わないで、役員からやった方がいいのでは？」

と言い出しました。そうして生まれたのが先述したCA8だったのです。

人事は常に、「いい企画VS白ける運用」の戦いにさらされます。人事というものは、いかに洗練された、学術的にも裏付けされているような良い企画を持っていても、いざ運用してみると自爆していく傾向が強いと私は常々思っています。たとえば素晴らしい評価制度を研究して作ったとしても、実際に運用すると、社員からの反応は「この入力フォーマットが面倒くさい」といった〝白け〟だけだったりするものです。人事制度は基本的には運用が全体の8割を占めます。企画を考えるのは、実は2割に満たないかもしれません。**自ら企画し、自ら社員に嫌われる運用をしてしまうと自爆人事**でしかありません。運用には慎重を要します。

とどのつまり、**全ての人事制度は社内で流行らないと意味がありません**。流行らなければ人事が自爆していくだけなので、止めたほうがいいわけです。そして私が新しい人事制度を始める時、必ず行っているのは、「**白けのイメトレ**」です。つまり、

- **誰に白けが生まれるか？**
- **どんなセリフは白けか？**
- **対処すべき白けはどれか？**

を徹底的にイメトレするのです。たとえば、今は大分改善されましたが、以前のサイバーエー

ジェントでは、営業の女性人材の退職率が高いという問題がありました。そこで営業の女性人材の定着率を上げるため、女性社員にヒアリングをしました。すると、

「私たちは実は営業が好きなんです。でも、女性の営業の悩みにあることというと、たとえば肌が荒れるということがあるんです。」

という意見がありました。これは私にとっては盲点としか言いようがありませんでした。私は具体的な対処法をさらに聞きました。すると、

「たとえば、肌に良い栄養ドリンクなどを毎日飲みたいです」

という返事でした。そこで営業の冷蔵庫に毎日栄養ドリンクを投入し、自由に飲めるようにしました。加えてその女性は「まだ他にもあります」と切り出しました。

「普段、営業すると気を使うから、体が凝ったりします。体が凝るとどうしても生産性が下がりがちになるので、たとえばエステなどの支援をしてくれたらとてもうれしいです」

なるほど、これも気づかなかったなと感じました。そこで会社から月1万円をエステ代として出すということを決めました。

これらの施策は実際に実施しました。びっくりされる方もいらっしゃるかもしれません。何も考えずに実行すると相当いろんな問題が起きるかもしれません。こうした時に、「白けのイメトレ」が非常に重要になるのです。

・誰に白けが生まれるか?……営業ではない他部署の女性社員に配慮が必要。男性社員の大部分は応援してくれるとしても、一部では「自分たちも飲みたい」というかもしれない。

・どんなセリフは白けか?……他部署の女性の社員:「私たちスタッフも飲みたい」、男性社員:「私たち男性も飲めますか?」

・対処すべき白けはどれか?……今回の人事制度を成功させるためには一部男性社員からの批判は一旦置いておき、スタッフの女性社員には対処が必要。

そして、**白けが起きた時にどう対処するかのセリフを決めます**。つまり他部署の女性から「私たちは同じ女性なのになぜ適用されないのか」と聞かれた時に、いかに答えるかです。ここも人事で議論を重ねて、

「申し訳ない。退職率対策のかくかくしかじかで…女性の営業のための制度なんだ。もし本当に栄養ドリンク飲みたい、エステに行きたいのであれば、本当に申し訳ないけれど、営業へ

の転属を考えてもらえませんか？」

というものに決めました。このセリフも実際言うと様々な反応がありますが、きちんと**選択権を本人にも与えているところ**が重要です。結果として、社員で営業に移った人はゼロでした。辞める人も現れず、女性の営業は数年後にきちんと定着していきました。

白けや不満が出てきた時、どう対処するかのセリフを決めて、それを人事部全体で統一しておくことは非常に重要です。なぜなら、**不満を持った社員が、ある人事担当者に掛け合った時、その人が他の人事担当者と違う意見を言ってしまうと問題になる**のです。**厳しいけれどもフェアに向き合う覚悟が人事に一貫されているかどうかが重要**です。

自爆人事にならないためには、常に〝白け〟と真摯にかつフェアに向き合う必要があります。

退職スパイラル、どう乗り切るか

さて、こうした様々な施策によって、サイバーエージェントがどう変わったか。人事強化の〝ビフォー・アフター〟のお話です（図表11-1）。

サイバーエージェントは、10年くらい前からは売上は伸び、社員数も伸びています。退職率も、それと同時に下がっていますが、人事本部をつくった２００５年からの段階的な下げ幅が見て取

図表11-1 退職率は20%強から10%以下に

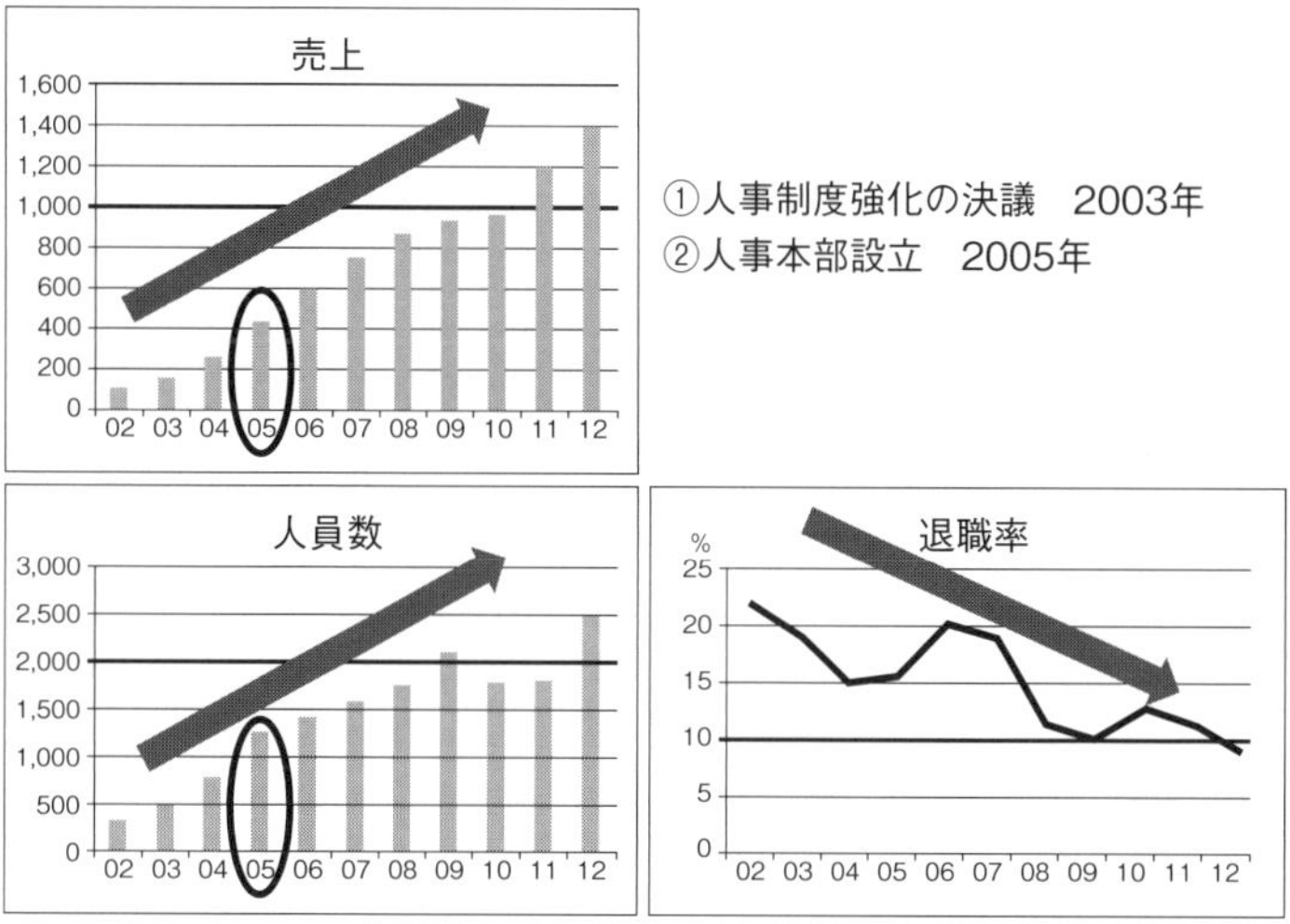

れると思います。

ここでひとつ、私の体験から感じる決定的な哲学として挙げられるのは、「**会社の組織風土は必ず変えることができる**」ということです。そしてこの哲学には続きがあり、「**ただし、時間はかかる**」ということです。

私が２００５年に人事本部長になった当時、つまり退職率が高かった頃は、本当に社内は矛盾だらけでした。たとえば社長の藤田が「風土づくりが非常に大事だ」と言っている一方、現場には全然伝わっていないということが起こっていました。つまり、**言っていることとやっていることが一致していなかった。**それが退職率増加の温床にもなっていました。

みなさん、自分自身が社長だと思って聞いてください。私たちはネット産業です。よって、新規事業をどんどん興さなければなりません。しかし、実際に事業を興し、社員に運用させてみると、みんなまだ経験がないのでうまく業績を上げることができません。つまり赤字続きになってしまうのです。そうなると会社としては、事業から撤退しなければならないという状況が生まれます。

しかし会社が撤退を決断すると、社員からは「私たち真剣にやっているのに…辞めます！」ということで、退職されてしまいます。しかしこの状況を防ぐために会社として「新規事業を興すのをやめます」と言えば、ふたたび「新規事業やるためにサイバーエージェントに入ったのに…辞めます！」となる。この〝退職スパイラル〟をみなさんはどう解決しますか？

こうした悪循環に陥った時は、どこかにヒントを見出して、すぐに実行しなければ会社自体がバランスを崩してしまいます。

これに対する私たちの答は「セカンドチャンスの事例を増やすしかなかった」というものでした。つまり仕事に失敗した人が次の仕事に移って、次はちゃんと活躍した、という事例の数を増やすしかなかったのです。そしてこの施策の結果として、徐々に退職率は減っていきました。

企業風土をつくるときに重要なのは、まず事例をつくるということと、事例がいくつあるかということです。みなさんが「こんな企業風土をつくりたい」という狙いがある場合、**狙っている**

風土の事例がいくつあるかが、実現可能性に直結します。さらに、それらがきちんと社員に伝わっているかが人事施策運用・人事オペレーションの成功確率に直結するのです。

組織に活力を与えるビジョン浸透、繋がり醸成、社員の存在意義

続いて、組織の活力を生む3つのポイントを紹介します。

- **軸の明文化**
- **横のつながり**
- **個人への光**

私の経験上、組織が上手くいっていない会社の話をきくと、必ずこの3つのうちのどれかが欠落しています。まずひとつめ、**軸の明文化**です。これはつまり、**明文化されたビジョンや価値観の浸透**、と言い換えられます。とくに小規模経営から大規模経営に移行する際に、これができていないと必ずつまづきます。重要なことは、**社員にとって分かりやすく明文化されていること**です。明文化されていても、社員が共感できないものでは意味がありません。

2つ目は**横のつながり**、**つまり社員同士のつながり**です。さきほど懇親会費支給制度の話をしましたが、社員同士に横の繋がりが生まれ、仲が良くなるとどんなメリットがあるかというと、

トラブルの情報共有や悩み事の相談ができるだけでなく、組織内の**不正も生まれにくくなります**。互いの信頼が深まるため、「あいつに悪いことはできない」という関係性が生まれるのです。

そして、3つ目について。社員は自分が会社に居る意味が分からないと辞めてしまいます。サイバーエージェントの退職率が30%だった当時に社員が言っていたのは「自分の存在意義が分からない」というものでした。では、存在意義がどうすれば保たれるのか、それが3つ目、**個人への光**です。「あなたがやってくれていることはそれで正しい」「会社は助かっているんだ」ということをきちんと伝えるのです。当社では、先述した多彩な表彰制度で実践しています。この3点をメンテナンスするだけで、会社には明らかに活力が生まれます。

2003年までの5年間はサイバーエージェントの退職率が非常に高くなっていました。そこで社長の藤田が役員合宿を始めました。今でも3ヶ月に一度、役員で合宿をしており、一泊二日で長い時間議論することも行っています。また普段は週に1度・2時間の役員ミーティングも行っています。そして、その中で決まったことが**軸を明文化する**ということでした。

この時に生まれたのが「21世紀を代表する会社を創る」というビジョンです。20世紀には自動車メーカーなど、様々な企業の先輩たちが日本を引っ張ってくれました。そこで私たちは21世紀の代表として、改めて日本をけん引する企業になるべきだということを示しています。それと同

図表11-2 サイバーエージェント ミッションステートメント

CyberAgent Mission Statement
インターネットという成長産業から軸足はぶらさない。ただし連動する分野にはどんどん参入していく。スケールデメリットは徹底排除。「チーム・サイバーエージェント」の意識を忘れない。本音の対話なくして最高のチームなし。採用には全力をつくす。有能な社員が長期にわたって働き続けられる環境を実現。若手の台頭を喜ぶ組織で、年功序列は禁止。法令順守を徹底したモラルの高い会社に。ライブドア事件を忘れるな。ネガティブに考え、ポジティブに生む。自分の頭で考え、オリジナルを創り出す。世界に通用するインターネットサービスを開発し、グローバル企業になる。

サイバーエージェントのビジョンである【21世紀を代表する会社】というゴールを、社員が共に目指すための基本的なルールです。

時に生まれたのがミッション・ステートメントです（**図表11-2**）。

サイバーエージェントは、インターネットという成長産業に身を置いていることもあって、人が入れ替わりがちだったため、かつては「個人商店だ」と揶揄されてもいました。そこで、より家族的な組織として「**チーム・サイバーエージェント**」というチーム意識を醸成しようと考えました。

また、サイバーエージェントはインターネット企業では珍しく、**終身雇用**を打ち出しています。長期の安定した雇用を守ることで成長を期待するとともに、終身雇用は日本企業のひとつの競争力だと位置づけています。一方で年功序列は廃止し、**実力主義型の終身雇用**というモデルを、まさに今つくろうとしているところです。

これらに加え、**法令順守**を掲げています。サイバーエージェントのミッションステートメントに「ライブドア事件を忘れるな」という他社名を盛り込み、ウィットに富んだ演出をしています。

こうして**軸を明文化すると、組織のいろんな矛盾を超えることができます**。たとえば、かつてのサイバーエージェントにはたくさんのビジョンがありました。ビジョンが統一されず、たくさん存在していると、**社員はいろんなメッセージに「イエス」「ノー」を言ってしまうので、本質的な問題がどんどん見えなくなってしまいます**。

勇気を持って**ビジョンをひとつに絞ることで、社員からの肯定も否定もひとつにしか集まらなくなる**ため、本質的に社員が何を考えているかがはっきりと見分けられるようになります。肯定するメンバーとは一緒に盛り上げればいいし、否定派とは対話をすればよいのです。

いい組織は軸がはっきりしているものです。判断のための明確な軸があればその中で判断ができる。この判断軸が多すぎたり、ブレていると、そもそもフェアな判断ができないのです。

人事部は「通訳」であれ

弊社に人事本部が創設された当時は、経営にも事業部にも矛盾がたくさんありました。たとえば経営層に人事本部へ求めるところを聞くと「強い人事部になってほしい」や「権限を持った人事部になってほしい」と返ってくる。一方で社員にたずねると「経営の考え方を知りたい」「評価・査定に不満がある」といった要望が噴出しました。そして特に新卒社員と中途社員からの要望には頭を悩ませました。

新卒社員に聞くと…「新卒を辞めさせないで守ってくださいよ」

中途社員に聞くと…「新卒ばかり大事にしないでくださいよ。中途も守ってくださいよ」

これは非常に悩ましい問題です。どちらの意見を聞き入れるべきか。しかし、現実的にはどちらも聞き入れることができません。どちらかを聞き入れれば、必ずもう片方の不利益に直結するからです。そして適当にごまかしてしまうと両方から嫌われます。

この究極の選択に対し、答を出そうとした時に、私はこの両方の問題の背景に共通点を見出しました。たとえば「抜擢」がこの両方に不足していました。新卒社員からも中途社員からも、きちんと抜擢をしていけばこうした不満は解消すると考えたのです。ここでもやはり「A ANDB」なのです。

会社ごとに状況は異なると思いますが、そもそもは中途か新卒かという問題は表面上のものにすぎず、問題の根幹が評価査定にあるわけです。よって評価査定での不満を解決すればこの問題は解消するわけです。こうした本質的な部分の問題を見つけるのに苦労しました。

図表11-3　人事は、会社と現場のコミュニケーションエンジンとなる

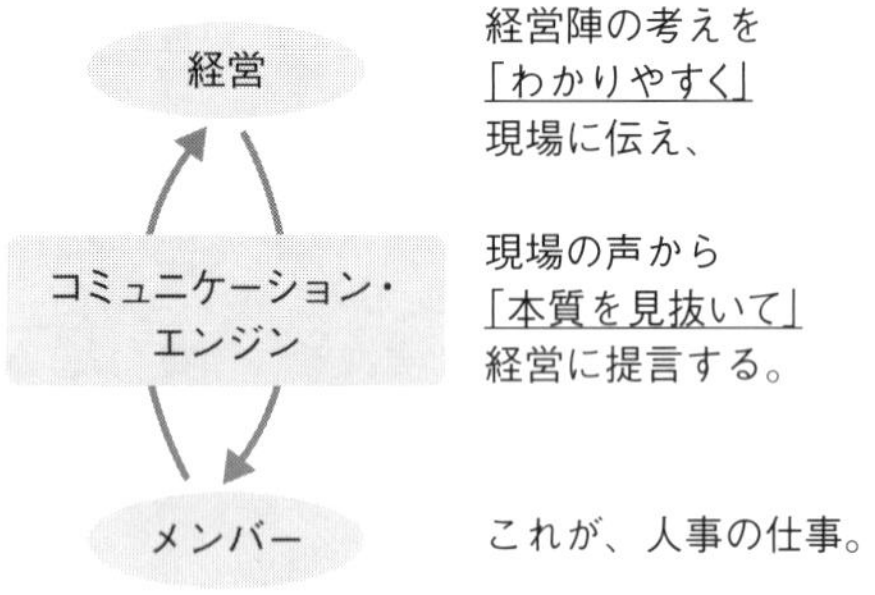
経営
コミュニケーション・エンジン
メンバー
経営陣の考えを
「わかりやすく」
現場に伝え、
現場の声から
「本質を見抜いて」
経営に提言する。
これが、人事の仕事。

こうしたことを受けて、サイバーエージェントの人事部のミッションを先に決めてしまおうと思いました。それがこの言葉です。

「人事は、会社と現場のコミュニケーションエンジンとなる」（図表11-3）。

この概念がサイバーエージェント人事部のひとつの競争力だと思っています。**図表11-3**で示されていることは、**経営陣が言っていることをまず現場に分かりやすく伝えるということ。**

経営陣のセリフは「ちょっと社員に言えないな」ということも多いものです。たとえば新規事業の審査を役員が行うと、「うーん、微妙だなあ」という言葉になったりすることもあるかもしれません。経営陣も人間ですから、実際の感想というのは、そうしたものになります。一方、社員に目を向けると、一生懸命仕事をしているものに対する評価が「微妙」、これをそのまま伝えると、問題になります。これを分かりやすく、受け取りや

すく伝えるために、人事による「**通訳**」が必要です。

そして逆も起こります。社員に人事制度の感想をヒアリングすると、これもまた「なんか…もうちょっと…ねぇ」という感じになる。またまたこれをそのまま経営陣に伝えると問題が何かわからないとともに、人事の立場すら危うくなるかもしれません。つまりある程度、現場の社員が**それぞれの立場で「勝手なことを言う」ことを前提に聞いて通訳しなければならない**のです。**感想を聞いて、本質的な問題は何かを見抜き、通訳するというプロセスがなければ人事部の意味はない**と私は考えます。通訳としての役割をいかに果たせるかが、いわば人事部の最大の付加価値なのです。ここをミッションとして打ち出しているわけです。

私は、労務担当のメンバーにも、社員に積極的に声をかけて、「仕事楽しい？」といったことを聞いてみるように、と促しています。もし「つまらない」という意見があればすぐに人事本部にフィードバックさせ、通訳して経営陣に伝えるようにしています。

挑戦と安心

また、人事制度を設計する際に大切にしているのは、**挑戦と安心をセットで考える**ということです。たとえば社内には「挑戦したい」という社員も、「安心してキャリアを積みたい」という社員もいて、退職の理由もこの2つに分かれます。ここでも「ANDの才能」は必要ですが、私

図表11-4　人事制度マッピング

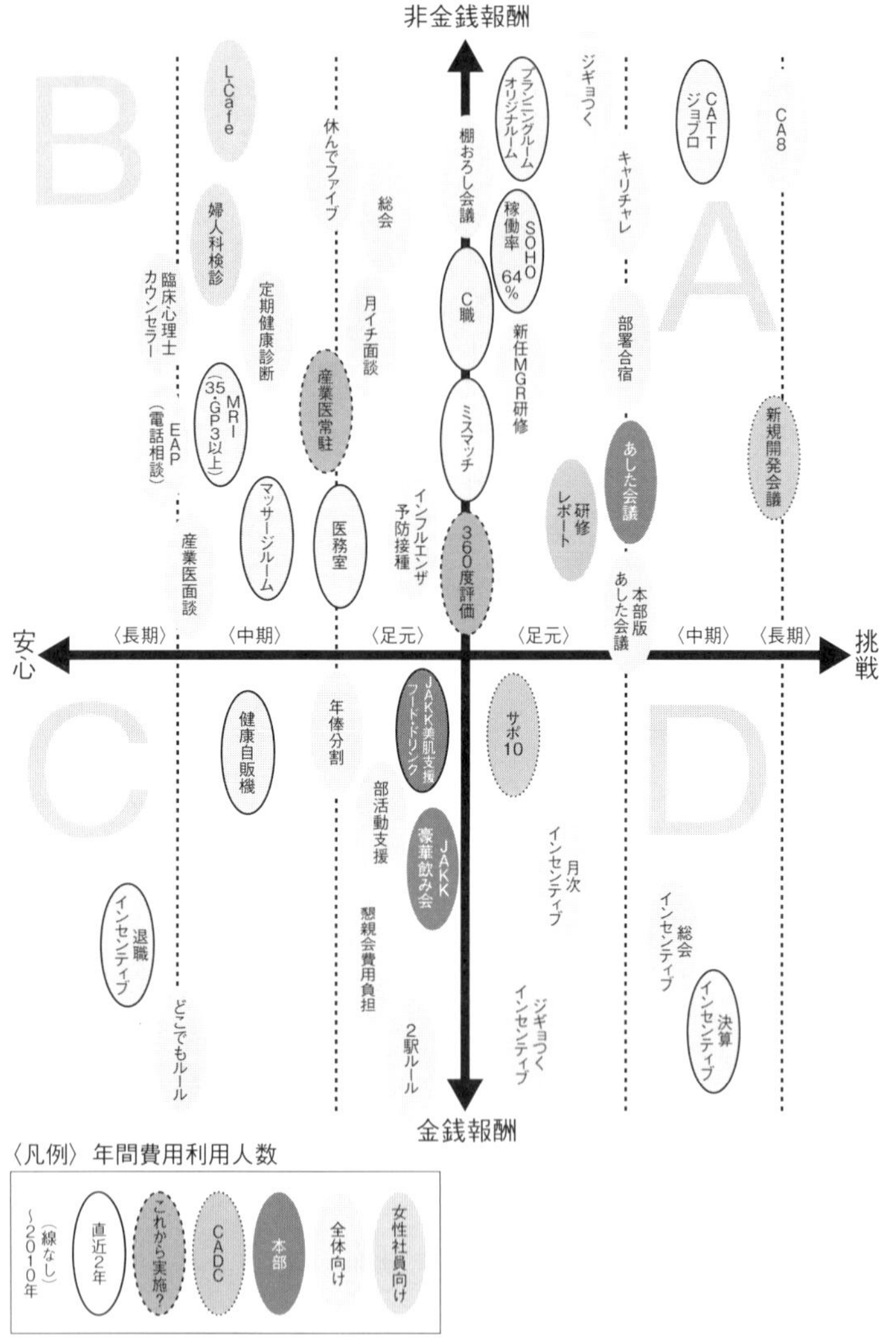

は常に、矛盾があればその両方をケアするようにしています。

また人事制度に何が足りないかを知るために、マッピングを行っています（図表11-4）。横軸が安心・挑戦軸、縦軸が金銭報酬の有無を示しています。社員からは福利厚生へのリクエストが多いので、上側に位置する制度は相対的に多くなります。たとえば「婦人科検診をやってほしい」とか「休暇が欲しい」といったものです。その一方で右上、挑戦的で非金銭の人事施策、つまり気持が高ぶるような「役員になれる」といった施策は相対的に少なくなります。この部分は経営陣や人事が本気で考えないと出てきません。こうした手がかりを見つけるためにマッピングが必要なのです。

リーダーを育てたければ、リーダーをやらせるしかない

この見出しの言葉は、神戸大学の金井先生（173頁）にお教えいただきました。リーダー育成をしていく上で、指針としている言葉です。

この言葉に基づいてリーダー育成について要素分解すると、

・**意思表明できる機会を増やす**…自分で「これやります」という場が必要だということ。

・**決断経験の機会を増やす**…先述した決断経験。

・**ビジョンを掲げる機会を増やす**…自らリーダーとなるべく、ゴールを掲げる機会を提供する。

弊社で人事制度として行っているリーダー育成を紹介すると、ひとつに「**ジギョつく**」があります。これは内定者から経営幹部までの誰でもが参加できる新規事業プランコンテストで、「事業をつくろう」という意味です。

書類審査を通ると、役員全員の前で最終プレゼンをすることができます。そして優勝すると100万円のボーナスがもらえ、何度も応募している社員は、例え優勝していなくても新規事業立ち上げの際に抜擢されやすくなります。過去に内定者が優勝したこともありますが、とにかく**自分で手を上げて経営陣に提案できる機会**として実施しています。

新規事業案募集など、社員に「応募して欲しい」という人事制度はどの会社にもあると思いますが、サイバーエージェントが大切にしているのは、**ハードルを低くしながら、競争を激しくすること**です。つまり応募自体のハードルは低いけれど、その後の競争はかなり激しくすることを意図的に行っています。

というのも、これが逆になると、社員からのコミットが無限小になるからです。たとえば、膨大な時間を費やして大量の資料を揃え、プレゼンしたにもかかわらず、応募者がなんと5名。しかも入賞しても「ハイ、500円」というようなものであれば、まず社員はコミットしません。

また、若手社員に主体性を発揮してほしい時、「若手が動かない」という問題があると思いますが、彼ら彼女らには〝動かない理由〟があります。それは何かというと、**損得勘定で「損」だと思ったら人は動かない**のです。今の若手は、山一證券の破綻以降、さらにリーマン・ショック以降の世代です。つまり、会社が潰れるニュースばかりを目の当たりにして生きてきた世代。そうした若手は防衛本能が働きやすく、資格取得に躍起で、勉強熱心で、キャリアデザインにも保守的です。なので、人事制度でも、自分にどんな得があるかを真っ先に考えます。出してもリアクションがない、募集要項のハードルが高ければ決して応募しません。

「ジギョつく」もかつては10件程度の応募数でした。なぜ出さないのかと社員に聞くと「通常業務が忙しいんです」という理由が一番多い。通常の仕事をすることよりも得にならないと判断しているのです。これには、ハードルをそれ以下に下げないといけません。ちなみに「ジギョつく」で必要なのは、パワーポイント資料1枚だけです。それ以上は何も求めません。その結果として、今では30万400件の応募があります。

「ジギョつく」は社員なら誰でも応募ができるのに対し、一方で、経営陣自らが、中長期的な視点で会社の課題解決や新規事業を考えるコンテスト「あした会議」というものを実施しています。非常に機能している会議体で、これには非常に面白い特色があります。

・7名の取締役の提案を藤田が採点するコンテスト。
・結果順位が社内外に公表される。
・1役員につき4名程度の社員がチームに参加。
・部署横断で人材と情報交流が活発に。

1位からビリまで結果がすべて社内外に公開されるわけですから、相当の刺激になります。よって、みんな本気になります。

そしてこの「あした会議」には人事施策としての裏テーマがあります。役員はなんとしても勝つために「あした会議」当日までの間、4名の現場社員とともに議論する機会をたくさん設けます。そうすると、部署を横断したチームに、役員から直接経営者の視点が伝えられます。逆に現場社員からは現場の視点や意見を役員に伝える。つまり**組織内の縦と横の交流が促進されるの**です。もう6年くらい実施していますが、新規事業など140案が決議され実行されています。

こういった**ゲーム性を加味することでイノベーションを生みながら、人事施策としても効果が最大限になるように設計**しているのです。

こういった人事制度をうまく機能させるために大切にしていることは、**成果にはすごく厳しいけれど、運用はとても楽しそうにやる**ということです。いかに楽しそうにする雰囲気をつくるかを、何よりも大切にしています。

まとめになりますが、今私たちの人事部には約30名の社員がいます。その中で採用育成の部門と労務・総務の部門に分かれています。そしてメンバー同士で読書内容を共有し合ったり、よく勉強会を行っています。**グローバルに活躍している会社から学びつつも、日本企業の経営の強さを何度も振り返って活用する**ということを普段から意識して勉強をしているのです。

結果として、サイバーエージェントの人事施策にはこの両方が採り入れられています。グローバル企業の強さとしては軸の明文化、そして実力主義、裁量権の拡大を大切にしています。日本企業の良さとしては、連帯感を重要視して家族主義的に組織をつくるということと、長期雇用・終身雇用をすることで社員の粘り強さを引き出すこと、そして外からではなく、内部で育成することを大切にしています。

こうした考え方をしながら、私たちは常に、より素晴らしい組織を目指して学び続けています。

WRAP UP

中原です。今回のお話では様々な人事制度が紹介されましたが、根底に流れるテーマは**組織活性化**だったと思います。

何をもって組織の活性化が促されるかはなかなか分かりにくいものです。評価がしにくいというのもありますね。組織活性化は、さまざまな定義がありますが、さしずめ、ここでは組織活性化を次のように考えておきましょう。

- **職場のメンバーに繋がりがある状態**
- **メンバーの間でぶれない目標を共有できている状態**
- **みなが、新規な物事に挑戦をしている状態**

まさに曽山さんのお話にも出てきた内容そのものですね。繋がりがあるためにはぶれない目標・軸を共有しておく必要があり、個人が何か新しいことに挑戦して成長を実感できていることが、組織の活性化に繋がっているということだと思います。

組織活性化のためのアクションを、仮に2つに分けて考えてみましょう。

・繋がりづくり、軸づくり

・若い頃から決断経験を持たせる

軸を明文化するということは、**裏切らないものを持つ**ということです。そして取引コストを下げるためにひとつに絞ることも大切なことです。ミッションマネジメントなどでは、「ビジョンはTシャツの背中に書ける言葉に」という標語で表される通り、キャッチーでシンプルでなければならないということです。

これは厳しい言葉かもしれませんが、**「ビジョンは踏み絵である」**ということもよく言われます。**ビジョンというものは、そこに乗らない者を排除するということと同義**でもあります。だから、ある意味ビジョンをつくるということにはそれだけの覚悟が必要だということです

また「決断経験」という言葉も印象的でした。松尾先生のセッションでもみなさんが学んだ、挑戦し経験から学ぶこと、つまり経験学習のモデルそのものですよね。そうした挑戦をさせながら、セカンドチャンスもきちんと用意する。これも経験学習をする時に大切なことです。失敗しても、すぐに切り捨てられない安心感があって初めて、大きな挑戦ができるのです。

また、なかなか耳の痛い言葉だったかもしれませんが、**いい企画なのに運用するとコケてしまうということは意外に多い**ものです。

そしてコミュニケーションエンジンになるという例え、人事部は通訳であるということも大切です。また、「白けのイメトレ」とお話されていましたが、これは**ストーリー思考で人事施策を考える**ということです。白けというのはどこにでも起こり得るので、それらを前もって想定して、対応するセリフも考えているということ。発想が演劇的ですね。

これはラーニングイノベーション論でも何度かお話してきましたが、人を学ばせる時の典型的な手法というものは、

- **恐怖感を煽る**
- **楽しく、サプライズ**

どちらも適材適所に用いる必要がありますが、まずはその人事制度を流行らせなければいけないわけですから、やはり楽しさやサプライズから入っていくのが良いと思います。

楽しそうな話題づくりとして人事施策が生まれていくことは、組織の健全性をも支えるに違いありません。

SESSION 12

特別対談 ラーニングの現在 企業に「実験室」はあるのか

長岡 健
中原 淳

●講師プロフィール

長岡　健（ながおか・たける）

法政大学経営学部教授。

東京都生まれ。慶應義塾大学経済学部卒、英国ランカスター大学マネジメントスクール博士課程修了（Ph.D. in Management Learning）。専攻は組織社会学。

社会理論、学習理論、コミュニケーション論の視点から、多様なステークホールダーが織りなす関係の諸相を読み解き、集団的な活動の意味を再構成していく研究活動に取り組んでいる。現在、アンラーニング、サードプレイス、ワークショップ、エスノグラフィーといった概念を手掛かりとして、「創造的なコラボレーション」の新たな姿と意味、そして、ソーシャル＆ビジネス・イノベーション支援の可能性を探るプロジェクトを展開中。

共著に『企業内人材育成入門』『ダイアローグ　対話する組織』（いずれもダイヤモンド社）などがある。

最終セッションでは講義に代えて、『ラーニングの現在〜企業に「実験室」はあるのか〜』と題し、法政大学経営学部教授・長岡健さんとの対談を収録します。

今の企業におけるラーニングはどのように位置づけられているのか、全てのセッションを振り返りながらお読みください。

▩95年頃は「ラーニング」という研究を説明するのが難しかった（長岡）

中原：人材開発そのものがどういうふうに変わってきたのか。この10年、15年で起こってきた変化で、興味深いこと、問題点をざっくばらんに話していきましょう。まず、長岡さんがランカスターに留学していた頃というのはどういった時代だったんでしょうか？

長岡：私がランカスター大学のマネジメントスクールに留学していたのは、20数年前のことで、1970年に設置された「マネジメント・ラーニング」という学科に所属していました。

当時のランカスター大学には、現象学的なスタンスの研究者が多く、「合理性だけでは説明できない経営的な現象・行動」に着目したテーマが飛び交っていました。今でもお馴染みの「問題解決」と「問題設定」の関係や、「教育と学習は何が違うのか」といった問い等、いわゆるポストモダン的な視点を得たのもランカスターでの経験からですね。

そして、95年頃に日本に帰ってきた。すると当然、「何を学んできたんですか？」と聞かれます。私は「(ラーニング＝）学習です」としか答えられない。「経営学習論（マネジメント・ラーニング）です」といっても、当時の日本は「それは学問になるんですか？」といった論調でした。そもそも、「教えなければいけない知識領域を特定することなく、「学習する」という行為自体を研究対象にすることができるのか？」という状況でした。

中原：そうでしょうね。「マネジメント」と「ラーニング」という言葉は非常に遠い存在、ソリのあわない言葉として扱われていた時代でした。

長岡：ランカスター大学のマネジメント・ラーニング学科は組織論、メディア論、学習論等の多様な研究者が集まった学際的組織で、その中の一部にHRDを研究している人がいる、という状況でした。そして当時、HRDはアカデミックな方法論に依拠する研究者より、実務寄りの研究者が中心的な担い手となっている領域でした。一方、当時の日本では、「ラーニング」という現象を経営学という学問の枠組みで捉えようとする視点はあまりなかったと言えるでしょう。

中原：その頃の日本だと、能力開発という言葉が廃れてきて、人材育成という言葉が出てきた頃でした。また「学習」という言葉に加えて、「学び」という言葉がでてきた時代でもありました。世の中が少しずつ変わりつつあるような胎動を、アンテナの高い人々は感じていた時代なのかもしれません。

「この10年のキーワードは、経験学習でしたね」(長岡)

長岡：90年代の後半、私にとっては、人事担当以外の実務家と付き合うのが面白かった。当時の私は「どうすれば個人が能力を高められるか」を常に気にしているマーケティングや営業の担当者に密着し、深く現場に入り込んで調査をすることが多かった。今でいうと、プロセスコンサルタントのような形で入り、アドバイスしていくわけです。実務家たちは当時から「学びは現場で起こる」という感覚を強く持っていた。そうした人に「ラーニング(学習)」という言葉が受け入れられたことが、その後10年の状況に大きく影響したと思います。

もっとも、「ラーニング」をキーワードとした経営研究が受け入れられない状況が1990年代はずっと続いていて、それが好転したのは中原さんが「ラーニングバー」をやり出した2004年頃ですね。

中原：ラーニングバーとは、僕が2000年代にやっていた「人材育成をテーマにした異業種交流型のワークショップ風研究会」です。こちらは、「ラーニング」をキーワードとした経営研究を僕がなしていくうえで、貴重なきっかけを与えてくれました。ラーニングバーを面白いと思って頂けた方、それに共鳴してくれた組織、共同研究者とともに、こののちの僕は、様々な研究を行っていくことになります。詳細は、「知がめぐり、人がつながる場のデザイン」という本に書きましたので、そちらをご高覧ください。長岡先生と僕がお会いしたのもその頃ですね。

考えてみれば、僕は元々、「学習畑」から経営や組織や職場を見ていた。僕の観点からすれば、経営の現場にも、組織の現場にも、職場にも、いずれも「学習に深く関連する現象」が多々見えた。しかし、それを「学習」という観点から語ることは、当時は、あまり為されていませんでした。経営・組織・職場という人々が働き、暮らすその現場を、学習という観点を紹介できたのが『職場学習論―仕事の学びを科学する』(中原淳著、東京大学出版会)だったと思いますね。

ラーニングバーは、その後の研究を進めていく上でのきっかけを僕にもたらしてくれました。そこで培った様々な人間関係をもとに、志を同じくする組織や共同研究者とともに、大規模調査を何度もさせていただきました。本当にありがたいことです。

■対談中の長岡氏（左）と中原氏

長岡：私は今でも人事担当者に直接役に立つ話はできないのですが、当時も人事以外の現場の人とばかり話していた記憶があります。マーケティングや営業の担当者が意識を傾けていたのは「パフォーマンスがどれだけ上がったか」という点でした。結局、リーダーシップの知識をどれだけ獲得できたかではなくて、チームのパフォーマンスがどれだけ上がったかに興味があるわけです。それがなければ最終的には、「学んだ」と思われない。

当時は、現場の担当者が知りたいことと、人事の担当者がやりたいことをうまくつなぐ言葉がなくて、互いにうまくコミュニケーションできなかったのだと思います。そんな頃、中原さんが活動や研究を始めて、人事と現場の担当者を結ぶ様々な言葉がうまく実務の場に紹介されていったように感じます。外から見ていて「浸透したな」と思ったのは、「経験から学ぶ」という言葉や、「経験学習論」という研究領域の話が、実務家同士の会話に出てくるようになった頃です。

中原：松尾先生が2006年に『経験からの学習』（松尾睦著）を書かれたのが最大の契機ではないでしょうか。松尾先生にも、ラーニングバーにご登壇いただきました。

長岡：おそらく経験学習論が広く知られる以前、即興的な振舞いや、専門家のもつ高度なノウハウについて語る言葉として、経営実務分野で知られていたのは、野中郁次郎先生たちの「暗黙知」だけだったのではないか、と思います。

中原：そうですね、形式知・暗黙知は、ビジネスの現場でもよく語られる言葉でしたね。しかし、人材開発を語る言葉の不足は、今でも深刻です。たとえば経営学の典型的な教科書では、人材育成・人材開発を語る言葉は、自己啓発、OJT、研修の3つしかない。人材開発を語る言葉をもっと「豊か」にしていきたいと僕は切に願っています。従来は、「自己啓発」「OJT」「研修」、そして「暗黙知くらいの言葉しかありませんでしたね。

長岡：しかし、暗黙知ということばは、暗黙知をどう学ぶかについて、人事・人材開発からは距離があったのではないでしょうか。暗黙知を主要概念とする知識創造論が取り上げていたケー

スの多くは相当現場寄りだったので、人事の担当者たちにとっては参考にすることが難しかったのではないかと思います。現場での学びをどのように人事の担当者が支援するのかがイメージしにくかったのかもしれない。

わたしは、この10年における人材育成のキーワードを一つ選ぶとすれば、私は「経験学習」を挙げますね。この言葉は人材育成の現場に相当浸透したように思います。ただ、中原さんがから聞いた、経験学習に関する研究者・デイビッド・コルブの話は面白かった。この社会心理学者について、私自身はランカスター時代から知っていましたし、松尾先生もご著書の中で引用されている。しかし、コルブの理論は学習研究の分野ではあまり取り上げられないと、中原さんは話されていた。これは面白い話ですね。

中原：この種の理論的ねじれと閉鎖性が、人材育成・人材開発、そして成人学習論の領域にはたくさんあるのです。たとえば、成人学習論で引用されるマルカム・ノールズやパトリシア・クラントン、ジャック・メジローなども、生涯学習・社会教育などの領域に閉じて流通しています。その筋の言葉で、その筋の領域において、いわば閉鎖的に理論が紹介され、消費されている。ノールズやクラントン、そしてメジローなども、もっともっと多くの人々に知られて良い知見だとは思いますが、これは、一般的な経営学の教科書には出てきません。心理学などをベースにしたいわゆる一般的な学習理論の中にも、彼らの名前はでてきません。また逆もあります。また、経営学の組織学習の研究者は、あまり他に消費されていないか、ないしは、少しひずんだかたちで誤読されて普及している。会社・組織・戦略というこれらの諸理論にとって大切なコンテキストが漂白されて、形式的に輸入されています。人材育成・人材開発の世界は、こういう理論的ねじれだらけなのです。しかし、だからこそ、猥雑で、面白い。探求しがいがあるともいえます。まだまだこれからなのです。

長岡：かくして「経験学習」という言葉は広がりました。しかし、わたしはそこに危惧ももっているのです。今の現場を見ていると、「現場で学ぶ」といった、経験学習論的な考え方はすごく広まってきている一方で、経験学習論が少し歪んだかたちで実務の場に浸透しているようにも思える。経験学習のプロセスは本来即興的で、事前計画通りに進むものではないのだけれど、人事の担当者の多くがイメージしているのはかなりパターン化・システム化した経験学習プロセスで、事前の学習計画が予定調和的に達成されていくモデルが普及しているように見える。

歪んだ理解が浸透することへの懸念はあるけれど、その解消を目指して、「本来の経験学習は違うんだ」と説いて回るだけでは何も変わらない。「経験学習」というボキャブラリーが浸透した今、次のステップとして求められるのは、過度にパターン化・システム化された経験学習のイメージを、現場における実践の中で修正していくことかもしれません。脱予定調和的な学習の方向性を模索していくことが、本来的な意味での経験学習の実践を現場に浸透させるためにはとても重要でしょう。

中原：おっしゃるとおりですね。ご懸念はわかります。これはデューイも言っていることですが、経験とは「行き当たりばったり」のものであり、あてのないものなのです。だから、著書『経営学習論』（東京大学出版会）にも書きましたが、「経験学習」というものは「賭け」のようなものであり、「彷徨」のイメージがつきまとうのです。こうした「行き当たりばったり感」が、現在の経験学習の語られ方には、すっかりそぎ落とされていますね。僕は、いつも思っているのですが、近いうちに「経験学習」という言葉にも寿命がくると思うのです。経験学習という言葉に飽きたというよりは、「経験から学ぶこと」が普及し、今さら言挙げしなくてもよい時代、というのか、そういう時代が必ずくる。そのときには、人材開発の「新たな言葉」が必要になると思います。「本来的な意味での経験学習の実践」を指し示し、しかし、そうでいて、従来の経験学習とは異なるニュアンスを持ち、かつ、時代にあった人材開発の新しい言葉が…。

でも、このあたりは相当矛盾することだけれども、同時に、こうも思います。人材開発の最先端の世界では、確かに「経験学習」という言葉はアタリマエになる。でも、それは日本にある無数の企業の数パーセントにも満たない組織で、ようやく人材開発や人材育成が見直されはじめているというだけなのです。実際には、まだ人材開発や人材育成という言葉すら関係なく仕事をしている企業が、無数、否、無限にあります。東京には、おおよそ企業が10万社あるそうです。しかし、人材育成や人材開発の基本的な考え方を担当者がおさえ、自社の人材マネジメントを見直している企業は、そのうちで0.1、0.2パーセント程度だと思うのです。裾野は非常に広いわけです。人材開発や人材育成という考え方をどこまで広げて伝えていくべきかは常に考えています。

長岡：その点については迷わないで進めてほしいですね。中原さんにはいつまでも突き進んでいって欲しいと思っています。

本当に大切なことは自腹で学べ（長岡）

中原：僕が代表理事を務め、長岡さんが今事務局をされている経営学習研究所という組織があります。経営学習研究所(注)は、実務家と研究者が、自腹で手弁当で立ち上げ、人材開発や人材育成に関する普及啓蒙を行うためにつくった組織です。人材開発の世界では、ある意味、新しいプラットフォームになってきているけれど、それでもやっぱり限界がある。そこに来る人って、やっぱりリサーチマインドを持った実務家ですよ。だから、実務家といってもどの範囲までを指すのでしょう？

長岡：中原さんはいつも大きな世界を見ていて、その視点はとても重要だと思います。その視点に立つと、実務家に対する影響力の範囲と大きさという点で、経営学習研究所はまだまだ課題が多い。だけれども、新しいコンセプトを世に問うという面では成功していると感じています。

たとえば「自腹で学べ」という主張を打ち出している点も新しい。狭い意味での「企業への貢献」という枠組みに囚われず、本質的な意味で「経験学習的な学び」を実現するためのひとつのキーポイントが、「自分のお金で学ぶ」ことにあると思っています。参加者に自腹で学んでほしいから、自分たちも全て手弁当で立ち上げ、企業からの寄付はありません。交際費や研修費で片付けられる「組織にやらされている」ような活動ではなく、参加者の自発性にしっか

■注
経営学習研究所　http://mallweb.jp/

りと根ざした活動であり続けたいと思っています。

そして、経営学習研究所では垣根をなくすことも強く意識しています。たとえば、学生と社会人が融合することで生まれる新しい場を積極的につくり出していますし、理事会は研究者と実務家の4名ずつで構成しています。「企業のために」といった近視眼的なスタンスから一歩距離を置いた学習の場が、ビジネスパーソンがより大きな成長を実現するために必要な気がしています。

中原：私が普及に関して一番意識しているのは、イベントや研修に来た人に、立ち上がって実践者になってもらう「火付け」をすることです。こう書くと、ちょっと危ない気もするのですが、僕は「火付け師」になりたい（笑）。「きっかけ屋」といってもいい。ラーニングバーをやっていた時も、後でいろんなところで参加者が偶発的・多発的にプロジェクトやイベントを立ち上げたことが結果としてこの会の普及を促した。やってみたい人に立ち上がる勇気を与え、モデルを示してあげることが重要だと思っていますね。

これからのラーニングイノベーション論は、「理論バブル」以降を考える必要があると思っています。（中原）

長岡：「ラーニングイノベーション論」という講座はいつからやっているんですか？

中原：今年で6期目ですね。一番最初が2007年でした。コンセプトは人事・人材開発に関する最先端の「知」を提供すること。ラーニングイノベーション論にも半分の人が自腹で来ていますね。

長岡：あの金額設定で自腹での参加者が半数もいるのはすごいですね。

中原：来年はもう少し、私がやっていることを少しモデリングすれば自分の実践に活かせるようにしようと思っています。来てくださっている人はいずれファシリテーターになる人・なっていける人です。その人たちが知識やツールを吸収する学習者として参加しながら、自分の実践にモデリングして持って帰りやすいようにしていきたいと思います。

2000年代は、私は〝理論バブル〟だと思っています。理論がなかった人材開発や人事の世界に様々な理論が持ち込まれた。たとえば去年であれば、情報感度が高い人にとってはすでに経験学習は食傷気味な言葉でもありました。そうした背景を受けて、ラーニングイノベーションも役割をシフトしないとだめだと感じています。その一つに、より実務に近い「知」をつくるところに興味が移ってきたのです。

長岡：確かに「理論バブル」という側面はありましたね。語りたいことを語る言葉を持っていなかった人々に、言葉が与えられた。そう表現できる時代だったと思います。私が関わっていた活動を振り返ってみると、人事の担当者にとっては、経験学習論からの良い影響が見える時代だったかもしれないけれど、その一方で、商品開発や営業の担当者といった現場の人たちに経験学習論がどれだけ影響を与えたかが、よく見えてこない。

実務家は「実験室」をどこまでにするかを考えるべきだ（長岡）

長岡：アクション・ラーニングやプロジェクト型研修を企業で実施する際の課題の多くがいまだ解決されないままです。例えば、プロジェクトが順調に進んで、学習という側面よりもビジネス的側面が強くなり、ビジネスとしての成果が出そうになると、ビジネスを担当する現場部門と学習的側面を管理する人事部門の間で責任分担が折り合わなくなる。研修の枠組みを維持しつつ、その中でビジネス・プロジェクトを展開することに行き詰まるということです。そして、結果的には、ビジネス・プロジェクトの展開を放棄し、〝普通の研修〟になってしまうことも多い。

こういう場面に出くわした時、「そろそろ現場の人が考え方を変えなければいけない時だ」と私は感じます。現場に近い環境で学習するには、企業としてビジネス上のリスクをどこまで負うかを考えておかないと、育成がうまくいかないですね。たとえば医療現場等でも「ぜったいに医療事故を起こしてはいけないから、完璧に一人前になるまでは若い医師に患者を診させない」ということになると、熟達した医師を育成することができず、かえって医療事故が多くなる危険性が高まります。許容できるリスクの範囲を見定め、その範囲内でのリスクをとりながら、未熟な医師が患者を診るという経験学習の場を確保することが必要になる。そして、許容できる範囲内にリスクを確実にコントロールするためには、未熟な医師の経験学習をバックアップ体制を病院組織がどれだけ整備できるかが重要になってくるわけです。

同様に、アクション・ラーニングやプロジェクト型研修の中で、ビジネス・プロジェクトを展開するとき、現場の部門が「お客からクレームが来たときにどうするんだ?」ということを言い出して、経験学習の機会であるプロジェクトをストップさせる状況は好ましくないわけです。アクション・ラーニングやプロジェクト型研修を行うときに、ビジネス・プロジェクトが失敗するリスクを一定範囲内で受け入れ、現場での経験学習をバックアップする姿勢をとりながらビジネス・プロジェクトを展開するような組織文化が根付いていないと、本当の意味での

「現場での学び」の可能性が広がらない。ビジネス・プロジェクトの成果を求めつつも、学習するための「実験室」的な部分を一定範囲で確保していかないとだめだと思います。現場と人事の間で共有できる「経験学習」というボキャブラリーをようやく見つけたのだから、実務の中で両者がきちんと連携していくことが望ましいと思いますね。

中原：実験室というのは「失敗できる空間」という意味ですよね。同感です。人事の担当者がつくる研修というのは失敗を極力回避します。そうなると「この知識を吸収して、落とし所はここだよね」というのが多くなる。そういう形式ではないアクション・ラーニングやプロジェクト型の研修というものも、結局最後はきれいな落とし所を見出す特性を持っています。しかし、イノベーションや新しいものを生み出すのであれば、そうした実験室的なもの、世俗から隔離されて、そこでの被害がリアル空間に波及しない空間を、研修の場面や現場で確保するということが大事なんですよね。

長岡：「実験室」が用意されていないと、学習者をどんなに鼓舞しても、結局、実験的なことをしないで終わるんですよね。

中原：デューイも自分で作った学校を「実験学校」なんて呼んでいました。やっぱり、教育体制派じゃない人が考える教育や学習というのは、失敗できる空間で失敗させ、試行錯誤から学んでいく。それこそが経験から学ぶということです。そういうものをやっぱり作っていく必要があると。

長岡：企業の中では、人事部門が成功率を一番気にするようにも思える。「失敗をゼロにする」という感覚を強く持っている人事の担当者は多い気がします。たとえば、営業担当者だったら、もちろん営業目標の達成は意識するけれど、同時に「この提案を顧客に説得するのは難しいけど、成功したら大きな成果だ。今回はこの提案で勝負してみよう」という冒険心というか、失敗をある程度覚悟した上でチャレンジするわけじゃないですか。一方、人材育成の担当者の中には、「全員を規定されたレベルに到達させなければならない」という強い意識があるためか、レベルを必要以上に下げてしまい、結果的に、多くの参加者にとって刺激の少ない、予定調和的な研修を行ってしまう場合も少なくない。もう少し発想を変えて、「この研修はチャレンジングな内容で、半分くらいの参加者にしか成果は出ないけど、上位半分の参加者にとっては素晴らしい学習機会であり、その成果はすごく高い」といったスタンスは難しいんですかね？

中原：おそらく人事の持つ価値観には、「教育という世界に強く作動する価値観」と共通するものがあります。それは「平等性（equality）」です。つまり研修に来た人みんなを救わなければならないし、研修に来た人がある意味で同じようなレベルまで到達しないといけない。それを保証するのが教育だろうという発想です。実験室には、成功する人・失敗する人がいて、格差が生じていて自然です。しかし一般に教育の世界に強く作用している価値観は、そうした不平等を許容することができない。

長岡：義務教育の中だけでなく、大学でも、企業でも「不平等」を許容できない？

中原：それがまずいと思っている人もたくさんいますけどね。長岡さんのクリティカルな視点は、バランスをもたらす上ではもっと求められていいと感じます。私は意図的にこれまで「普及モード的」ではあったので、言いたくても言ってこなかったところがあった。最後に、長岡さんのこれからやりたいことについて教えて下さい。

長岡：しばらくは企業内の人材育成とは距離を置いたところで、ソーシャルデザインやイノベーションを意識しつつ、アンラーニングやサードプレイスに関するビジョンを発信していきたいと思っています。10個のうち1個でも当たればいいかなという感じで、実験的なプロジェクトを仕掛けていきたいと思います。

現在は、毎月の第一金曜日、慶應義塾大学の加藤文俊さんと一緒に、市ヶ谷のカフェで哲学カフェ的な対話の会「自画持参」を開催しています。また、大学生たちと「カフェゼミ」という実験的な場づくりをやっています。正規授業のゼミを大学の近くにあるカフェでやっているんですが、口コミで噂を聞いたいろんな人が参加してきます。他大学の学部生に加え、大院生や社会人も参加してくれて、今では参加者の半分以上が「ゼミ生以外」の方々です。そんな中、ゼミ生だけでなく、他大学の学生からも「カフェゼミ」で企画をやりたいという話がありました。「カフェゼミ」を運営しながら、〝合目的〟ではないスタンスで、脱予定調和的にいろんなことをやるのは大切なんだなと改めて実感しています。問題解決も大切だけど、アンラーニングやサードプレイスといった概念を手掛かりとしながら、若者たちが自分なりの価値観を見つけ、新しい方向に一歩踏み出していくことを支援していきたいと思っています。

中原：今日は本当にどうもありがとうございました！

では、僕のアクションプラン
について発表します！

終わりに――•

本書を終えるにあたり、「ラーニングイノベーション論とは何か?」を改めて自らの心に問うたとき、真っ先に思い浮ぶことのひとつは「これは自分だけのものではない」という思いです。

思うに「ラーニングイノベーション論」とは「共創の時間」でした。

それは喩えるならば、講師―事務局―参加者が「主客一体・相客一体」となってつくりだした「長編映画」のようなものであったな、と感じます。そして、同時に、その映画のディレクターでもありパフォーマーでもあった僕自身が、この「長編映画」の各シーンの中で、登場してくれた、多くの方々に育まれていたことを、感謝の思いと同時に、認識します。

今から考えますと、ラーニングイノベーション論を立ち上げたとき、僕は今よりもずっと若く、そして「自らのキャリア」を一心不乱に模索していたときでした。当時の僕は、「前」をみても「曙光」すら感じられず、また「後ろ」を向いても「帰る場所」すら見えないような道を、歩んでいました。

今から考えれば、そんな状態でよく、第一線を走る実務家の前に登壇し、この講座を運営できると考えたものだと思います。「若気の至り」とはよく言いますが、当時の僕は、まさにそんな渦中の存在でした。

実務家の皆さんは、そんな僕を温かく迎えてくださり、また時に叱咤激励し、僕をここまで導いて下さいました。丸の内界隈を闊歩する一流のビジネスパーソンが「どこの馬の骨かもわからぬ自分」に、よく耳を傾け、場を切り盛りすることに協力して下さった。そのことに、心より感謝いたします。僕はどこかで思うのです。「教えられた」のは「皆さん」ではない。僕を「育ててくださって」本当にありがとうございました。

確かに「ラーニングイノベーション論」の主任講師は僕であり、すべてのカリキュラムに責任を負っているのは確かです。至らぬ点の一切の責任は、僕にあります。

しかし、僕だけの力で、この「長編映画」が完成したわけでは全くないのです。否、本当にないのです。

第一線を走っておられる講師の先生方、そして慶應丸の内シティキャンパスのラーニングファシリテーターの皆さん、そして参加者の皆さんに支えられ、助けられ、ラーニングイノベーション論は、毎年苦しみながら変わることを選び続け、ここまで続けることができました。

そうした思いのもとに、今、この本を終えるにあたり、何を為すべきかを考えたときに、すぐに浮かんだことは、「わたしの思い」だけで、これを終えないことです。僕がなすべきことは、「ラーニングイノベーション論のエンドロール」を創ること、このことに他なりません。

ラーニングイノベーション論という長編映画のそれぞれのシーンに参加して下さった学び手の皆さんが、同じ時代に、同じ場所で、同じ経験を「共創」し、共有できたこと、そして、僕を「育ててくださったこと」に感謝しつつ、今、その事実を、ここに記そうと思います。

青井 裕一、秋葉 祐輔、浅野 寛信、阿部 淳一郎、井草 真喜子、池田 潤、池田 貴拓、池原 真佐子、石井千恵子、石堂 好範、石渡 徳子、井手 幸史、伊藤 鉄真、伊藤 俊徳、稲垣 勝之、今井 眞紀、今井 俊明、今別府 利江、伊牟田 芳明、岩渕 瑠美子、岩本 洋太郎、上場 啓司、江幡 智栄、遠藤 麻衣子、大井 真治、大石 正人、大磯 恵子、大澤 緑子、大東 将康、大前 みどり、大山 紘子、小笠原 康夫、緒方 美穂、岡本 曜子、小河原 好弘、小田 絵里子、小高 敬子、加藤 宏一郎、金屋 雅司、鎌田 素子、蒲池 雅彦、神谷 宏、川島 淳子、岸 智子、木村 健、木村 滋樹、草場 正俊、楠 麻衣香、國井 美和、小嶋 琢、後藤 礼子、小松 朗、小松 直樹、小松 みのり、近藤 幸子、今野 友佳子、斎藤 由希子、佐伯 和則、酒井 秀樹、佐久間 公子、佐々木 幸雄、佐相 義徳、定池 陽子、塩野 彩、重本 憲吾、柴田 朋子、新庄 浩子、甚上直子、杉山 洋、鈴木 憲、鈴木 規子、鈴木 統也、世良 千枝、高田 俊郎、高橋 亜紀、高橋 浩一、髙橋 南海子、瀧田 緑香、瀧田 潤、竹中 寿晴、田中 潤、長 直子、津島 康司、土田 浩、冨澤 律子、豊留 珠実、中原 越、中谷 象平、生井 さおり、西野 亜希、橋本 さやか、八谷 俊雄、林 教子、樋之津 貴勇、廣瀬 沙織、福井 一貴、福島 伸、藤井 浩一郎、冨士越 あゆみ、藤田 多恵、藤田 頼雄、二塚 さとみ、船津 弘幸、本間 浩輔、松田 亨、松本 祐貴、三浦 康秀、三井 早苗、宮城 貞二、宮崎 真、森 俊輔、薬師神 葉子、山﨑 健一、山﨑 正枝、山田 昌弘、山内 彩、山本 勝也、百合岡 隆史、横山 礼子、吉澤 篤史、米井 隆、渡辺 雅也、渡会 敬子

※このエンドロールは、ラーニングイノベーション論のアラムナイメーリングリストに名前の掲載依頼を投稿し作成しました。2014年11月20日までのあいだにご返信いただいた方の氏名のみ掲載されています（五十音順）。

今、わたしたちは、この長編映画の「エンドロール」を目にしました。長い長いリストの果てには、ラーニングイノベーション論の6年間に起こった出来事が去来します。しかし、それは「過去」です。そして、このエンドロールは「ラーニングイノベーション論」の第一作の終わりを意味しているのです。

わたしたちはどこからきて、今、何をなし、近い未来に、何をなすべきか。

どんなシーンを、まだ見ぬ人々と、いかに連携し、創り出すことができるだろうか。

残りの人生の中で、何を成し遂げ、何を残すことができるのか。

今日も、そんなことを考えて、僕は丸の内界隈を急ぎ足で歩いています。

今、第二幕がはじまった、この2作目の長編映画を僕はまだラップアップすることができません。


最後になりましたが、本書の出版にあたっては、構成協力をいただいた森旭彦さん、図版等で協力をいただいた松浦李恵さん、大石サオリさん、そして株式会社碩学舎の水越康介さん、松井剛さん、中央経済社の浜田匡さん、調恵介さん（元慶應学術事業会）に多大なるご支援をいただきました。この場をお借りして、御礼申し上げます。

これから起こる新たな出会いを心待ちにしつつ、本書の結句といたします。

２０１４年11月17日　紅葉すすむ丸の内にて

中原　淳

編著者	中原　淳
著者（執筆順）	松尾　睦
	難波　克己
	守島　基博
	久保田　美紀
	アキレス美知子
	金井　壽宏
	妹尾　大
	高尾　隆
	曽山　哲人
	長岡　健

編集協力	森　旭彦
カバーデザイン・写真提供	松浦李恵・大石サオリ

硯学舎ビジネス双書

人事よ、ススメ！

先進的な企業の「学び」を描く「ラーニングイノベーション論」の12講

2015年2月1日　第1版第1刷発行
2016年7月10日　第1版第3刷発行

編著者　中原　淳
発行者　石井淳蔵
発行所　㈱硯学舎
〒101-0052 東京都千代田区神田小川町2-1 木村ビル10F
TEL 0120-778-079　FAX 03-5577-4624
E-mail info@sekigakusha.com
URL http://www.sekigakusha.com
発売元　㈱中央経済グループパブリッシング
〒101-0051 東京都千代田区神田神保町1-31-2
TEL 03-3293-3381　FAX 03-3291-4437
印　刷　昭和情報プロセス㈱
製　本　誠製本㈱

＊落丁、乱丁本は、送料発売元負担にてお取り替えいたします。
ISBN978-4-502-12681-9　C3034